우리 언어 문화의 바른 길을 찾아서

우리 언어 문화의 바른 길을 찾아서

어문 수상집

우리 언어 문화의 바른 길을 찾아서

고영근

집문당

우리 언어 문화의 바른 길을 찾아서

2020년 4월 15일 1판 1쇄

저자 | 고영근
발행인 | 임동규
발행처 | **(주)집문당**
등록 | 1971. 3. 23. 제2012-000069호
주소 | 03134 서울시 종로구 돈화문로 82, 5층
전화 | +82-1811-7567
이메일 | sale@jipmoon.com
홈페이지 | www.jipmoon.com

ISBN 978-89-303-1864-8 03800

가격 15,000원

이 도서의 국립중앙도서관 출판시도서목록(CIP)은 e-CIP홈페이지(http://www.nl.go.kr/ecip)와 국가자료공동목록시스템(http://www.nl.go.kr/kolisnet)에서 이용하실 수 있습니다.
(CIP제어번호: CIP2020010920)

책을 내면서

회갑을 맞던 1996년 겨울에 나는 『우리 언어 문화의 뿌리를 찾아서』라는 어문 수상집을 낸 일이 있다. 지난 세기 80년대에는 학교 문법의 통일 작업에 관여하는가 하면 주시경 선생을 정점으로 한 우리 언어 문화의 뿌리를 더듬는 일에 관여하기도 하였다. 나아가 1990년대에는 남북 언어 문화의 동질성 회복과 재외 교민들의 민족어 보존에 관한 문제에 관심을 기울이었다. 새 천년에 들어서면서는 우리말 문법을 총체적으로 서술할 수 있는 문법 체계를 세우면서 우리 언어 문화의 바른 길을 탐색하는 문제에도 관심을 기울였으며 수상류의 글들도 적지 않게 발표하였다. 이를 그냥 묻어 두기보다는 공개하여 대방가 (大方家)의 질정을 받는 것도 그런 대로 의의가 있을 것 같아 책자로 선을 보이기로 하였다. 모두 3부로 구성하였다.

제1부에서는 우리 언어 문화의 현주소를 진단한 글을 모았다.

나는 20여 년 동안 국내외의 여러 대학의 초청을 받아 충실한 한자 · 한문 교육을 전제로 한 우리 언어 문화의 발전 방향을 제시한 바 있다. [붙임]에는 초청한 나라의 언어로 그 개요를 붙이기도 하였다. 우리말과 글을 바르게 구사하려면 한자 · 한문에 대한 소양이 필수적이라는 점을 강조하면서 "동북아 언어 문화 연합"의 결성을 제안하였다. 동양의 우리나라를 비롯하여 일본, 중국, 월남, 유구 [오키나와]는 전통적으로 한자 · 한문 문화권이었으며 사신들이 북경에서 만나면 필담 (筆談)을 통하여 의사 소통을 하였었다.

우리는 노력만 하면 전통 시대와 같이 '한자 · 한문'을 매개로 하여 "동북아 언어 문화 연합"을 구성할 수 있다고 믿는다. 지금 동양 세 나라에서는 오래 전부터 한자 자체 (字體)의 표준안이 논의되고 있어 얼마든지 언어 문화 연합을 구성할 수 있다. 이 문제는 20세기 초에도 제기된 일이 있어 그 실현이 어렵지 않을 수 있다. 한자는 초등학교 1학년부터 도입하여야 하며 한자 어휘는 적어도 교과서에 있어서는 괄호 안에 넣지 말고 노출시켜야 한다. 해방 직후에는 문맹 퇴치가 급선무였던 만큼 한자를 괄호 안에 넣지 않을 수 없었으나 현재와 같이 한자 문맹자가 절대 다수를 차지하고 있는 상황에서는 교과서에 한자를 노출시키지 않으면 안 된다. 명분보다는 실리를 추구해야 한다. 학교에서 한자 · 한문을 가르치는 것과 이를 일상 언어 생활에 사용하는 것은 차원이 다르다는 것을 명심해야 한다.

우리 언어 문화를 바른 길로 이끄는 데는 한자 · 한문에 대한 지식과 함께 국어 문법에 대한 지식도 갖추어야 한다. 맞춤법과 표준어를 정확하게 구사하는 데 있어서는 문법에 대한 지식이 뒷받침되지 않으면 안 된다. 문장을 논리적으로 구성하는 데 있어서나 남과 대화를 주고받는 마당에서도 국어 문법과 그 사용 양상에 대한 지식을 올바로 갖추고 있지 않으면 안 된다. 문법에 대한 지식의 부재 (不在)로 말미암아 우리말과 우리글의 바른 길을 이끌지 못하는 예를 여기저기서 발견할 수 있다. 문법은 한자 · 한문과 함께 초등학교에서부터 단계적으로 국어 교재에 반영하여 언어 문자 생활을 바르게 이끌 수 있는 바탕을 마련하여야 한다.

제2부에서는 주로 언어 문화에 관련된 글을 모으되 단순한 수상류도 포함시켰다. 계륵도 버리려면 아깝듯이 이번 기회를 놓치면 볕을 보이기가 어려울 것 같아 그냥 싣기로 하였다. 제3부는 〈I. 영결사 · 추모사, II. 치사 · 답사, III, 하서〉를 모았다. III의 "하서"는 언어 문화와 직접 관련이 없는 글을 모은 것인데 그냥 묻어 두기가 안쓰러워서 같이 실었다.

나는 이 책의 곳곳에서 우리말 어휘를 바르게 구사하려면 한자에 대한 지식이 필수적이며 우리말로 문장을 논리적으로 구성하는 데 있어서는 토[구결]가 붙은 한문을 배우는 것이 작문력을 함양시킬 수 있다는 사실을 지적하였다. 개화기의 우리 선학들의 문장이 논리에 어그러지지 않은 것은 서당에서 토가 붙은 경서 언해를 통하여 한문을 익힌 것과 깊은 관계가 있기 때문이었다. 경서 언해류에 나타나는 구결토는 한자 · 한문과 접촉하면서부터 우리 선인들의 한문에 대한 독해력이 응결되어 탄생된 것이기 때문에 토를 붙여 한문을 배우면 그것은 바로 논리적인 글쓰기의 바탕이 된다. 특히 문장 결합의 질서를 터득하는 데 있어 이보다 더 좋은 무기가 없다.

올해는 주시경 선생의 『國語文法』이 간행된 지 110년이 되는 해이다. 이 책에는 기호학을 바탕으로 한 문법 이론이 전개되어 있으며 특히 "國文記習"에서는 『한글맞춤법통일안』 (1933)이 탄생할 수 있는 기틀을 마련함으로써 우리말을 문명 어문으로 발전시킬 수 있는 바탕을 마련하였다. 이런 뜻깊은 해에 졸저 (拙著)를 상재 (上梓)하게 되니 만감이 교차함을 금할 수 없다.

이 책을 내는 데 있어 저자는 많은 분들의 도움을 입었다. 서울대학교 명예교수동의 김기훈 조교는 원고 정리의 힘을 덜어 주었으며 집문당의 전정아 님은 편집에서부터 교정에 이르기까지 갖은 협조를 아끼지 않았다. 그리고 상품성이 없는 이 책의 출판을 기꺼이 맡아 주신 집문당 대표 임동규 님에 대하여도 고마운 인사를 표하는 바이다.

주시경 『국어문법』 간행 110주년을 맞아

관악산 기슭 명예교수 연구동에서

2020. 4. 1

저자 적음

차례

제2부 수상류

제3부 영결사 · 추모사, 치사 · 답사, 하서

I. 영결사 · 추모사

II. 치사 · 답사

III. 하서

제1부

언어 문화의 현주소

우리 어문의 표준화의 내력과 그 당면 과제*

- 동북아 언어 문화 연합을 제안함 -

동북아 역사 재단의 연구 결과에 의하면 기원전 4세기부터 중국의 동북 삼성 일대와 한반도에는 우리말을 공용하는 언어 공동체가 형성되어 있었음이 확인되고 있다. 고구려를 계승한 발해는 비록 퉁구스족의 선조인 말갈족 (숙신, 여진 포함)과 연대를 맺고 있기는 하였으나 그 공통어는 신라어와 차이가 없었던 것이 밝혀지고 있다. 발해 사신이 일본에 갔을 때 신라 유학생이 발해 사신의 통역을 맡았다는 기록 등을 보면 신라어는 발해어와 같았다는 것을 알 수 있다.

발해가 거란에게 망하자 발해 태자 대광현 등이 고려로 망명하였을 때 벼슬을 주었다는 것은 동족 의식이 작용하였기 때문이었다. 동족이라는 인식이 깔려 있다는 것은 언어와 풍속이 같음을 전제로 한다. 발해가 망하고 고려가 건국됨에 따라 우리말 공통어는 그 사용 범위가 반도에 국한되고 말았다.

발해가 망한 뒤 그 유민들이 동단국을 세우는 등 고구려의 옛 땅에 오래도록 흩어져 살았다. 조선 후기의 실학자 홍대용의 『을병연행록』을 보면 심양을 지나 고려보高麗堡를 지날 때 주민들이 스스로 '고려 자손'이라 말하며 대접을 융숭히 하였다는 기록이 있음을 보면 발해 유민의 자손이 당시까지 잔류한 증거로 삼을 수 있지 않을까 하는 생각이 든다.

그러면 신라로부터 현대에 이르기까지 우리의 어문이 어떠한 과정을 밟

---

* 이 글은 내가 지난 세기 90년대 중반부터 독일의 함부르크대학 (1994), 본대학 (2014), 미주의 하와이 대학 (2010), 일리노이대학 (2010), 중국의 남경대학 (2015), 자유중국 (대만)의 정치대학 (2017), 우리나라의 경북대학 (2013), 경남대학 (2013), 진주교육대학 (2008), 수원 태창고 (2005), 분당 중앙고등학교(2012) 등에서 강연한 원고의 내용을 정리한 것임을 밝혀 둔다.

아 표준화를 형성하여 왔고 그 당면 과제가 무엇이었는지 논의하여 보기로 한다. 나는 새 천년 벽두부터 15여 년 동안 국내와 국외의 여러 대학에서 우리 어문의 표준화의 내력과 당면 문제를 거론한 일이 있다.

먼저 전통 시대의 어문 표준화 문제를 논의한 바탕 위에서 갑오경장으로부터 20세기 말까지 전개된 표준화 문제를 중점적으로 점검하고 새 천년의 상반기에 우리가 걸어가야 할 방향이 무엇인지 논의하여 보려고 한다. 어문 표준화란 문자를 매개로 하여 언어 공동체의 구성원들이 서로 의사소통을 원활하게 할 수 있는 언어 · 문자의 준칙準則을 가리킨다.

우리말이 문자로 적혀지기 시작한 것은 기원 전후에 수용된 한자 · 한문의 수용과 직접적 관련이 있다. 처음에는 고유 명사를 한자로 적다가 이어 한자를 우리말의 문장 구조에 따라 배열하였고 8세기에는 불교 승려 원효의 아들이며 유학자인 설총薛聰에 의하여 유교 경전을 우리말로 번역하여 읽는 석독법이 창안되었고 이어 우리말 문장을 자유롭게 적는 향찰이라는 문자가 고안되어 '향가'라는 문학 작품을 창작하기에 이르렀다. 고려 시대에 와서는 대학국사 의천義天에 의하여 불경을 우리말로 번역하여 읽기 시작하였다. 이를 흔히 '석독구결'釋讀口訣이라고 하는데 뒤이어 한문에 토를 붙여 읽는 이른바 '음독구결'音讀口訣도 얼굴을 내밀었다.

15세기에는 세종대왕에 의하여 '훈민정음'訓民正音이라 불리는 한글이 창제되었는데 이는 한자 한문의 수용 이후 우리말을 문자로 적어 표준화하려는 욕구의 최종적 결실이었다. 우리말을 적는 표기법이 마련되는가 하면 뒤이어 최세진의 손으로 『훈몽자회』라는 어휘집이 간행되어 어휘의 표준화가 결실을 맺기에 이르렀다. 이러한 작업은 조선조 말기까지 꾸준히 수행되었으며 특히 19세기에 들어서면서는 서양인들 손으로 우리말을 로마자로 적는 법이 마련되고 사전과 문법이 저술되기에 이르렀다.

우리들 손으로 우리 어문의 표준화가 모색된 것은 19세기 말의 갑오경장이 결정적 계기가 되었다. 이는 주로 개화 사상가였던 서재필의 가르침을 받은 주시경의 노력이 크게 작용하였다. 그는 10대 후반에 우리말 연구에 뜻을 굳히고 우리말 문법을 연구하였다. 그는 '하기국어강습소'에서 제자들을 기르면서 이들과 함께 1908년 '국어연구학회'라는 어문연구단체를 창립하였고 이어 『국어문법』을 저술하여 우리말의 표준화를 이론적으로 뒷받침하기도 하였다.

서재필과 주시경에 의하여 불이 붙기 시작한 우리 어문의 표준화 운동은 1910년의 일본의 국권 침탈로 된서리를 맞기 시작하였다. 일본 제국주의자들은 우리나라를 통치하기 위한 수단으로 '국어'를 '조선어'로 바꾸고 그 나름의 철자법을 만드는가 하면 사전도 편찬하였다. 주시경과 그의 후계들은 일본의 어문 정책에 맞서서 우리 어문의 표준화를 위한 기반 구축에 온 힘을 기울였다. 주시경은 우리말을 '한말', 우리글을 '한글'로 바꾸는가 하면 국어강습소를 '한글 배곧'으로, 국어연구학회를 '한글모' (조선언문회)로 바꾸면서 우리 어문의 표준화를 위한 기반을 쌓았다. 그 한 예로 수업 증서를 '배혼 보람', 수료증을 '마친 보람', 개근증을 '부지런 보람', 우등증을 '솟재 보람'으로 바꾸는 등 우리말 어근을 바탕으로 한 말만들기에 선구적 면모를 보여 주었다. 그보다 중요한 것은 오늘날 기호학에서 거론되는 '언어 기호, 지칭 대상, 지칭 개념, 해석 행위'를 "말, 일, 일의 뜻, 마음으로 살핌"으로 표현하여 우리말로 학문할 수 있는 단초를 열기도 하였다. 그런데 그는 39세의 나이로 숨을 거두고 말았다.

일본 제국주의자들은 그 나름의 조선어 철자법을 만들어 조선어 교육을 통제하였으나 주시경 후계학자들은 이에 대항하여 주시경의 철자법을 발전시켜 마침내 『한글맞춤법 통일안』을 마련하고 표준어를 사정하는 등 우리말 사전 편찬의 기초 작업을 마무리하였다. 이 일을 이루어 내는 데 있어서는 이윤재, 이극로, 최현배, 이희승, 정인승 등 조선어학회 회원들의 노력이 컸다.

한편 주시경 학파를 견제하던 '조선어학연구회' 중심의 박승빈 학파도 우리 어문의 표준화를 위하여 그 나름의 업적을 쌓았다. 일제는 조선어학회 회원들의 표준화 운동을 독립운동으로 간주하고 어학자들을 투옥하고 사전 원고를 압수하는 등 탄압을 자행하였다.

해방을 맞자 조선어학회 회원들은 출옥과 동시에 이극로를 중심으로 학회를 재건하여 일제 강점기에 완성된 우리말 어문 규범을 중심으로 우리말을 되찾는 일에 혼신의 힘을 기울였다. 불에 타버릴 뻔하였던 우리말 사전 원고를 되찾아 『우리말 큰 사전』을 출판하기 시작하였다. 국토가 남북으로 분단되자 두 체제는 독자적인 표준화의 길을 걷기 시작하였다.

남쪽은 한글 전용론과 국한문 혼용론이 첨예하게 대립되었으나 잠정적으로 국한문 혼용을 지향하였으며 북쪽은 1949년부터 한글 전용에 들어섰다. 중요한 것은 언어에 대한 견해의 차이다. 남쪽은 언어를 문화 창조와 의사 소통의 도구로 보는 데 대하여 북한은 언어를 혁명과 건설의 수단으로 간주한다. 전자는 '국어순화운동'으로 발전하였고 후자는 '문화어운동'으로 변용되었다.

그 사이 남쪽은 1979년대부터 본격적인 한글 전용에 들어섰으나 한자 교육을 병행하였는데 2019년부터 시행하기로 한 초등학교 한자 교육은 물 건너 가고 현재는 국민 교육에서 한자 교육을 소홀히 하는 일이 많아 어디에서도 한자를 구경하기가 어렵게 되어 있다. 한국어문회는 한문 교육의 강화와 한자 사용을 적극적으로 추진하고 있고 이와 반대로 한글학회는 한글 전용의 기치를 내걸고 한글을 종교처럼 우상화하고 있다.

월남은 한자를 버리고 로마자를 공용 문자로 삼았으며 일본은 당용한자를 제정하여 문서를 구어에 가깝게 작성하여 왔다. 중국은 간체자를 제정하여 한자의 대중화를 위하여 노력하였다. 그러는가 하면 대만은 옛날과 같이 번체자를 고수하고 있다. 동양의 세 나라가 급히 해결해야 할 것은 여러 가지 변이형을 보이고 있는 한자를 표준화하여 이를 국민교육에 보급하는 일이다.

중국은 간체자와 함께 번체자를 교육에 도입해야 하고 일본 역시 당용

한자와 함께 정자를 교육하는 방안을 마련하여야 한다. 우리나라는 거의 유명무실화되고 있는 한자 교육을 강화하여 초등학교에서부터 한자를 가르치도록 해야 한다. 이렇게 '正字' 중심의 한자 교육이 초등학교에서부터 착실히 수행되면 동양 세 나라 사람은 동북아 구성원으로서 전통사회에서와 같이 새로운 언어 문화권의 창출에 기여할 수 있다고 믿는다.

지금 한국의 일부 학자들은 적어도 동양 삼국에서는 한문을 학술 어문으로서 삼아야 하지 않겠는가 하는 의견도 제시하고 있다. 전통적인 동아시아의 언어 문화권을 부활하여 21세기의 동북아시대에 대비하는 새로운 언어 문화권의 창출을 제안하는 바이다.

이제 그 구체적인 방안을 제시하기로 한다.

(1) 한자 · 한문에 대한 이해를 높이는 방안을 강구할 필요가 있다.

가. 초중등학교에서 상용한자를 단계적으로 가르쳐야 함

나. 고등학교에서 고전한문교육을 강화해야 함

다. 개인용 컴퓨터를 통한 한자사용을 관습화해야 함

(2) 한자 및 한문 교육의 강화 필요성

가. 한자 어휘의 정확한 이해

나. 전통문화의 계승

다. 중국 사람 및 일본 사람과의 원활한 의사 소통

라. 세 국민 사이의 필담의 기반 조성

(3) 동북 아시아에 있어서 한자 표준화를 위한 제안

가. 약자의 표준화: 일본, 중국, 한국의 한자 자체의 실태

- 중국: 簡體字 (1960년 이후)
- 일본: 略字

cf. toyo kanji (當用漢字) 1850자 (1945년), joyo kanji (常用漢字) (1981년)

- 한국, 대만, 홍콩: 正體字
- 일본과 중국의 약자는 차이가 많음. 세 나라에 통용될 수 있는 略字 標準案을 제정해야 함. 최근에 나온『韓中日 共用漢字 808字』(아이 한자, 2014)가 그러한 것임

나. 초등학교에서부터 정자도 함께 가르쳐야 함. 사실 정자교육을 잘 하면 약자는 절로 이해됨

다. 학술 및 전문 영어의 표준화

- 예: 'Linguistics'의 번역
  일본 및 한국 (북한 포함): 言語學
  중국: 語言學

라. 일상 어휘의 표준화

- 일본과 한국: 汽車
- 중국: 火車

마. 중학교 상급 학년부터 고등학교까지 한문을 가르쳐야 함. 음독 구결 (토)이 붙은 한문을 배우면 한국어와 일본어의 문장을 논리적으로 구성하는 데 도움이 됨. 중국어는 고립어이고 일본어와 한국어는 교착어이기 때문임. 주시경은 서당에서 한문만 배웠는데도 그의 문장이 매우 논리적임

(4) 일본, 중국, 한국, 유구 (Okinawa)는 전통적으로 동북 아시아 문자·언어 연합을 이루어 온 경험이 있다. 북경에서 조선 사절이 유구 사절과 만나면 필담筆談으로 이야기를 주고받았다. 세 나라가 표준화된 한자를 가지고 문장을 만들어 대화를 하면 서투른 영어보다 훨씬 정확하게 의사 소통을 할 수 있다.

일찍이 프라그 학파의 트루베츠코이 (N.S.Trubezkoy) 교수는 1939년 〈발칸언어연합〉 (Balkan Sprachbund)를 확인한 일이 있었는데 이를 모형으로 하면 〈동북아 언어 · 문화 연합 (North-Eas Union of North-Eastern language- culture)을 세울 수 있다. '문자'보다는 '문화'를 택하는 것이 좋다. 세 나라 사이에는 종교 등 공통된 문화 요소가 많기 때문이다. 세 나라를 독립된 언어 문화 연합으로 묶으면 EU와 같이 국제 사회를 주도할 수 있는 연합체를 형성할 수 있다고 본다.

20세기 초에 일본의 한자통일위원회 의장이었던 Kaneko金子堅太郎의 다음 말은 일, 중, 한 세 나라를 하나의 문명권으로 묶은 좋은 지침이 될 수 있다.

> 한문자는 중국과 한국을 결합할 수 있는 좋은 연쇄가 될 뿐만 아니라 두 나라 사람들의 사상을 교환하고 또 무역을 발달하게 함에 둘도 없는 이익이 있으니 이 이익은 유럽과 아메리카 여러 나라 인민이 갖지 못하는 바이니…

동시에 그는 상용商用, 학술, 외교에 이용될 수 있는 언어 사전도 필요함을 역설하였다.

사실 한자와 한문은 동아시아 문명권의 오랜 공동 문자이면서 공동 문어로 사용되어 왔기 때문에 이를 잘 활용하면 동양 삼국의 의사 소통에도 유리할 뿐만 아니라 서양에 대하여 동양의 문화적 우위성을 선양하는 데도 큰 도움이 된다. 이런 이점이 있기 때문에 돌아가신 남광우 선생은 지난 세기 90년대 중반에 세 나라의 한자 표준안의 제정을 제안한 일이 있는데 21세기 10년대를 마감하는 오늘에 와서 남 교수의 선구적인 착상을 다시금 되씹으며 이 일이 하루빨리 성사될 것을 기대하는 바이다.

[붙임]

Synopsis of English, German and Chinese

Summary

Standardization of the Korean language and writing system

— A proposal for Northeast Asian language-culture union —

revised by Professor Homin Sohn, University Hawaii

1. Traditional period (6th~19th century)

- import of *Hanja* (Chinese characters) about BC 1st ~ AD 1st century and its application to recording proper nouns

1st standardization

Invention of *Idu* by Seolchong (2nd half of 7th century) and translation of Confucian classics by using it.

- popularization of *Idu* (current term *Kugyol*) and translation of reading comprehension inherited to Japan (2nd half of AD 8th century)
- *Sokdok Kugyol* script and the translation method influenced the formation of *Kana* (which was formed in the process of translating the Sanscrit sutra into Chinese (Kim Munkyeong, 2010)
- production of *Hyangga* (poetry of Shilla dynasty) by *Hyangchal* (a variant of *Kugyol*)
- translation of Buddhist classics by Taegakkuksa (大覺國師義天) in 11th~12th century
- appearance of *Sundokkugyol* (順讀口訣, *Kugyol* for reading comprehension) in 14th century

2nd standardization

Invention of *Hunmin jeongeum* (current term *Hangul*) through principle of *Liushu* (六書) (six categories of Chinese characters) by King Sejong in 15th century (Ahn Pyunghi 1990/2007: 161-74, 293-316).

- establishment of *Hangul*'s orthography (8 consonants in final position)
- a large scale translation of Buddhism and Confucian classics, translation of Chinese lexical dictionaries as 訓蒙字會, 千字文, 類合 in 15th~16th century
- appearance *Hangul* novel and *Hangul's* popularization (from 17th century)
    - study of Korean by Westerners (von Siebold, Ross, Riedel, Underwood, Gale)

2. Korean Empire (1894~1910)

3rd standardization

Official recognition of *Hangul* owing to Kabo Reform in 1894:

- popularization of national writing system, study of mother tongue and national writing system (*Hangul*) by Seo Jae-pil, Ju Si-gyeong, Lee Sungman and Ji Seogyeong
- foundation of Association for National Language Studies (1908)
- foundation of *National Language Institute* in the Ministry of Education and study of orthographic standardization, etc. (1907~1909)
- Led by Ju Si-gyeong, struggles between the exclusive use of *Hangul* and the mixed use of *Hangul* with Chinese characters (settled as governing style)

3. Japanese colonial period (1910~1945)

- *Hangul*, Korean Alphabet, was named by Ju Si-gyeong about 1912 (the original meaning of *han* is 'Korea', secondary meaning is 'big, great).

- promulgation of *Eonmun* orthography by Japanese government general in Korea (1912)
- Foundation of *Hangulmo* (Association of Korean language and writing) by Ju Si-gyeong (1913)
- struggle between Ju Si-gyeong school and anti-Ju Si-gyeong school (e.g. Park Sungbin, Ahn Hwak, Hong Kimun, Kwon Nyongdal)

  Returning from study in Germany (through England, France, America (Hawaii) and Japan). Dr Li kolu (李克魯) founded *Compilation Committee of Korean Dictionary* (1929). "If a people loses his language, the people will be vanished sooner or later"
- name of the association changed to *Joseoneo hakhoe* (Korean Language Society)
- establishment of *Unified Hangul Orthography* (1933) and assessment of the standard vocabulary (1936)
- completion of *Great Korean Dictionary* (1942)
- About 50 scholars, including Li kolu, Choi Hyeonbae and Lee Huiseung etc were put in jail.

4. Liberation Period (1945~1948)

- liberation from Japanese imperialism and division of Korea into North and South (1945)
- The Society was reconstructed by Li Kolu.
- Some distinguished linguists went to North Korea.

5. Division of North and South Korea

South

- Li Kolu went to North (1948).
- enactment of the *law of exclusive use of Hangul* (1948)
- The name of the Korean Language Society was changed to *Hangul*

Hakhoe (Choi Hyeonbae as President)

- designation of 1,300 Chinese characters in common use (1949)
- publication of *Great Korean Dictionary* (6 Volumes)
- overall exclusive usage of *Hangul* by President Park (1971)
- The government's designation of 1,800 Chinese characters for general education
- *national language purification movement* (1976)
- 100th birthday of Ju Si-gyeong (1976)
- revision of orthography and standard language (1989)

North

- foundation of *Joseoneomun yeonkuhoe* (Korean language society) (1949) (Li Kolu as president)
- promulgation of *Joseoneo cheoljabeop* and overall exclusive use of *Hangul* (1954)
- publication of Ju Sigeong's posthumous manuscripts and complete illumination about his works and life (1956)
- cultured language movement (led by Li Kolu) (1966)
- production of *Cultured Language Dictionary* (1973)

6. Period of unification efforts (1990~)

- many basic studies to reduce the differences of language and writing between South and North
- foundation of *National Language Institute* (Ahn Pyunghee as president 1991)
- publication of *pyojun kugeo taesajeon* (standard national language dictionary) (1999)
- production of *kyeoremal sajeon* (national language dictionary) (2005~)
- establishment of *memorial committee of Li Kolu* (2011)

7. A proposal for Northeast Asian language-culture union

(1) Chinese characters rarely used in language life
- Classical Chinese taught electively in high school
- use of Chinese characters diminished due to popularization of personal computer

(2) reasons for reinforcement of Chinese characters and Classical Chinese
- exact understanding of Chinese originated vocabularies
- inheritance of traditional cultures
- fluent communication with China and Japan
  * conversation by writing is more helpful than poor English

(3) proposals to standardize Chinese characters in Northeast Asia
- standardization of the simplified characters: current state of Chinese characters in China, Japan, Korea, and Taiwan

  China: jiǎntǐzì (簡体字) (since 1960)

  Japan: simplified characters (略字)

  cf. *toyo kanji* (當用漢字) 1850 characters in 1945 and *joyo kanji* (常用漢字) in 1981

  Korea, Taiwan and Hong Kong: true characters (正體字)

  There are many differences between China and Japan in simplified characters. It is urgent to establish a standard version of the simplified characters.
- teaching Chinese characters with true characters from elementary school
- standardization of academic terms

  ex: Linguistics

  Japan and Korea: 言語學

  China: 語言學

- standardization of everyday vocabulary

    ex: Japan and Korea: 汽車

    China: 火車

- teaching of Classical Chinese from middle school

    Learning Classical Written Chinese through *sundok kugyeol* helps students realize the sentence composition of Korean and Japanese. Japanese and Korean are agglutinative while Chinese is isolating.

(4) China, Japan, Korea, Okinawa, and Vietnam have formed the East South Asian script-language union (Schrift-Sprachbund) (Trubezkoy 1938, Ko Yong-Kun, 2010). I prefer language-culture union to script-language union. "language-culture" is more comprehensive than "script-language". Based on this model, we could name this proposed union the *East-South Asian language-culture union* (or *sphere*, region) The unification of these three countries as an independent language-culture union will enable the three countries to become a world leader not unlike the EU. Mr. Kaneko, chairman of *Unification Committee of Chinese Characters in Japan,* criticized Romanization Policy, and he called upon Chinese characters to be taken as the common writing system of China, Japan and Korea, as was the case about 100 years ago. At the same time, he proposed to compile a dictionary for business, science and diplomacy. I cite a part of Kaneko's view as follows:

> The Chinese Characters are not only a good chain to connect China and Korea but also give good benefits to exchange thought of both people and to promote their trades. (cf. *Seowu* 13/4, 1907. 12/1908.1, Seoul)

Zusammenfassung

Standardisierung der koreanischen Sprach- und Schriftsystem

— Ein Vorschlag für einen nordostasiatischen Sprach- und Kulturbund —

Vortrag am Sejong Institut zu Bonn (28. Mai 2014)

Übersetzt von Dr. Won Hyong Cho (Seoul National University und durchgesehen von Professor A. Huwe (Universität Bonn)

Ko Yong-kun
(Professor emeritus, Seoul National University)

1. Traditionelle Periode (6. bis 19. Jahrhundert)

- Annahme von Hanja (chinesische Schriftzeichen) um das 1. Jahrhundert v. Chr. bis 1. Jahrhundert n. Chr. und ihre Anwendung auf die Schreibung von Eigennamen

Die erste Standardisierung

Die Erfindung des Idu durch Seolchong (zweite Hälfte von 7. Jahrhundert) und die Übersetzung der klassischen Dokumente des Konfuzianismus in die koreanische Sprache mit diesem Schriftsystem.

- Popularisierung von Idu ('Kugyol' in derzeitigem Ausdruck)
- Japan übernahm die Übersetzungs- und Leseverstehenssysteme von Idu (2. Hälfte von 8. Jahrhundert n. Chr.)

- Das Schriftsystem 'Sokdok Kugyol' und seine Übersetzungsmethoden beeinflussten die Gestalt der Kana-Schriftzeichen, die im Übersetzungsverlauf aus Sanskrit ins Japanisch gestaltet wurden.
- Niederschrift von Hyangga Gedicht aus dem Königreich Silla mit Hyangchal (einer Variation von Kugyol)
- Übersetzung der buddhistischen Klassikern durch Daegakguksa(大覺國師義天) in 11. bis 12. Jahrhundert.
- Erscheinen des Sundok Kugyol (順讀口訣, Kugyol für das leichte Lesen) in 14. Jahrhundert

Die zweite Standardisierung

Erfindung von Hunminjeongeum (heute Hangul genannt) auf Grund der Prinzipien von Liushu (六書, die sechs Kategorien von der chinesische Schrift) durch König Sejong im 15. Jahrhundert.

- Etablierung der Orthographie von Hangul (8 Konsonanten in der Auslaut)
- Übersetzung der buddhischen und konfuzianischen Klassiker im großen Maßstab sowie Übersetzung der chinesischen lexikalischen Wörterbücher wie訓蒙字會, 千字文, 類合im 15. und 16. Jahrhundert.
- Entwicklung von Romanen, die auf Hangul geschrieben wurden, und dadurch Popularisierung von Hangul (ab 17. Jahrhundert)
    - Studium der Koreanistik durch Europäer und Amerikaner (von Siebold, Ross, Ridel, Underwood, usw.)

2. Kaiserreich Korea (1894~1910)

Die dritte Standardisierung

Offizielle Anerkennung von Hangul infolge der Kabo Reformation in 1894:

- Popularisierung des staatlichen Schriftsystems, Studium über die Muttersprache sowie das staatliche Schriftsystem (Hangul) von Seo Jae-pil, Ju Si-jyeong, Lee Sungman and Ji Seogyeong

- Begründung der <Gesellschaft für das Studium an der koreanischen Sprache> (1908)
- Begründung des <Instituts für die staatliche Sprache im Ministerium für Erziehung und Studium über die orthographische Standardisierung>, usw. (1907~1909)
- Geleitet von Ju Si-gyeong; Streit zwischen den Unterstützern für exklusive Verwendung von Hangul und Gegnern, die das vermischte Schreibsystem von Hangul und chinesische Schrift unterstüzten

3. Korea unter der ungesetzlichen japanischen Herrschaft (1910~1945)

- Das koreanische Alphabet wird etwa um 1912 durch Ju Si-gyeong Hangul genannt. (Die originelle Bedeutung von 'han' ist 'Korea', während seine zweite Bedeutung 'groß, großartig' ist.
- Öffentliche Bekanntmachung der Rechtschreibung von Eonmun durch die ungesetzliche japanische Herrschaft in Korea (1912)
- Gründung von 'Hangulmo' (Gesellschaft für koreanische Sprache und Schrift) durch Ju Si-gyeong (1913)
- Streit zwischen den Schülern von Ju Si-gyeong und seinen Gegnern (z.B. Park Sungbin, Ahn Hwak, Hong Kimun, Kwon Nyongdal)
- Rückkehr nach Studienaufenthalt von Dr. Li Kolu (李克魯) in Deutschland (Berlin). Dr. Li gründete das Kommitee für die Kompilation von Koreanischem Wörterbuch (1929). "Ein Volk soll über kurz oder lang verschwinden, wenn es seine Sprache verliert."
- Die Gesellschaft für das Studium an der koreanischen Sprache hat seinen Namen in Joseoneo Hakhoe (Gesellschaft für Koreanische Sprachkunde) umbenannt.
- Etablierung der Einheitsrechtschreibung von Hangul (1933) und Einschätzung des Standard- Wortschatzes für Wörterbuch (1936)
- Kompilation des Koreanischen Großwörterbuchs (1942)

- Rund 30 Sprachwissenschaftler sowie Angehörige der Intelligenz, u.a. Li Kolu, Choi Hyeonbae and Lee Huiseung, usw. wurden ins Gefängnis geworfen. (Bild 9)

4. Periode der Befreiung (1945~1948)

- Befreiung von der ungesetzlichen Herrschaft Japans und Teilung in Nord-und Südkorea (1945)
- Wiedergründung der Gesellschaft der koreanischen Sprachkunde durch Dr. Li Kolu
- Einige berühmte Sprachwissenschaftler gingen nach Nordkorea.

5. Trennung in Nord- und Südkorea

Südkorea

- Li Kolu läuft nach Nordkorea über (1948).
- Öffentliche Bekanntmachung des Gesetzes der Ausschließlichen Benutzung von Hangul
- Der koreanische Name der Gesellschaft für Koreanischen Sprachkunde wurde durch Präsident Choi Hyeonbae in Hangul Hakhoe abgeändert.
- Veröffentlichung von 1.300 chinesischen Schriftzeichen zur allgemeinen Verwendung
- Herausgabe des Koreanischen Großwörterbuchs (6 Bände).
- Allgemeine und ausschließliche Benutzung von Hangul, durch Staatspräsident Park Chunghee (1971)
- Bekanntmachung von 1.800 chinesischen Schriftzeichen als Unterrichtsstoff in Schulen
- Staatliche Kampagne für die Bereinigung der koreanischen Sprache (1976)
- 100. Geburtstag von Ju Si-gyeong (1976)
- Revision der Rechtschreibung u.a. Standardisierungen der koreanischen

Sprache (1989)

Nordkorea

- Gründung von Joseoneomun Yeonkuhoe (Forschungsgesellschaft der Koreanischen Sprachkunde; Präsident Li Kolu) (1949)
- Bekanntmachung von Joseoneo Cheoljabeop (Koreanische Orthographie) und Allgemeine und ausschließliche Benutzung von Hangul (1954)
- Herausgabe von Ju Si-gyeongs postumen Manuskripten, vollständige Würdigung seiner Werke u.a. seines Lebens (1956)
- Die Kampagne der sog. Kultur-Sprache (geleitet von Li Kolu) (1966)
- Herausgabe des Wörterbuchs der Kultursprache (nordkoreanische Standardsprache) (1973)

6. Periode der Bemühung um die Wiedervereinigung (1990~)

- Durchführung vieler gründlicher Studien, zur Reduzierung der Unterschiede in Sprache und Rechtschreibung zwischen beiden Teilen Koreas.
- Gründung des Staatlichen Institut für koreanische Sprache (erster Präsident Ahn Pyunghee) (1991)
- Herausgabe von *Pyojun Gugeo Daesajeon* (Großwörterbuch der standardisierten koreanischen Sprache) (1999)
- Kompilation von *Gyeoremal Keunsajeon* (Einheitsgroßwörterbuch der koreanischen Sprache) (2005~)
- Gründung des Kommitees zum Gedächtnis an Li Kolu (2011)

7. Ein Vorschlag zum nordostasiatischen Sprach- und Kulturbund

(1) Chinesische Schriftzeichen sind im Alltag kaum benutzt

- Klassisches Chinesisch wird in der Oberschule als Wahlfach unterrichtet

- Die Verwendung von chinesischen Schriftzeichen wird wegen der Verbreitung des Personalcomputers reduziert

(2) Die Notwendigkeit zur verstärkten Verwendung von chinesischen Schriftzeichen sowie klassischer chinesischer Sprache

- Förderung des Verständnisses der richtigen Bedeutung der aus dem Chinesischen stammenden Wörter
- Fortführung der traditionellen Kultur
- Fließende Kommunikation mit Chinesen sowie Japanern
- Optimierung der Kommunikation per Schrift

(3) Vorschläge zur Standardisierung der chinesischen Schriftzeichen in Nordostasien

- Standardisierung der vereinfachten Schriftzeichen
  Aktueller Status des chinesischen Schriftzeichens in China, Japan, Korea sowie Taiwan
  China: jiǎntǐzì (簡体字) (seit 1960)
  Japan: die vereinfachten Schriftzeichen (略字) Vgl. toyo kanji (當用漢字) 1.850 Zeichen in 1945 und joyo kanji (常用漢字) in 1981
  Korea, Taiwan und Hong Kong: richtige Zeichen (正體字)
  Es gibt viele Unterschiede zwischen den vereinfachten Schiftzeichen in China, Japan und Korea. Daher ist die Etablierung einer standardisierten Version dringend erforderlich.
- Unterricht der richtigen Version der chinesischen Schriftzeichen ab Grundschule
- Standardisierung der akademischen Wörter (Fachsprache)
  z.B. Linguistik
  Korea und Japan: 言語學
  China: 語言學

- Standardisierung der alltäglichen Wörter

    z.B. Zug

    Korea und Japan: 汽車

    China: 火車

- Unterricht in klassischem Chinesisch ab Middle School

  Die klassische chinesische Sprache durch Sundok Kugyol zu lernen, hilft den Studenten die Satzkomposition von Koreanisch und Japanisch zu erkennen.

  Koreanisch sowie Japanisch weisen den agglutinierenden Sprachbau auf, während Chinesisch zum isolierenden Sprachbau gehört.

(4) China, Japan, Korea, Okinawa und Vietnam haben den nordostasiatischen Schriftsprachbund formiert. (Trubetzkoy 1938, Boretzky (1977), Ko Yong-kun (2010). Der Verfasser bevorzugt den Sprachkulturbund vor dem Schriftsprachbund. 'Sprachkultur' ist unfassender als 'Schriftsprache'. Aufgrund dieser Modelle der Name dieses vorgeschlagenen Bundes als 'ost- und südasiatischen Sprachkulturbund (oder -bereich bzw. -region') vorzuziehen. Durch die sprachkulturelle Vereinigung von China, Japan, Korea können diese drei nordostasiatischen Länder eine global führende Union wie EU werden. Herr Kaneko, Präsident von der <Unification Committee of Chinese Characters in Japan>, hat die Romanisierungsregeln kritisiert. Er bemüht sich um die Wiedereinführung chinesischer Schriftzeichen als gemeinsames Schriftsystem, wie vor rund 100 Jahren. Dabei schlägt er Wörterbücher für Handel, Wissenschaft sowie Diplomatie vor. Im folgenden wird ein Teil aus Kanekos Argumenten zitiert:

> "Das chinesische Schriftzeichen ist nicht nur eine gute Kette, die China und Korea verbindet, sondern auch ein Segen, der der Gedanken der beiden Völker leicht austauschen lässt und der ihren Handel fördern wird." (Vgl. Seowu 13/4, 1907.12./1908.1., Seoul)

韩国语文标准化的历程与其面临的课题*

一 建立东北亚语言化联盟的提议

翻译：中国南京大学 吴玉梅 教授

东北亚历史财团的研究结果表明，从公元前4世纪开始，中国东北三省一带和朝鲜半岛就形成了共同使用韩国语的语言共同体。继承了高句丽的渤海虽然与通古斯族的祖先靺鞨族(包括肃慎、女真)结成了联盟,但其共同语与新罗语没有什么区别。渤海使臣出使日本时新罗留学生担任了渤海使臣的翻译等记录表明新罗语与渤海语是相同的。渤海被契丹灭国后,渤海太子大光显等人流亡到高丽，高丽给予其官职，这是同族意识在起作用。同族意识是以语言和风俗相同为前提的。随着渤海的灭亡和高丽的建国,韩国语共同语的使用范围最终被局限在朝鲜半岛。渤海灭国后，其游民建立了东丹国,长期散居在高句丽的古土上。朝鲜王朝后期的实学家洪大容所著《乙丙燕行录》中有如下记载，在过了沈阳途径高丽堡时，居民自称"高丽子孙"，盛情款待了洪大容一行，此记录可视为当时渤海国流民的子孙依然残留的证据。

本文将探讨从新罗时期到现代韩国语文标准化的历程及所面临的问题。从新千年伊始到其后15年多的时间里,本人在国内外多所大学谈及了韩国语文标准化的历史和所面临的问题。本文在梳理传统时代语文标准化问题的基础上,重点考察了从甲午更张到20世纪末开展的标准化运动,最后探讨了新千年上半叶韩国语文的发展方向。语文标准化是指以文

---

* 本文根据作者从上个世纪90年代中期开始、在德国的汉堡大学(1994)、波恩大学(2014)、美洲的夏威夷大学(2010)、伊利诺伊大学(2010)、中国的南京大学(2015)、台湾国立政治大学(2017)、韩国的庆北大学(2013)、京南大学(2013)、晋州教育大学(2008)、水原台章高中(2005)、盆唐中央高中(2012)等学校演讲的内容整理而成。

字为媒介,使语言共同体成员流畅地沟通的语言、文字的准则。

韩国语开始被文字所记录,与公元前后接受汉字、汉文有直接的关系。最初用汉字记录韩国的固有名词；其后按照韩国语的句子结构排列汉字；8世纪时，佛教僧侣元晓的儿子儒学家薛聪创造出用韩国语翻译儒教经典阅读的释读法；后来发明了可以自由记录韩国语句子的乡扎文字,创作出名为“乡歌”的文学作品。到了高丽时代,大学国师义天开始将佛经翻译成韩国语阅读，通常将其称为“释读口诀”,之后出现了在汉文上加吐阅读的“音读口诀”。

15世纪，世宗大王创制了名为“训民正音”的韩文，可以说这是在接受了汉字、汉文以后,努力用自己的文字记录韩国语、实现标准化的最终成果。不仅制定了韩国语拼写法,通过崔世珍编著的词汇集《训蒙字会》，词汇的标准化也取得了成果。这一工作一直持续到朝鲜王朝末期,进入19世纪以后,西方人制定了用罗马字转写韩国语的规则,辞典、语法著作开始出现。

19世纪末的甲午更张成为韩国人探索语文标准化的决定性契机。其中得到开化派思想家徐载弼教导的周时经的努力功不可没。周时经十几岁便立志研究韩国语语法。他在“夏期国语讲习所”培养学生,1908年与学生们一起创立了名为“国语研究学会”的语文研究团体,接着著述了《国语语法》,为韩国语标准化奠定了理论基础。

由徐载弼和周时经带动兴起的韩国语文标准化运动,因1910年朝鲜王朝被日本吞并丧失主权而遭遇严寒。 为了统治韩国,日本帝国主义将“国语”改为“朝鲜语”,制定了拼写法，编写了词典。周时经及其后继者竭尽全力抵制日本的语文政策,为奠定韩国语文标准化的基础倾注了心血。周时经不仅把韩国语改为“hanmal”,把韩文改为“hangul”,还把国语讲习所改为“hangul baegot”，把国语研究学会改为“hangulmo(朝鲜言文会)”,为韩国语文标准化奠定了基础。他还把学习证明改为“baehon boram”,把结业证明改为“machin boram”,把全勤证明改为“bujireon boram”,

把优秀证明改为“sosjae　boram”等,在用韩国语词根创造新词方面起到了先驱作用。更为重要的是用“mal、il、ilui tteus、maeumeuro salpim”表达当今符号学的“语言符号、指称对象、指称概念、解释行为”，开启了用韩国语进行学术研究之先河。令人惋惜的是，他在39岁便离开了人世。

日本帝国主义者制定了朝鲜语拼写法,控制朝鲜语教育,周时经及其后继者们为了抵抗日本帝国主义的统治,发展了周时经的拼写法,最终制定了“韩文拼写法统一案”，完成了调查、审议标准语等编撰韩国语词典所需的基础工作。 完成这些工作时，李允宰、李克鲁、崔铉培、李熙升、郑寅承等朝鲜语学会会员付出了巨大努力。此外,以“朝鲜语言学研究会”为中心牵制周时经学派的朴胜彬学派，也为韩国的语文标准化做出了一定的贡献。 日本帝国主义将朝鲜语学会会员的标准化运动视为独立运动,对语言学家采取了收监、没收原稿等镇压措施。

迎来解放后,朝鲜语学会的会员们在出狱的同时,重新组建了以李克鲁为中心的学会,以日本帝国主义强占时期完成的韩国语语文规范为基础，为恢复韩国语使用倾注了心血。 他们找到差点被烧毁的韩国语词典原稿,开始出版《韩国语大辞典》。 国土南北分裂后,两个国家在两种体制下开始走向独立的标准化道路。 韩国的韩文专用论和国汉文混用论尖锐地对立,国汉文混用暂时成为主流；朝鲜从1949年开始进入了韩文专用时期。其中重要的是对语言的理解不同。韩国认为语言是文化创造和沟通的工具,朝鲜则将语言视为革命和建设的工具。 前者发展为“国语纯化运动”,后者发展为“文化语运动”。 韩国从1979年开始正式进入韩文专用时代,同时进行汉字教育,但原本计划从2019年开始实行的小学汉字教育已成为泡影，目前在国民教育中忽视汉字教育的情况比比皆是,很难再看到汉字的身影。韩国语文学会正在积极推进加强汉文教育以及汉字的使用,而韩文学会却高举韩文专用的旗帜,像宗教一样对韩文进行偶像化。

越南弃用汉字,将罗马字作为公用文字；日本制定了当用汉字,使文件编写接近于口语。中国制定了简体字,努力使汉字大众化。台湾则一如既往地坚持使用繁体字。 东方的三个国家急需解决的问题是将汉字的各种变异型进行标准化,并普及到国民教育中。中国要在进行简体字教育的同时导入繁体字教育,日本要在当用汉字教育中思考进行繁体字教育的方案。韩国应加强有名无实的汉字教育,从小学开始教授汉字。如果以"繁体字"为中心的汉字教育能够从小学开始切实执行,相信东方三国的国民作为东北亚的成员,会像在传统社会一样为新的语言文化圈的建立做出贡献。当前一些韩国学者提出, 至少在东方三国,应该把汉文作为学术语言。提议恢复传统的东亚语言文化圈,建立面向21世纪东北亚时代的新的语言文化圈。

下面提出具体的方案。

(1) 有必要探索可以加强对汉字、汉文理解的方案。

a. 中小学应分阶段教授常用汉字。

b. 高中应加强古典汉文教育。

c. 应该使通过个人电脑使用汉字成为习惯。

(2) 加强汉字及汉文教育的必要性

a. 对汉字词的正确理解

b. 对传统文化的继承

c. 与中国人及日本人顺畅地沟通

d. 为三国国民建立笔谈的基础

(3) 关于在东北亚实现汉字标准化的建议

a. 简体字的标准化:日本、中国、韩国汉字字体情况

中国: 简体字 (1960年以后)

日本：略字

cf. toyo kanji (当用汉字) 1850字 (1945年),

joyo kanji (常用汉字) (1981年)

韩国、台湾、香港：繁体字

日本与中国的简体字差异较大。需制定通用于三国的简体字标准。

b. 应从小学开始教授繁体字。繁体字教育进行的好,简体字自然会理解。

c. 学术及专业领域英语的标准化

例："Linguistics"的翻译

日本及韩国(包括朝鲜)：言语学

中国：语言学

e. 日常词汇的标准化

日本与韩国：汽车

中国：火车

f. 汉文要从初中的高年级开始教到高中。学习带有音读口诀(吐)的汉文，对有条理地组织韩国语和日语的句子有帮助。因为汉语是孤立语，日语与韩国语是黏着语。周时经在私塾里只学了汉文,但他的文章逻辑性很强。

(4) 日本、中国、韩国、琉球(Okinawa)自古就有形成东北亚文字、语言联盟的经验。朝鲜使节与琉球使节在北京会面时用笔谈的方式进行交流。如果三国使用标准化的汉字进行交流，会比使用生疏的英语更能准确地进行沟通。 布拉格学派的特鲁别茨科依(N.S.Trubezkoy)教授早在1939年便确认了"巴尔干半岛语言联盟(Balkan Sprachbund)"，以此为模型，就可以建立"东北亚语言文化联盟(North-Eas Union of North-Eastern language- culture)"。选择"文化"比选择"文字"更恰当。因为三国之间有宗教等很多的共同文化要素。 如果三国结成独立的语言文化联盟,就可以像欧盟一样形成主导国际社会的联合体。20世纪初担任日本汉字统一委员会主席的金子坚太郎曾说过下面的话，这对把日、中、韩三国归为一个文明圈会起到很好的指导作用。

> “汉字可以很好地连接中国和韩国，对两国人交流思想、发展贸易发挥独一无二的作用，这是欧美各国国民所不具备的……”

同时他也强调了可用于商业、学术、外交的语言词典的必要性。

事实上,汉字和汉文既是东亚文明圈长期使用的共同文字,也作为共同书面语而使用,较好地利用汉字,不仅有利于东方三国的沟通,对向西方宣传东方的文化优势也大有裨益。因为有这样的优势,已去世的南广祐先生在上个世纪90年代中期曾提议制定三国的汉字标准化方案,在即将结束21世纪10年代的今天,在此重温南教授具有远见的设想，同时期待汉字标准化早日得以实现。

새 천년의 어문정책 방향

새 천년千年이 밝아 온 지 어느덧 8년에 접어들고 있다. 우리나라가 한자·한문의 굴레에서 벗어나 한글을 공용 문자公用文字로 삼은 지도 어언 1세기를 훨씬 넘어 서 있다. 그 사이 일제日帝의 국권 침탈國權侵奪로 말미암아 우리말과 우리글의 사용이 금지당하기도 하였지만 광복이 계기가 되어 우리 민족은 어디서나 우리말과 우리글을 자유롭게 구사할 수 있었다.

해방 이후의 어문語文 사용의 역사를 돌이켜보면 수천 년 동안 우리의 문자 생활을 지배해 온 한자·한문의 낡은 옷을 벗어 던지고 한글만으로 문자 생활을 영위할 수 있는 길을 탐색하는 데 너무 많은 힘을 쏟았다. 이 점, 남과 북이 모두 비슷한 길을 걸어왔다. 그 결과 현실 언어 생활에서는 한자를 찾기가 여간 어렵지 않다. 그러나 이제는 상황이 달라졌다.

21세기는 동북 아시아가 세계사의 주역이 될 것이라고 누구든지 예측하고 있다. 이런 정세情勢의 흐름에 대비하는 길은 지난 수천 년 동안 동아시아의 공동 문자의 역할을 해 온 한자에 새로운 역사적 기능을 부여하는 것이다. 그밖에도 우리의 어문 정책을 개선하는 데는 해결해야 할 과제가 많다.

지금 동북 아시아의 세 나라는 정도의 차이는 있지만 다 같이 한자를 사용하고 있다. 우리나라에서는 그 사이 한글 전용의 큰 흐름에 눌려서 일상생활에서는 한자가 거의 자취를 감추다시피 하였으나 법적으로는 "상용한자"常用漢字가 엄존하고 있으며 〈한국어문회〉韓國語文會와 〈전국한자교육추진연합회〉全國漢字敎育推進聯合會 등의 한자 애용 단체漢字愛用團體의 노력으로 한자 학습열이 날이 갈수록 고조高調되고 있다.

일본은 이른바 "當用漢字"를 제정하여 언어 생활에서 한자를 섞어 쓰고 있으며 "略字"를 만들었다. 중국에서는 "簡體字"를 제정하였다. 일본의 약자와는 거리가 있는 한자의 간소화인 것이다. 대만臺灣과 홍콩에서는 아직도 정체자正體字, 곧 '번체자'繁體字를 고수하고 있다.

우리나라도 마찬가지다. "簡體字"든 "略字"든 모두 "繁體字"를 변형한 것인 만큼 "繁體字" 중심의 한자 교육을 실시하면 두 약체자略體字를 이해할 수 있다. 더욱이 동북아東北亞의 4개국은 현재 '常用漢字標準字'의 제정에 박차를 가하고 있지 않은가. 이렇게 한자 문화권漢字文化圈이 공통 표준자체標準字體의 제정에 합의한다면 요즈음 화두에 오르고 있는 일본과 중국의 고유명사 표기는 자연히 우리의 한자음대로 읽지 않을 수 없다. 현재의 고유명사 현지음 표기는 모두 한글전용을 전제로 한 발상이다.

지금 우리나라의 거리나 대형 유통 센터를 가 보면 한자는 보기가 어렵고 한글과 영자英字 알파벳이 주종主宗을 이루고 있고 간혹 중국의 "簡體字" 표기가 보인다. 이는 중국 관광객을 배려한 조처이다. 삼성동의 ××백화점의 지하슈퍼에 가 보면 전시대 위쪽 사방 둘레의 대분류에서는 'seafood, vegetable, fruit, milk' 등의 영어를 큰 글자로 배치하고 그 밑에 작은 글자로 '생선, 채소, 과일, 우유' 등의 우리말을 덧붙였으며 소분류에 가서는 우리말과 영어, 또는 영어와 우리말을 순서를 달리하여 배치하고 있다.

영어가 오늘날 아무리 국제어의 자리에 놓여 있다고 하여도 주권국가인 우리나라의 대형 백화점에서에서 어떻게 이런 일이 일어날 수 있는가. 교통 표지판은 '우리말-영어'의 순서로 되어 있다. 이런 것과 관련시키면 아무리 외국인이 많이 왕래하는 곳이라도 이 순서는 반드시 지켜야 한다. 그리고 어떤 어휘가 한자어 기원이면 우리말 다음에 한자어를 '正體字'로 표기하고 다음으로 英語를 배치하여야 한다. 지금 우리나라에는 이른바 '한류'韓流에 힘입어서 많은 외국인들이 우리말을 배우고 있다. 이런 사람들이 위의 백화점의 영어 우위 배치를 보면 어떻게 생각하겠는가.

신문이나 방송 매체를 보면 문법에 어그러지는 표현을 예사로 쓰고 있다. 신문에서 제호題號를 통하여 독차에게 간접적으로 지시하는 경우에는 받침이 있으면 '-으라'를, 받침이 없거나 'ㄹ' 받침으로 끝나면 '-라'를 붙이라고 『표준국어대사전』에 규정되어 있다. 그런데 요즘 신문을 보면 '시정연설 대통령이 직접 해라, 삼성생명 나와라'와 같이 상위자가 하위자에 명령하는 해라체가 예사로 쓰인다. 같은 날짜의 신문이라도 들쭉날쭉이다.

그리고 요즘 방송사마다 경쟁하다시피 방영放映하고 있는 사극史劇에서는 예외없이 명령형 어미에 '보이거라, (칼을) 뽑거라'를 사용한다. 이는 '보여라, 뽑아라'로 쓰는 것이 규범에 맞는데 무슨 이유로 '-거라'를 붙이는지 이해할 수 없다. 신문 매체의 명령형은 개화기와 일제 강점기를 거쳐 해방 후 남북에서 거의 정확하게 사용되어 왔다. 1930년대의 연해주沿海州에서 발간된 고려인들의 신문 〈선봉〉을 보면 신통할 정도로 정확하게 사용하고 있다. 심하게 말하면 지금의 신문 기자들의 우리말 문법 실력이 〈선봉〉의 기자들보다 낫다고 하기가 어렵다.

거리에 침을 뱉거나 휴지를 아무데나 버리면 경범죄輕犯罪가 적용된다. 언어 규범을 지키지 않는 기관의 홍보물이나 신문사, 방송사의 매체에 대하여도 경범죄와 같은 벌칙罰則을 적용할 필요가 있다. 국립국어원은 언어 규범言語規範을 지키지 않는 일이 발견되면 국립국어원의 소식지 (뉴스 레터)나 누리집 (홈페이지)를 통하여 이를 게시하고 국립국어원장은 해당 기관에 대하여 경고 서한을 보내어 시정是正을 강구할 것을 제안하는 바이다.

중국 연변 자치주에서는 오래 전부터 "조선어문 상벌규정"을 만들어 어문 생활을 통제하고 있다. 러시아에서는 자국어自國語의 오용誤用을 통제하는 방안으로 "언어순화법안"을 의회에 제출한다는 보도가 있었다. 외국의 사례를 타산지석他山之石으로 삼아 규범에 어긋나는 말씨가 발견되면 즉각적으로 제재制裁를 가하는 법적 장치를 마련할 것을 제안하는 바이다.

과도한 외국어 사용도 제재의 대상으로 삼아야 한다. 주시경 선생은 일찍이 국문을 정리하는 것은 가정을 소청掃淸하는 것과 같다는 말씀을 하셨음을 상기할 필요가 있다.

지난 60여 년에 걸쳐 한글 전용 정책에 억눌려 신장의 계기를 얻지 못하던 한자 교육과 그 사용을 강화하고 우리말의 규범을 준수하는 법적 장치裝置를 마련하는 것이 새 천년의 어문 정책의 방향이 아닐까 생각해 본다. 특히 규범을 지키는 데는 문법 교육이 필수적으로 뒤따라야 한다. 실종失踪된 국어 문법 교육을 강화는 것도 어문 정책의 중요한 과제로 삼아야 한다.

(『語文生活』 123, 2008)

한자 교육의 강화 방안

얼마전 미국 LA에서 있었던 한일 야구 경기의 결과에 대하여 아나운서가 "아쉽게도 일대 영으로 석패하고 말았다"와 같이 보도하는 것을 보고 한자 교육을 강화할 필요가 있다는 것을 절실히 느꼈다. '석패'는 한자어로서 '惜敗'를 음으로 읽은 것이다. '惜敗'는 "경기에서 약간의 점수 차로 아쉽게 지다"라는 뜻이다. 이 어휘 안에 '아쉽게'란 뜻이 담겨져 있으니 '아쉽게도 … 지다'와 같은 말은 '역전 앞, 철교 다리'와 같은 겹문자이다. 이런 겹문자는 보도문의 원고를 쓴 사람이 '석패'가 그냥 '지다'를 뜻하는 줄 알고 저지른 잘못된 예이다. 우리 주위에는 일상 언어 생활에서 이런 잘못을 저지르는 일을 많이 볼 수 있다. 이는 각급 학교에서 한자 교육을 제대로 실시하지 않는 것과 직접 관련이 있다.

우리 민족은 수천 년에 걸쳐 한자와 한문을 공용公用하면서 문자 생활을 영위하여 왔다. 한자와 한문을 가공하여 구결口訣을 만든다든지 이두문吏讀文을 지을 때에도 그 근원은 모두 한자와 한문이 그 바탕에 놓여 있었으며 중세에 창제된 한글도 기본적으로 한자와 혼용되는 운명을 타고 났다. 우리나라가 중국의 손아귀에서 벗어나 자주국이 된 19세기 말부터 국문國文, 곧 한글이 공용 문자의 역할을 하기 시작하였으나 결과적으로는 국한문 혼용으로 방향을 잡아 나갔으며 이 점 일제 강점기에도 큰 차이가 없었다.

해방이 되면서 한글 전용의 실마리가 풀리기 시작하였다. 초중등 학교 교과서를 엮을 때 한자어는 일단 한글로 내세우되 해당 한자는 괄호 안에 넣었다. 이렇게 된 배경으로는 첫째는 민족 해방이라는 정치 · 사회적 요인을 들 수 있고 다음으로는 우리말을 적는 데 합리적이라고 공인된 "조선어학회" (지금의 "한글학회")의 『한글맞춤법통일안』의 영향도 적지 않았던 것 같다. 이 점 북한도 큰 차이가 없었다. 처음은 조선어학회의 맞춤법을 준용準用하다가 『조선어 신철자법』朝鮮語新綴字法 (1948/1950)을 거쳐 『조선어 철자법』(1954)에 와서 그들 나름의 맞춤법을 완성하여 한글 전용의 어문 정책을 추진하여 나갔다.

해방된 지 60여 년이 지났다. 우리의 주변에는 한자를 사용하는 중국과 일본이 있고 21세기는 동북 아시아가 역사 창조의 주역이 된다는 말까지 나오고 있다. 현재는 과거 어느 때보다도 세 나라의 접촉이 빈번하다. 앞의 아나운서의 보도에도 보다시피 젊은 세대는 한자에 대한 지식을 거의 갖추고 있지 않다. 이는, 앞에서 잠시 언급한 바와 같이, 각급 학교에서 한자 교육을 실시하지 않은 데 그 직접적 원인이 있다.

19세기 말 국문, 곧 한글이 공용 문자의 자격을 얻었을 때 교과서는 국한문 혼용國漢文混用을 지향하였다. 이 점 조선어 말살 정책이 강행되던 1930년대 말까지 변동이 없었다. 앞에서 본 바와 같이, 해방이 되면서 모든 교과서는 한글 전용으로 편찬되었다. 한자를 괄호 안에 넣음으로써 이전의 주체적인 자리에서 종속적 자리로 격화시켰다. 상용 한자를 제정하여 한자·한문 교육을 실시한다고 하였으나 시대가 내려올수록 한자는 우리의 언어 생활에서 외면을 당하고 있다.

특히 지난 세기 70년대 이후의 정부의 한글 전용 정책과 1990년대 이후의 개인용 컴퓨터의 보급으로 우리의 문자 생활에서 한자는 거의 자취를 감추다시피 하였다. 신문 등의 대중 매체도 이제는 한자가 거의 눈에 뜨이지 않을 정도로 한글화되었다. 한글만으로 문자 생활이 가능해지니 한자에 대한 관심도 줄고 그 교육도 소홀히 될 수밖에 없다. 그러니 결과적으로 앞에서 든 아나운서의 보도와 같은 곕문자적 표현이 나오지 않을 수 없다.

우리말에는 한자어 기원의 어휘가 너무나 많다. 우리는 될 수 있는 대로 어려운 한자 어휘는 우리의 고유어로 바꾸어야 한다. 지난 60여 년 동안 남쪽은 "국어순화운동"에 힘입어서 어려운 한자 어휘가 많이 순화醇化되었고 북쪽 역시 "문화어운동"의 영향으로 많은 한자어 기원의 어휘가 고유어로 다듬어졌다. 남북이 정보를 교환하지 않은 상태에서 말을 다듬다 보니 개중에는 의사 소통意思疏通을 어렵게 하는 말도 적지 않게 태어났다. 북한어 사전이 나오게 된 것이 바로 그 사이의 사정을 잘 대변한다고 하겠다.

그러나 모든 한자어를 다 고유어로 되돌릴 수 없다. 특히 고도의 추상성이 요구되는 철학용어나 인문 · 사회 과학의 학술 용어는 고유어로 바꿀 수 없는 것이 많다. 정도는 덜 하지마는 자연과학도 예외가 아니다. '理'와 '氣'는 오랜 세월에 걸쳐 성리학 용어로 정착되어 있다. 이런 어휘를 어떻게 고유어로 되돌릴 수 있겠는가. 북한에서도 추상적인 어휘는 순화醇化의 대상으로 삼지 않고 대신 한자 교육을 통하여 바른 사용을 유도誘導하고 있다. 북한의 한자 교과서를 보면 그 실상을 잘 알 수 있다.

나는 모든 한자어를 되살리자는 복고주의자가 아니다. '인구人口에 회자膾炙되다'란 말은 이미 익은 표현으로서 많이 쓰이기는 하나 '膾炙'와 같은 어휘는 그렇게 쉬운 말이 아니다. 이런 말은 그냥 '입에 오르내리다'라는 고유어로 얼마든지 대치할 수 있다. 일부에서는 한자를 가르치면 고유어의 사용과 발전을 위축시킨다고 하여 한자 교육을 반대하고 있지만 실상은 그렇지 않다. 생산보다는 수용受容에 중점을 두는 한자 교육은 우리말의 정확한 사용과 발전에 오히려 도움을 준다. 앞에서 든 '아쉽게도 석패하고 말았다'도 '석패'가 한자어 '惜敗'를 음독音讀한 단어라는 것을 알고 있었다면 결코 '아쉽게도 석패하고 말았다'는 표현은 쓰지 않았을 것이다.

적어도 국민 교육에서 일정한 수효의 한자를 습득해 놓으면 어려운 한자 어휘를 순화하는 데도 도움을 받을 수 있고 우리말을 정확하게 사용하고 우리말 중심의 어휘 체계를 정착시키는 데도 긍정적으로 작용할 수 있다. 충실한 한자 교육이 전통 문화와의 소통疏通을 원활하게 하는 기반 조성基盤造成으로 이어진다는 것은 누구든지 이의異議를 제기하지 않는다.

나는 이 자리에서 각급 학교 교과서를 편찬할 때에는 적어도 한자 기원의 어휘에 대하여는 한자로 노출露出하기를 제안한다. 지난 60여 년 동안 교과서를 만들 때 한글을 앞세우고 필요할 때에는 괄호 안에 한자를 넣었는데 앞으로는 반대의 순서로 배치한다는 것이다. 이를테면

> 독립협회는 만민공동회라는 큰 규모의 민중 대회를 열었다
> (『주시경: 마르지 한글샘』
> (한글을 빛낸 자랑스러운 인물 ①), 한글학회-국립국어원

위의 표현에서 한자어는 '독립협회', '만민공동회', '규모', '민중대회'이다. 이들 네 어휘에 대하여 한자로 露出시키면 다음과 같이 된다.

> 獨立協會는 萬民共同會라는 큰 規模의 民衆 大會를 열었다

반면, 개별 한자의 音과 새김은 각주脚註를 이용하는 방안을 제안한다.

내가 제안한 교과서의 한자 노출은 중세의 〈용비어천가〉와 〈두시언해〉의 한자 노출이나 개화기와 일제 강점기의 한자 노출漢字露出 방식과 근본적인 차이가 없다. 차이가 있다면 각주를 이용하여 음을 달고 그 새김을 달아 주는 것뿐이다. 이 방식은 『석보상절』과 간경도감刊經都監의 불경언해의 한자음 달기와 비슷한 면이 있다. 해방 후의 각급 학교 교과서에서 한글음을 앞세우고 한자를 괄호 안에 넣는 방식은 세종대의 〈월인천강지곡〉의 방식을 결과적으로 계승한 것이다. 물론 이 방식이 가장 이상적이라고 하겠으나 인제는 한자 문맹漢字文盲이 너무나 많아 이를 퇴치하는 길은 교과서에서 한자를 노출露出시켜 한자 교육을 강화하는 수밖에 없다.

이런 방식의 교과서는 돌아가신 남광우 선생이 1980년대 중반 율촌장학회의 지원支援을 받아 초등학교용 『韓國語』와 교사용 지침서를 편찬하여 초등학교에서 한자를 단계적으로 가르치는 모형을 제시한 바 있다. 교과

서에 한자를 노출시킨다고 하여 일상 언어 생활에서조차 이를 따르라는 것은 아니다. 한자를 괄호 안에 넣는 방식을 택하면 학습자들이 한자 학습을 외면하여 우리말의 정확한 사용을 위축萎縮시키거나 건전한 발전을 저해沮害하는 원인을 제공하기 때문에 궁여지책窮餘之策이지만 이런 방식을 채택하지 않을 수 없다고 생각한다.

각급 학교 교과서에 한자를 노출시킨다고 할 때 국어 교과서에 한정할 것인지, 아니면 전 과정課程에 확대할 것인지에 대하여 논의가 있을 수 있다. 나는 적어도 어떤 교과서든지 한자를 노출시키는 것이 학습의 극대화를 위하여 필요하다고 생각한다. 단 음을 달거나 새김을 붙이는 일은 국어 교과서에 한정하자는 것이다. 그리고 한자 노출의 범위를 "한문 교육용 기초한자"漢文敎育用 基礎漢字를 기준으로 할 것인지 그 이상을 넘어설 것인지도 쉽게 결정할 문제가 아니다. 한자의 도입導入 시기를 초등학교 1학년부터 잡을 것인지 아니면 중간 학년인 4학년부터 적용할 것인지도 쉽게 결정할 수 없다. 내 생각으로는 초등학교 1학년에서부터 도입하여도 문제가 없다고 생각한다. 영어를 초등학교 1학년 단계에서 실시한다는 현재의 상황을 고려할 때 더욱 그러하다.

교과서에 한자를 노출시키면 올바른 국어 사용과 국어 발전을 다그치는 효과만 거두는 것이 아니다. 중국, 한국, 일본, 그리고 월남, 유구琉球 (현재의 오키나와)는 전통적으로 한자를 공용하여 왔다. 영조 때의 실학자 홍대용洪大容은 연행燕行 길에서 필담筆談을 통하여 얻은 지식과 주고받은 편지를 이용하여 유명한 『건정동 필담』乾淨同筆談을 엮기도 하였거니와 재래로 우리의 학자들이 중국학자들과 교우할 때 필담을 통하여 의사 소통을 한 예는 허다하였다.

실제로 나는 해외 여행에서 한자를 써서 일본 학자, 중국 학자들과 정보를 교환한 일이 많다. 영어나 독일어가 금방 떠오르지 않을 때는 한자를 써서 금방 의사 소통이 되는 예를 많이 경험하였다. 앞으로 동북 아시아 사람들은 시간이 흐를수록 접촉할 기회가 많아질 것이다. 학문적인 정보 교환과 상담商談을 하는 경우에 의사 소통이 되지 않으면 전통 사회에서와 같이 한자를 써서 이를 보충하는 일이 많아질 것은 분명하다.

개화기 때 일본 한자 통일회 회장 가네코金子堅太郎의 글을 번역하여 어문정책의 기조基調로 삼은 일이 있다는 것을 기억할 필요가 있다. 가네코는 한자는 중국, 조선, 일본을 결합시킬 수 있는 좋은 사슬 [連鎖]이 될 뿐만 아니라 세 나라 사람의 사상을 교환하고 또 무역을 발달시킴에 있어서 둘도 없는 이익을 얻을 수 있다고 하였다. 더욱이 그는 한자를 잘 활용하면 동양의 문화적 우위성을 선양하는 데도 크게 기여한다고 보았다.

최근 들어 논의의 대상이 되고 있는 동양 삼국의 한자 표준안漢字標準案도 동북 아시아 문화권에 부여된 시대적 요구를 충족시킬 필요성에서 제안된 것이다. 동양의 한자도 나라에 따라 자체字體의 변종變種이 심하니 이를 어떻게 표준화할 수 있겠는가 하고 반대하는 사람도 없지 않다. 그러나 우리나라나 대만臺灣과 같이 정체자 중심의 교육을 잘 시켜 놓으면 일본의 약자나 중국의 간체자를 익히는 것이 그렇게 어렵지 않다. 이들은 모두 정체자 [번체자]의 변용變容이다. 그러나 궁극적으로는 동양의 세 나라가 공용할 수 있는 표준자체標準字體의 제정으로 이어져야 한다.

각급 학교 교과서에 한자어 기원의 어휘를 한자로 노출시키는 편찬 방식은 올바른 우리말 사용과 발전의 기반을 쌓음은 물론, 전통 문화와의 단절을 막고 동북 아시아 시대에 대비하는 일석 삼조一石三鳥의 효과를 거둘 수 있다. 현재대로 한자 교육을 외면하거나 소극적으로 실시하면 앞의 '석패'와 같이 우리말을 잘못 사용하는 일이 늘어갈 것이고 갈수록 전통 문화와의 단절이 깊어질 것이며 머지않아 우리나라는 동 북아시아의 문화적 고아가 될 것이다. 어문 정책 입안자의 결단을 촉구해 마지않는다.

(한국어문회 편, 『국한문혼용의 국어생활』 129-135, 2009)

훈민정음과 한자와의 관계*

"훈민정음"訓民正音은 한글의 옛 이름이다. 세종 대왕이 처음 한글을 제정하였을 때 공식적으로 불렀던 이름이 "훈민정음"이었다. 쉽게 말하면 오늘날 부르는 "한글"의 세종 당시의 이름이 훈민정음인 것이다. 사람들은 문자와 언어를 구별하지 못하고 "한글"을 우리말의 뜻으로 사용하는 일이 적지 않으나 혼동해서는 안 된다.

"한자"漢字는 낱낱의 중국 글자를 가리키고 "한자어"는 개별 한자가 모여서 이루어진 단어를 가리키며 "한문"漢文은 한자로 구성된 문장을 가리킨다. 그 예를 들어 그 차이점을 설명해 보기로 한다.

(1) 天, 地, 玄, 黃, 宇, 宙, 洪, 荒

위에 보인 (1)은 『千字文』의 첫 장에 나오는 한자 8자를 옮긴 것이다. 각 글자에는 일정한 의미가 결부되어 있지만 그 자체로는 홀로 쓰일 수 없다. 각 글자는 음音만으로는 읽을 수 없고 반드시 '하늘 천'과 같이 새김 [釋]을 붙여야만 읽을 수 있다.

(1)의 漢字 가운데는 두 글자가 합치면 자족적인 단어가 될 수 있는 것이 있다.

(2) 天地, 宇宙

---

* 이 글의 내용은 신창순 교수가 편집한 『國語國字의 品格』(전통문화연구원, 2010)에 그 내용이 녹아들어 있음을 밝혀 둔다.

(2)는 (1) 가운데서 개별 한자가 조합되어 이루어진 명사 한자어로서 우리의 일상 언어 생활에서 자유롭게 사용된다. 위의 두 단어는 다음과 같은 국한문 혼용체의 문장에 사용될 수 있다.

(2') 가. 天地는 온통 눈으로 덮였다
나. 넓은 宇宙의 신비를 누가 알랴

이런 경우, 국민 교육에서는 '천지天地'와 같이 음은 한글로 적되 괄호 안에 해당 한자를 넣는다. 그러나 사람에 따라 '천지'와 같이 한글로만 적을 수도 있고 '天地'와 같이 한자를 노출시키기도 한다.

한편 한자어와 한자가 결합하여 이루어진 다음 표현은 성격이 다르다.

(3) 天地玄黃 宇宙洪荒

(3)의 앞 구절 '天地玄黃'은 '하늘과 땅은 (그 빛깔)이 감고 누르다'이고 뒷구절 '宇宙洪荒'은 '우주가 넓고 거칠다'이다. 두 구절을 하나로 이으면 완벽한 문장으로 성립된다.

(1)은 한문을 익힐 때나 개별 글자를 가리키는 경우밖에는 사용되지 않는 독법이다. (2)는 분명히 한자어이기는 하나 현대의 일상 언어 생활에서는 한글로 적는 일이 많다. (3)은 한문을 읽을 때 음독音讀만 허용된다. 경우에 따라서는

(3') 天地玄黃 (천지현황)하고 宇宙洪荒 (우주홍황)하다

와 같이 토 [더러 구결口訣]를 넣어 읽기도 한다. 고대에는 일본의 한문 읽기와 같이 훈독訓讀이 허용되었다고 하나 현재 우리나라에서는 대부분 음독音讀이 관습화되어 있다.

그러면 위의 현대의 한자, 한자어, 한문에 대한 표기表記 [적기]와 독법讀法 [읽기]에 관한 지식을 중심으로 훈민정음 제정 당시의 한자, 한자어, 한문의 표기와 독법의 실상을 살펴보기로 한다.

다음은 훈민정음 창제 후 처음 나온 『용비어천가』龍飛御天歌 제1장이다.

(4) 海東六龍이 ᄂᆞᄅᆞ샤 일마다 天福이시니 古聖이 同符ᄒᆞ시니

『용비어천가』는 다 알다시피 조선 왕조의 건국과 관련하여 태종에 이르기까지 6대에 걸친 조상들의 행적을 노래로 읊은 악장樂章으로서 국한문 혼용체로 성립되어 있다. (4)는 앞의 (2')의 (가, 나)와 같이 한자어 '海東六龍, 天福, 古聖, 同符'가 섞여 있다.

『용비어천가』와 비슷한 성격의 국한문 혼용체의 문헌으로 성종 때에 나온 『두시언해』杜詩諺解를 들 수 있다. 이 책은 중국 당나라의 시인 두보杜甫의 시를 성종 때 우리말로 번역한 것이다.

(5) 아디 몯ᄒᆞ리로다 어느 님균 宮殿고 기튼 지슨 거시 노ᄑᆞᆫ 石壁ㅅ 아래로다 (不知何王殿 遺構絕壁下) (杜詩諺解 6, 2장 앞)

(5)에는 괄호 안에 보인 원시原詩의 '殿'과 '壁'이 당시에 사용되던 한자어 '宮殿'과 '石壁'으로 바뀌어 노출되어 있다. 『용비어천가』와 『두시언해』를 보면 한자어는 앞의 (2')와 같이 음을 달지 않은 일이 있었음을 확인할 수 있다.

한편 중세의 한글 문헌에는 한자음을 달아 주는 일이 보편적이었다. 여기에도 몇 가지 유형이 있었다. 다음 (6)은 앞의 (3')와 같이 읽기 쉽게 한문 원문에 토를 달았다. 토를 단 문장을 "구결문"口訣文이라 부르고 이를 번역한 문장을 "언해문"諺解文이라 부른다. 차이점은 각 한자마다 그 음을 달아 주는 것이었다. 이 음은 당시의 현실음이 아니고 중국 원음에 가깝게

재구한 동국정운식 개신 한자음이었다.

(6) 孔子ㅣ 曰ᄒᆞ샤ᄃᆡ 武王周公은 其達孝矣ㅣ신뎌 (구결문)
孔공子ᄌᆞㅣ 니ᄅᆞ샤ᄃᆡ 武뭉王왕周즇公공은 그 ᄉᆞᄆᆞᄎᆞᆫ 孝ᅘᅭᇢ道ᄯᅩᇢㅣ신뎌 (언해문)

(6)은 소혜 왕후 한씨가 편찬한 『내훈』內訓에서 뽑은 것이다. 중세의 언해 문헌을 보면 같은 책이나 같은 행에 같은 글자가 아무리 반복되어도 한결같이 한자음을 달아 주었다. 언해문은 구결문보다 한 칸 들여 쓰고 글자의 크기도 구결문보다 작게 인쇄하였다. 중세의 대부분의 언해 문헌은 (6)과 같은 표기 체재를 유지하였다.

다음 (7)은 『용비어천가』와 함께 악장 문학의 쌍벽雙璧을 이루는 『월인천강지곡』의 한자음 표기의 예이다. 『월인천강지곡』은 세종이 수양 대군이 편찬한 『석보상절』을 보고 직접 지은 노래이다.

(7) 셰世존尊일 ᄉᆞᆯᄫᆞ리니 먼萬리里외外 ㅅ 일이시나 눈에 보논가 너기ᅀᆞᄫᆞ쇼셔

위의 예는 『월인천강지곡』 둘째 장이다. 한글 음을 큰 글자로 앞세우고 한자는 작은 글자로 박았다. 이런 표기 방식은 현대의 국민 교육에서 한글 음을 노출시키고 해당 한자는 괄호 안에 넣은 방식과 같은 유형이다. 그러나 이런 표기 유형은 『월인천강지곡』에만 보이고 다른 문헌에는 모두 (6)과 같은 형태의 표기로 정착되었다.

같은 『월인천강지곡』이라 하더라도 세조 때 나온 『월인석보』에서는 다음과 같이 한자음의 위치가 바뀌어 있다.

(7') 世셰尊존ㅅ 일 ᄉᆞᆯᄫᆞ리니 萬만里리外외ㅅ 일이시나 눈에 보논가

너기ᅀᆞᄫᆞ쇼셔

(7')와 같은 표기 방식은 현대의 언어 생활에서 한자를 노출시키되 그 음을 괄호 안에 넣는 방식과 차이가 없다. 훈민정음 창제에 즈음하여 한자음을 어떻게 배치하는 것이 좋을까 하고 특히 세종대왕과 신하들 사이에 의견 다툼이 있었던 것이 아닌가 한다. 세종이 지은『월인천강지곡』은 "국음 선치"國音先置 "한음 후치"漢音後置의 표기를 보여 주고 수양 대군 등 신하들이 관여한 문헌에는 "한음 선치漢音先置 국음 후치國音後置"의 표기 방식을 보여 주는 점을 고려할 때 그런 생각을 할 수 있다. 실제로 후자의 표기법이 당시의 대부분의 문헌에 적용되었다.

그 기원이 한어계라고 하더라도 고유어로 귀화하였다고 판정될 때에는 한글로 적었다.

(8) 미혹ᄒᆞ야, 위ᄒᆞ야, 공ᄉᆞᄒᆞ리니. 위두ᄒᆞᆫ 願이라, 분별 마ᄅᆞ쇼셔

(8)의 '미혹, 위, 공ᄉᆞ, 위두, 분별'은『석보상절』(1447)에 나타나는 한자어 기원의 어휘인데 한글로 적었다. 이는『석보상절』편찬자가 위의 어휘가 완전히 고유어로 변질되었다고 생각한 것과 관련이 있어 보인다.

그런데 12년 뒤에 나온『월인석보』에는 다음과 같이 한자로 적혀 있다.

(8') 迷惑ᄒᆞ야, 爲ᄒᆞ야, 公事ᄒᆞ리니. 爲頭ᄒᆞᆫ 願이라, 分別 마ᄅᆞ쇼셔

위의 예는『석보상절』의 같은 내용을 그대로 반복하는 구절에서 나타나는 예인데『월인석보』편찬자가『석보상절』편찬자와는 달리 같은 어휘를 한자어로 생각하였기 때문에 취해진 조처로 해석한다.

위에서 검토한 바와 같이, 훈민정음 제정 당시의 한자어는 원칙적으로

한자로 표기하였으며 책의 성격에 따라 노출되기도 하고 음을 달기도 하였음을 확인할 수 있다. 이러한 전통은 15세기 말과 16세기 전반기까지 이어졌다.

먼저 다음 (9)를 보기로 한다.

(9) 가. 德이여 福이여 호ᄂᆞᆯ 나ᅀᆞ라 오소이다 (동동)
　　나. 殘月曉星이 아ᄅᆞ시리이다 (정과정)

(9)는 성종成宗 때에 나온『악학궤범』에 실린 고려 가요 〈동동〉과 〈정과정〉의 일절이다. 앞에서 든 〈용비어천가〉와 같이 국한문 혼용체로 되어 있다.

그러나 같은 고려 가요라도 중종 때에 나온『악장가사』의 작품은 표기가 다르다.

(10) 가. 西京이 아즐가 西京이 셔울히 마르는 (서경별곡)
　　　셔경
　　나. 사ᄉᆞ미 짒대에 올아셔 奚琴을 혀거늘 (청산별곡)
　　　ᄒᆡ금

한자어를 오른쪽에 배치하고 그 한글 음은 왼쪽에 배치하였다. 횡서의 편의상 위에는 한자어를, 아래에는 한글 음을 배치하였음을 밝혀 둔다. (10)의 표기는 15세기 당시의 지배적 한자어 표기 방식이었던 '한자어-한글음'과 같은 표기 방식이다. 차이가 있다면 한자와 한글의 글자 크기가 같다는 점뿐이다.

훈민정음이 창제된 15세기에는 물론이고 16세기에도 한자어의 발음을 적을 때에는 '한음 선치, 국음 후치'의 표기 방식이 주류를 이루었다. 한글이 민중 속으로 파고들어가 특히 부녀자들의 문자로 정착하기 시작하자순 한글만으로 적는 표기 유형이 자리를 잡기 시작하였다.

먼저 중종 시절에 나온 한글 비문인 영비靈碑를 보기로 한다.

(11) 녕한 비라 거운 사ᄅᆞᆷ ᄌᆡ화를 니브리라
이ᄂᆞᆫ 글 모ᄅᆞᄂᆞᆫ 사ᄅᆞᆷᄃᆞ려 알외노라

(현대역)

신령스런 비다. 함부로 손을 대는 사람은 재화를 입을 것이다
이는 글 모르는 사람에게 이르는 것이다

(11)에는 '녕靈, 비碑, ᄌᆡ화災禍'와 같은 한자어가 사용되어 있지만 모두 한글로 적혀 있다. 이곳의 '글'은 한문을 뜻한다. 위의 비문은 한문을 모르는 사람을 대상으로 하기 때문에 한글로 적는다는 것을 분명히 밝혀 놓고 있다. 정말 한문을 읽을 줄 모르는 사람을 상대로 하여 한글만으로 글을 작성하는 전통이 언제부터 시작되었는지 모르지만 현재까지는 중종 시절에 나온 (11)의 한글 비문이 가장 오래지 않은가 한다.

다음은 임진란 전에 작성된 것으로 보이는 순천 김씨順天 金氏의 간찰簡札의 일절이다.

(12) 지븨

귿사니 온 후에 안부도 몰라 분별ᄒᆞ뇌 지븨 불란 기벼ᄅᆞᆯ (긔별ᄋᆞᆯ) 듣고 ᄀᆞ장 놀라니 너기뇌 … 신쥬ᄂᆞᆫ 아조 샹티 아니ᄒᆞ신가 엇디 그 긔벼ᄅᆞᆯ 자셰 아니ᄒᆞ신고 나는 ᄯᅩ 디니 올 이ᄅᆞᆯ 어히업ᄉᆡ 글도 남만 몯ᄒᆞ거니 와 팔ᄌᆡ(팔자ㅣ) 그런가 시브니 이번 별시만 보고 뇌여 말려 ᄒᆞ뇌 수미ᄃᆞ려 니ᄅᆞ소

(현대역)

집에

긑산이 온 후에 안부도 몰라 걱정하네. 집에 불이 난 소식을 듣

고 매우 놀랍게 생각하네. 신주는 아주 상하지 아니하였는가 어찌 그 소식은 자세히 전하지 않는가. 나는 또 지니는 일은 어이 없고 글도 남만 못하거니와 팔자가 그런가 싶으니 이번 별시만 보고 그만 말려고 하네. 수미에게 이르시오.

위에서 밑줄 그은 '안부, 분별, 긔별, 신주, 자세, 팔자, 별시'는 한자어이거나 한자어에 기원을 둔, 귀화어에 가까운 어휘들이다. 그럼에도 불구하고 위의 간찰에는 한자가 한 군데도 표기되지 않았다.

영비와 간찰에서 시작된 순수한 한글 문장은 특히 한문을 잘 모르는 서민층이나 여성 독자 속으로 파고들어 통신 교환의 수단으로 이용되었고 조선 시대 후기에 들어서면서 길고 짧은 소설의 문체로 자리를 잡아 수많은 작품을 생산하였다. 한 예로 김만중金萬重의 『구운몽』九雲夢 (서울대학본)(김병국 교주, 2009, 서울대학교 출판부)의 첫 머리를 보기로 한다.

(13) 텬하의일홈난뫼히다ᄉᆞ시이시니동은ᄀᆞᆯ온동악태산이오셔는ᄀᆞᆯ온셔악화산이오가운ᄃᆡ는ᄀᆞᆯ온듕악숭산이오븍은ᄀᆞᆯ온븍학ᄒᆞᆼ산이오남은ᄀᆞᆯ온남악형산이니이닐온오악이라

(현대역)

천하에 이름난 산이 다섯이 있으니 동은 가로되 동악 태산이요, 서는 가로되 서악 화산이요 가운데는 가로되 중악 숭산이요 북은 가로되 북악 항산이요 남은 가로되 남악 형산이니 이 이른바 오악이라

밑줄 그은 어휘는 중국의 고유 지명이거나 아니면 한자어이다. 그럼에도 불구하고 위의 작품에는 한자가 한 군데도 노출되지 않았다.

우리가 글을 쓸 때 독자가 누구냐에 따라 어휘를 어떻게 선택하고 어떤 문체를 택할 것인가를 고민한다. 초등 학교 어린이를 대상으로 하면 자연

히 쉬운 고유어를 골라 쓰게 되고, 문장은 가능한 한, 짧게 쓴다. 대학생 이상의 성인을 상대로 하면 어휘 선택에 신경을 쓰지 않아도 되고 문장이 다소 길어져도 개의치 않는다. 지금은 개인용 문서 작성기가 보급되어 한자의 사용이 많이 줄었으나 손으로 원고를 작성하던 때에는 한자를 많이 섞어 썼다. 중세의 한자 표기도 현대의 문자 생활에 유추하여 해석할 수 있다. 곧 한자, 한문에 조예造詣가 깊은 사람을 대상으로 할 때에는 (4), (5), (9)와 같이 한자를 노출시켰고 그렇지 않은 사람, 이를테면 한자를 모르는 사람을 상대로 할 때에는 (7)과 같이 한글을 먼저 놓고 한자는 뒤에 놓았으며 한자는 알아도 그 음에 대한 지식이 부족한 사람을 대상으로 할 때에는 (7')나 (10)과 같은 표기 방식을 선택하였다고 간추릴 수 있다.

세종은 한자와 한문을 배제한 문자 생활을 목표로 훈민정음을 창제하지 않았다. 일차적으로는 중국 문화를 더 정확하게 수용하기 위하여 새 문자를 만들었고 이는 결과적으로 한자 · 한문을 모르는 서민층의 문자 생활을 원활하게 하는 방향으로 그 사용이 신장伸張된 것으로 해석하는 것이 훈민정음 창제에 대한 올바른 이해라 믿는다.

우리말의 어휘의 많은 부분이 한자어이고 대부분의 문화 유산이 한문으로 되어 있으며 한자 사용국인 중국, 일본과 이웃해 있다. 이런 점을 종합적으로 고려할 때, 한자 교육을 등한시하고 그 사용을 억제하는 것이 과연 올바른 어문 정책일까. 만시지탄晩時之歎이 없지 않으나 실종失踪된 한자 교육의 강화 방안을 어떤 형태로든지 강구해야 한다는 것은 필자 한 사람만의 생각이 아니라고 믿는다.

영어 공용어화론에 부쳐

나는 지난 3월 중순 독일 베를린과 옛 동독 지역에서 열린 동서 언어학 콜로키움에 참석하는 도중에 칼무크에서 온 한 여성 언어학도를 만난 일이 있다. 대학에서 모국어 회복 문제를 주제로 하여 박사 논문을 준비하고 있는 그네는 독일에서 〈동서언어학회〉가 열린다는 소식을 듣고 어렵게 여비를 마련하여 회의에 참석하였다.

옛 소련의 다른 독립 국가와 마찬가지로 칼무크 역시 학교에서 모국어 교육을 실시하고 그에 대한 연구를 본격화하고 있다는 것이었다. 혹시 자신의 모국어에 관한 문헌이나 정보를 얻을 수 있지 않을까 하는 한 가닥의 희망을 품고 회의에 참석하였다는 그녀의 애타는 호소는 듣는이로 하여금 눈시울을 적시게 하였다.

나는, 또 독일에 유학하면서 대학의 우리말 강사로 일한 적도 있고 지금은 학위 논문을 준비하고 있는 한 철학도를 수년 만에 만난 일이 있다. 신문을 보니 우리나라에서는 영어를 공용어公用語로 삼자는 논의가 일어나고 있는데 어찌된 일이냐고 묻는 것이었다. 독일에서도 영어의 중요성이 강조되고 있지만 영어를 공용어로 삼자는 말은 아무데서도 들을 수 없다고 하였다.

우리 민족은 일본 통치 기간에 우리말을 박탈당한 경험이 있다. 가정에서나 겨우 우리말이 명맥을 유지하였고 학교나 관공서에서는 일본어가 공용어로 사용되었다. 칼무크는 해방 직후의 우리의 사정보다도 더 심각하다. 수세기 동안 러시아/소련의 지배를 받아 왔으니 사실상 칼무크어는 거의 사멸 직전에 놓여 있었던 것이다.

영어를 공용어로 삼게 되면 적어도 각급 학교에서는 영어로 가르치고 관공서에서는 영어로 공문서를 주고 받아야 할 것인데 영미의 연방 국가가 되지 않는 한, 어떻게 그런 일이 가능하겠는가.

지금 우리나라에서는 몇 년 전부터 초등학교에서 영어 교육을 실시하고 있고 수업도 영어로 진행하기를 권유하고 있으며 교수를 임용할 때에도 영어로 공개 강의를 한다는 말이 돌고 있다. 우리가 세계 각국의 문화를 골고루 섭취하여야 하는 마당에 영어 일변도로 외국어 교육을 밀고 나가면 얼마 안 가서 우리나라는 영미의 문화 식민지가 되고 말 것이다. 아무리 정보화 시대를 맞아 영어의 중요성이 높아졌다고 해도 대학의 정규 영어 과목을 철폐하고 원어민 강사를 불러 실용 영어 위주로 교과 과정을 개편한 것은 교각살우矯角殺牛의 우愚를 범하는 것이나 다름이 없다.

외국어는 그 나라에 떨어지기 전에는 좀처럼 숙달할 수 없다는 예를 나는 많이 목격하였다. 표준 문화어 중심의 문법과 독해 교육에 중점을 두되 회화를 곁들이는 방향으로 교과 과정의 틀을 유지하는 것이 최선의 외국어 교육 방안이라고 생각한다. 회화 몇 마디 배우기 위하여 많은 돈을 들여 원어민 강사를 채용한 것은 한 치 앞도 못 내다보는 단견短見임을 알아야 한다. 모국어로 읽고 쓰고 듣는 연습이 잘 되어 있으면 외국어를 학습할 때에도 그대로 전이轉移된다는 사례를 나는 많이 경험하였다.

영어의 공용어화 논의에 편승하여 모국어 교육을 소홀히 하면 머지 않은 장래에 우리말은 사멸되고 말 것이다. 충실한 우리말 교육, 그리고 편중偏重되지 않는 외국 언어 문화의 수용이 통일에 대비하고 세계화와 정보화에 대처하는 지름길이라고 단언하는 바이다.

(대학신문, 〈자하연〉 난, 서울대학교, 2000. 5. 22)

한글날을 어떻게 보내는 것이 좋을까

올 2008년은 우리의 민족 문자인 "한글"에 대하여 매우 뜻깊은 해이다. 흔히 "민족어문"이라고 하면 "한국어, 조선어, 고려어; 한글, 조선 문자" 등 지역에 따라 달리 불리는 우리말과 우리 문자를 가리킨다.

먼저 올해는 주시경 선생이 〈하기국어강습소〉 졸업생들과 함께 〈국어연구학회〉를 창립하여 우리말을 연구하고 보급하는 기틀을 마련한 한 지 100돌이 되는 해이다. 다음으로 올해는 우리 민족 어문이 국제적으로 새롭게 인식되는 많은 행사가 치러졌다. 지난 7월에는 5년마다 한 번씩 열리는 '국제언어학자 대회'가 서울에서 열렸는데 공동 연구의 한 주제가 '문자와 언어구조'였고 그 조직 책임자가 음운론/문자론 전공의 한국어학자였던 것도 한글의 문자론적 가치를 새로이 발견하기 위한 시도와 관련이 있어 보인다.

8월에는 한국어학회 주최로 3일간 국제 회의가 열렸는데 그 주제가 "한글"이었던 것도 한글의 문자론적 기능과 효용을 대외적으로 훤전喧傳하기 위한 배려와 관련이 있다. 문화체육 관광부에서 한글 반포 562돌을 맞아 10월 4일부터 11일을 한글 주간으로 선포하고 "한글 피어나다"란 큰 잔치를 베풀게 된 것도 한글의 시대적 사명을 새로이 각성시키는 계기를 만들어 주고 있다.

한글에 대한 문자론적 가치를 언어학적으로 조명하는 연구 발표 행사도 보인다. 작년에 창립된 〈훈민정음학회〉에서는 10월 8일부터 12일 사이에 한글을 비롯한 세계 문자에 대한 연구를 심화시키고 문자 없는 민족에게 한글을 보급하기 위한 국제 회의를 영어로 진행하고 있으며 며칠 전에는 서울대학교 인문학 연구원 주최로 '문자의 기원과 문명'이란 주제의 국제회의가 열린 바 있는데 모두 한글의 국제화를 다그치기 위한 시도와 관련이 있지 않나 한다.

지금 우리 민족의 고유 문자에 대하여 부르고 있는 "한글"은 1912년경에 주시경 선생이 처음으로 지었다. 우리나라가 일제에 의하여 강점되자 주시경 선생은 '國語'는 '한나라말'로, '國文'은 '한나라글'이라고 불렀고 그 다음에는 '國語'를 '한말'이라 부르기도 하였으며 다음에는 '國語'와 '國文'을 합하여 '배달말글'이라 부르다가 결국 두 개념을 합한 이름으로 '한글'(朝鮮言文) (<한나라글)이라는 이름을 짓기에 이르렀다.

'한글'의 '한'은 '大韓帝國'의 '韓'에서 가져온 것이다. '한'의 뜻을 '正, 大'로 풀이하는 것은 '크다'의 옛말 '하다'의 관형사형 '한'과 일치하기 때문에 덧붙인 의미이지 본래의 뜻이 아니다. '글'은 '言文'에 대응되기 때문에 오늘날 한글을 '국어'로 오해하는 부정적 측면이 있다는 것을 알 필요가 있다. '한글'과 '국어'의 관계는 '한자'와 '한문, 한어', '로마자'와 '영어'의 관계와 같다. 이를 혼동하여 잘못을 저지르는 일이 너무 많다.

한글의 원래의 이름은 '훈민정음'訓民正音이었다. 세종대왕은 한자 · 한문이나 거기에서 갈라져 나온 '이두'吏讀만으로는 한문에 대한 소양이 깊지 못한 일반 사람들, 곧 '어리석은 백성'이 문자 생활을 제대로 할 수 없다고 보고 세종 12월 (1943)에 훈민정음을 직접 창제하셨으며 3년간 신하들의 도움을 받아 한글을 실용화하는 데 필요한 제반 사업을 추진하여 바로 음력 9월 상한上澣에 『訓民正音』이라는 책을 발간하였다. 이 책에 세종 대왕의 한글 창제의 동기를 적은 서문이 붙어 있다. 9월 상한 (상순)은 양력으로 계산하면 10월 9일에 해당하므로 이 날을 우리는 한글날로 정하여 거국적인 행사를 치르고 있다.

한글날 행사는 1926년부터 '가갸날'이라고 하여 처음으로 기념식을 가졌다. 한편 1924년에는 훈민정음 창제 기념 행사를 치르기도 하였다. 그러다가 1928년부터 '한글날'로 이름을 바꾸었다. 그러나 당시는 '조선어연구회' (한글학회의 전신)의 행사에 그쳤으며 해방이 되고 나서야 비로소 공휴일로 선포되어 지금까지 거국적으로 행사를 치러 왔다. 수년 전부터는 국경일로 격상하여 5대 국경일의 하나가 되었다.

한글날이 원래는 문자 그대로 쉬는 공휴일이었는데 언젠가부터는 공휴일마저 박탈되어 한글학회 등 어문 단체에서는 국경일로 격상할 것을 요구하였으며 이를 두고 국회에서는 찬반 양론이 첨예하게 대립된 바 있다. 한글학회 이사장을 지낸, 돌아가신 허웅 선생을 만난 자리에서 나는 인도의 시인 타고르 (R. Tagore) (1861~1941)를 예로 들어 국경일로 격상할 수 있는 명분을 제시한 일이 있다. 내가 지난 세기 70년대 중반에 옛 서독에서 초빙 교수로 1년간 머물면서 인도 학자를 비롯한 재독 인도인들은 모든 약속을 취소하고 같은 장소에 모여 타고르의 탄신일을 경축하는 것을 본 일이 있다.

아시다시피 타고르는 1913년 아시아에서는 처음으로 노벨 문학상을 받았고 일제 강점기에는 일본을 방문하는 도중에 일본의 식민지였던 우리나라인 '조선'에 대하여 〈동방의 등불〉이라는 시를 지어 당시 일제하에서 고통을 받고 있던 우리 민족에게 큰 희망을 심어 주었다. 이 말을 들은 허웅 선생은 타고르의 생일을 국경일로 경축하는 인도의 예를 가지고 국경일 제정의 명분으로 활용해야 하겠다는 말씀을 하신 일이 있다.

허웅 선생이 어떻게 국회의원들을 설득하였는지 모르지만 그렇게 난항이었던 한글날 국경일 제정은 드디어 관철되어 수년 전부터 국경일로 행사를 치르고 있다. 그러나 제헌절과 함께 일하는 국경일이 되고 말았다. 전에는 법정 공휴일로 놀기도 하였으나 지금은 명분만 국경일이지 옛날의 공휴일보다 나아진 것이 있는 것 같지 않다. 달력에는 '한글날'이라는 까만 글씨만 보일 뿐 다른 국경일과 같이 붉은 빛깔로 표시되어 있지 않다.

한글은 태어날 때부터 가시밭길을 걸어왔다. 흔히 생각하는 것처럼 한글은 처음부터 한자를 대치할 목적으로 창제되지 않았다. 한글이 창제된 뒤에도 왕조 실록을 비롯한 모든 공식 문서는 여전히 한문으로 기록되었으며 한문은 불교나 유교의 경전을 이해하거나 『훈몽자회』, 『유합』, 『천자문』과 같은 한자 학습어의 뜻을 파악하는 보조 문자의 기능 이상을 지니지 못하였다.

후대로 내려올수록 한글은 민중 속으로 뿌리를 내렸지만 집안에서 살림살이하는 여자들의 서신 왕래나 여성 상대의 문학 작품에서만 그 명맥을 유지해 왔다. 19세기 말의 갑오경장이 계기가 되어 한글은 우리나라의 공용 문자로 인정받았고 동시에 그에 대한 연구가 일어나기 시작하였으나 일본의 식민화 정책의 희생물이 되어 올바른 연구 방향을 잡지 못하였다. 이런 역경 속에서도 주시경 후계학자들은 맞춤법을 만들고 표준어를 사정査定하는가 하면 사전을 편찬하여 민족 문화 창조의 기반을 닦았다.

그러나 일본의 조선어 말살 정책과 이른바 "조선어학회사건"으로 말미암아 우리의 민족 어문은 한동안 사멸의 위기에 놓였었다 그러나 해방의 덕택으로 우리는 민족 어문을 도로 찾았으며 그에 대한 연구가 꾸준히 집적되어 1세기가 지난 지금은 우리나라에서 언어와 문자를 연구하는 국제회의가 열리고 있으니 역사 발전의 아이러니를 실감할 수 있다.

우리는 그 사이 한글의 우수성에 도취되어 한글의 단점에 대해서는 그리 큰 관심을 기울이지 못하였다. 한글이 우리의 공용 문자가 되니 주시경 선생을 비롯한 선각자들과 그의 제자들은 전통적인 맞춤법을 반성하고 시대적 요구에 부응하는 맞춤법 제정에 온 힘을 기울였다. 전통적 맞춤법은 받침이 7개 (처음은 8개)이고 이어적기 [연철]을 하였기 때문에 단어의 뜻이 쉽게 안기지 않는 단점이 많았다.

이를 개선하기 위하여 받침의 수효를 27개까지 늘려 단어의 형태를 밝히는 이른바 표의적 맞춤법을 제정하였다. 이런 맞춤법이 독해에는 도움이 되지만 반면에 활자를 많이 만들어야 하는 문제점이 드러났다. 이를 해소하기 위하여 "가로쓰기" (흔히 "가로풀어쓰기")가 제안되어 많은 연구 결과가 나왔고 오랫동안 전보문 등에 실용되기도 하였다.

그러나 지금은 개인용 셈틀의 개발로 자판에서 온갖 글자를 조합하고 있으니 한글의 단점도 많이 해소되었다. 특히 정보화 시대에 접어들면서는 로마자 이상으로 글자의 조합이 자유자재하여 세종대왕을 IT 대왕이라 부르는 말까지 돌고 있는 실정이다. 그러나 이렇게 우수한 한글도 쓰다가 보면 단점이 드러나기 마련이기 때문에 우리는 새로운 시대적 요구에 부응하는 한글의 기능적 측면을 보완할 필요가 있다.

한글은 중세에는 한자 · 한문의 보조 문자였다가 지금은 한글이 한자를 누르고 주체적인 입장에 놓여 있다. 그러나 우리의 주변 정세는 한글만으로 문자 생활을 영위하기가 어렵게 되고 있다. 중국은 오래 전부터 간체자를 도입하여 문맹 퇴치에 노력하고 있고 일본 역시 약체자를 만들어 일한문日漢文 혼용의 문자 생활을 영위하고 있다. 역사적으로 한자 문화권에 속하는 한국, 중국, 일본은 많은 정보를 공유하면서 동양 문화의 창달에 이바지해 왔는데 한글만 쓰기를 계속 고집할 수 있겠는가 하는 생각이 든다. 거기다가 국제어의 역할을 하는 영어의 위세는 한자 · 한문 이상으로 우리의 언어 생활 속에 침투해 들어오고 있다.

우리는 한국어와 한글이 주체적인 민족 어문이라는 것을 명심하고 다른 언어와 문자를 수용하는 태도를 지닐 필요가 있다. 이제 한자 교육은 필연적 시대적 요청이라고 생각한다. 초등학교 단계에서 한자를 단계적으로 잘 익혀 두면 중국어나 일본어를 배우는 데도 도움이 되고 올바른 국어 생활에도 큰 지침이 되며 전통 문화와의 단절도 극복할 수 있다.

나는 562돌 한글날을 맞아 앞에서 말한 한자 · 한문 교육의 강화와 함께 다음 두 가지 사업을 제안해 보고자 한다.

앞에서 나는 올 여름에 "한글"에 대한 국제 회의가 열렸다고 하였는데 한글과 한국어의 국제화를 생각해 볼 필요가 있다. "한글"의 국제화는 이미 문자 없는 우리말을 표기하는 성공적 사례가 보고되기도 하여 그 전망이 밝아 오고 있다. 한국어의 국제화는 현재 세계 각 나라에 해마다 한국어 강좌와 한국학과가 설립되어 그 장래가 그리 어둡지 않다. 무엇보다 다그쳐야 할 일은 한국어를 국제 학술어로 격상시키는 문제에 대하여 관심을 기울여야 한다.

지금까지 한국학 관계의 국제 학술 회의는 영어가 주도하였으나 작년부터는 한국어가 발표 언어가 되어야 한다는 여론이 높아 가고 있다. 순 한국적인 인문학적 지식은 영어로 번역하기가 쉽지 않다. 우리나라 학문의 국제적 위상이 높아지면 인문학뿐만 아니라 사회 과학이나 자연 과학에도 그 영향이 미쳐 나갈 것이다. 영어가 국제 학술어가 된 것이 일조일석에 이루어진 것이 아니다. 1935년 통계에 의하면 국제학술어는 독일어, 프랑스어, 영어의 순이었다는 것을 알 필요가 있다.

다음으로는 고장말 살리기 운동을 범지역적으로 전개하는 일이다. 지난 1세기에 걸쳐 방언의 수평화 작용으로 말미암아 서울 중심의 표준어가 널리 보급된 이점은 있으나 상대적으로 방언이 위축되어 적절한 보존책을 쓰지 않으면 조만간 사멸의 운명에 놓일 가능성이 많다. 지금 제주도에는 제주말 웅변 대회가 열리고 있다는 소식도 들리고 있다. 나는 한글날 하루만이라도 학생들에게 자기 고장말을 구사하여 작품을 씌우는 프로그램을 개발하기를 제안한다. 지금까지 소설의 대화에서는 방언이 더러 구사된 일이 있으나 (대표적으로 박경리의 『土地』와 조정래의 『태백산맥』) 지문地文은 표준 공통어를 사용하여 왔다. 이제는 지문도 고장말을 구사해야 할 시기에 이르렀다.

지문을 어떻게 방언으로 쓸 수 있느냐고 반문할지 모르나 우리가 어렸을 때 할머니나 어머니의 무릎에 누워서 듣던 이야기가 바로 지문이다. 오래전에 한국정신문화연구원 (현재의 한국학중앙연구원)에서 펴낸 『韓國口碑文學大系』에 채록된 구술자의 말이 바로 방언의 지문이다. 향토색이 짙은 고장말에는 그 고장의 인심과 풍속이 반영되어 있다. 우리는『혼불』의 작가 최명희가 "언어는 민족의 지문이다"라고 설파한 것이라든지 인디안 시인 조이 할조가 부족 언어에 영적 힘을 부여한 것을 보더라도 고장말을 가꾸고 발전시킬 필요가 있음을 웅변하는 것이다. 고장말을 소재로 웅변 대회를 여는 것도 고장말 보존·발전의 한 방편이 아닌가 한다.

'한글날'! 세계 어느 나라를 보더라도 국자의 창제일을 국경일로 정한 나라가 있다는 말을 듣지 못하였다. 한글날이 국경일이 된 것은 세종 대왕의 위업도 있지마는 그보다도 일제 강점기에 목숨을 던지면서 우리말과 우리글을 수호한 선열들의 고귀한 뜻을 기리기 위한 정성이 응결되어 가시화한 것이라고 믿는다. 주시경 선생은 '허로증' (심심이 쇠약하여 생기는 병)으로 39세에 작고하였고 이윤재 선생과 한징 선생은 일본 형사의 고문에 시달리다가 옥중 원혼이 되었다. 옛 소련의 고려인 사회와 사할린의 동포들은 잃었던 우리말을 되찾느라 형언할 수 없는 고초를 겪었다.

우리가 해방 후 하루 아침에 민족 어문을 되찾아 새 나라 건설에 협동할 수 있었던 것은 개화기로부터 일제 강점기에 이르기까지 민족 어문을 수호하여 발전시킨 어학자들의 우리말 수호의 덕택이다. 이런 점을 보더라도 우리는 한글날을 남의 일 보듯이 수수방관袖手傍觀해서는 안 된다. 단 하루만이라도 국어 시간을 이용하여 우리말을 바르고 곱게 다듬어 쓰는 문제에 대하여 토론을 한다든지 글짓기를 부과하는 것이 한글날을 뜻 있게 보내는 길이 아닐까 생각해 본다.

끝으로 우리말을 갈고 닦는 문제를 제기한 주시경 선생의 어록 한 마디를 인용함으로써 우리말의 가공과 발전에 배전의 노력을 기울이기를 바라는 바이다.

> 사람의 나아감이라 하는 것은 하늘의 일을 사람이 알기 쉽고 쓰기에 단케 함을 이름이니 절로 자란 나무는 하늘이요, 먹줄을 쳐서 다듬

는 것은 사람이라. 그 다듬는 길을 따라 사람의 나아감이 덜하고 더함을 얻나니 사람의 다스림을 받지 아니한 버릇은 절로 자란 나무와 한가지라. 그 버릇이 된 바를 아주 돌아보지 아니할 수가 없다 하겠으되 어찌 익음에만 어리어서 나무를 마르지도 아니하고 그대로 집을 짓겠다 하리오 (周時經, 『말의 소리』, 1914, ㄴㅁ장)

(2008. 10. 11. 진주교육대학에서 열린
"한글학회 진주지회 제41차 학술발표회 '한글날 행사'"의 강연 원고)

우리말 보존책의 한 방안

- 사할린 여행기 -

사할린, 일제 시대에는 우리는 "화태"樺太라 불렀고 일본 사람들은 "가라후도"라 불렀다. 나는 어렸을 때, 일제 말기에 많은 사람들이 사할린으로 징용 (일본말로는 '조요')을 가서 고생을 많이 하였고 겨울에는 집과 길이 눈에 덮여 꼼짝도 못한다는 이야기를 많이 들었다. 사할린은 원래 청나라 땅이었는데 뒤에 러시아의 영토가 되었으며 러일전쟁 때 일본이 승리함에 따라 사할린이 남북으로 갈라져 남사할린은 일본에 복속되었다.

2차 대전 후 일본이 패망함에 따라 소련은 남사할린을 되찾았다. 해방 직후에는 우리 민족이 45,000명 정도 살았으나 현재는 30,000명 정도로 줄었다고 한다. 고령자들은 이미 불귀의 객이 된 사람이 많고 그렇지 않으면 러시아 본토로 나가거나 영주 귀국을 한 사람이 많기 때문이었다. 이 수치는 사할린 인구의 5%에 해당한다. 그래도 백계 러시아 사람 다음으로 많은 숫자이다. 현재 한인은 주도州都인 유지노 사할린스크를 비롯하여 브이코프, 코르샤코프, 홈스크 (포자르스코예) 등 10개 지역에 흩어져 살고 있다.

내가 사할린을 방문하게 된 것은 사할린의 우리말 수호의 역사와 보존 실태를 조사하는 데 일차적인 목표가 있었다. 춘계春溪 유시욱柳時郁 선생의 『朝鮮文典』(도서출판 역락에서 2006년에 영인 · 출판됨)의 발견을 계기로 하여 나는 사할린의 우리말 수호와 보존의 역사를 알고 싶어 위의 『조선문전』의 저자의 장남인 유종하 선생과 영주 귀국한 허남훈 선생의 협조를 얻어 사할린 방문을 결행決行하게 된 것이다.

올 7월 2일 인천 공항을 출발한 아시아나 (OZ 576)는 속초와 일본의 동해안을 거쳐 3시간 반 만에 유지노 사할린스크에 도착하였다. 나는 기내에서 우리나라를 왕래하면서 무역을 하는 김마리나 여사를 만나 사할린에 관한 정보를 많이 입수하였다. 그녀는 내가 마중 나오는 허남훈 선생을 만날 때까지 친절히 안내하여 주었다. 마침 다음날 사할린 국립종합대학에서 '사할린 강제징용 한인의 어제, 오늘 그리고 내일'이라는 주제로 국제 심포지엄이 열려 정보 수집에 도움이 많았다. 다음으로는 일본의 소수 민족인 아이누 집성촌을 방문하여 아이누어의 특징과 사용 실태를 조사하는 것이었다.

사할린에 머무는 8일 동안 나는 80세 전후의 고령자를 여러 사람 만나 해방후에 우리말이 어떠한 과정을 밟아 부활되고 보존되어 왔는가에 초점을 맞추어 조사를 진행하였다. 마침 신국웅辛國雄옹 (본명 辛鉉貞)이 2002년 8월 3일자 〈새고려신문〉에 발표한 『포르나니스크 사범전문학교 조선과 개교의 날』을 복사해 주어 사할린 한인들의 우리말 보존 실태를 더 정확하게 파악할 수 있었다.

신옹은 두 차례나 나의 숙소를 방문하여 우리말의 보존에 관련된 정보를 많이 제공하였다. 더욱이 신옹은 김병하 선생이 1960년에 저술한 『조선어문법』 제3판을 구해 와서 복사를 허락하고 나중에는 그 책을 내가 가져 갈 수 있도록 배려해 주셨다. 『조선어문법』은 1954년에 제1판이 나왔는데 판마다 내용이 조금씩 달랐고 더욱이 제3판은 2판에 비하여 분량이 70여 면이 줄어져 있었다.

해방이 되자 소련 정부는 수십 개의 조선 초등학교를 세우는가 하면 중학교 과정까지 두었다. 해방 직후 사할린의 한인들 중에는 대학을 나온 사람은 한 사람도 없었고 소수의 중학교 출신이 아니면 소학교나 서당 정도의 학력을 가진 사람밖에 없었다. 일본인이 사용하던 목조 건물에서 수업을 하였고 칠판에 써 가면서 우리말을 가르쳤다. 일본어와 러시아어를 병용하였다고 한다.

소련 정부에서는 타쉬겐트 등의 중앙 아시아 등지에 살고 있는 고려인 지식인들을 사할린에 파견하여 우리말 교육을 맡을 수 있는 교사를 양성하고 실제로 사범전문학교에서 우리말을 가르치는 일을 맡기기도 하였다. 당시 사할린에는 세 갈래의 한인들이 있었다. 해방 전에 입국한 '선주민', 1947년~1949년 사이에 북한에서 온 '파견 노무자', 중앙아시아에서 온 '큰땅배기'들이었다.

앞에서 언급한 김병하 선생은 소련 정부에서 파견한 시학관으로서 사할린에 와서 우리말 교육을 관장하고 모스크바를 왕래하면서 조선어 등의 각종 교재를 편찬하였다. 김병하 선생은 출신지가 어디이고 학력이 어느 수준인지 전혀 알려져 있지 않다. 당시 김병하 선생으로부터 배운 신국웅, 허남훈 선생에 의하면 1894년생일 것이며 강제 이주 전에는 연해주 고려사범대학 교수로 있었다고 하였다. 고향은 평안도 아니면 함경도일 것이라고 하였다. 내가 보기로는 연해주 시절의 고려사범대학 출신이 아닌가 하나 확실치 않다. 현재 첫 부인의 손녀가 사할린에 살고 있고 있었으나 출타 중이어서 만나지 못하였다. 둘째 부인의 아들이 모스크바에 살고 있지만 연락이 쉽지 않다고 하였다.

김병하 선생에 대하여는 그가 주정부 시학관으로 와 있었기 때문에 문서보관소에는 이력서가 보관되어 있을 것이니 탐색해 보라고 하였지만 9월 15일에 귀국한 허남훈 선생에 의하면 접근이 어려워 포기하였다고 하였다. 김병하 선생의 이력이 밝혀지면 사할린의 우리말 보급 양상이 더 분명하게 드러날 것으로 생각한다.

김병하 선생은 1946년에 사할린에 와서 앞에서 말한 유시욱 선생 등의 한인들에게 우리말을 가르쳤으며 유시욱 선생은 김병하 선생이 가르쳐 준 우리말 문법을 뼈대로 삼아 앞의 『조선문전』을 저술하였다 (『조선문전』의 「서」 참조). 나는 유시욱 선생의 저술을 토대로 나의 최근의 저서 『민족어의 수호와 발전』 (2008)에서 사할린의 우리말 수호와 보급 운동을 소묘한 바 있으나 김병하 선생의 활동이 보충된다면 사할린의 우리말 보급 양상이 더 부각될 것이다.

7월 5일 나는 〈새고려신문사〉에서 1935년생의 석혜경石惠卿 여사 (전 새고려신문사 사장)를 만나기도 하였는데 사실 유시욱 선생의 『조선문전』은 자기 부친 석차술石次述 선생 (1912년생)과의 공저라는 숨은 이야기를 공개하였다. 소련 당국의 감시를 피하기 위해서 부득이 이름을 빼었다고 하였다.

콘체비치 교수의 서한 (2006. 3. 19)에 의하면 김병하 선생은 사할린에서 모스크바로 왕래하면서 우리말 교과서를 같이 편찬하였고 1949년부터 다음과 같은 우리말 문법과 독본을 편찬하였으며 러시아어로 된 각종 교과서를 우리말로 번역하는 일도 맡았다고 하였다.

- 『조선어독본』, 제 일학년 하반기, 모스크바: 국영 학용 서적 출판사, 1949.
- 한득봉 · 한순천과 공저, 『조선어독본』 (제2학년용), 모스크바: 국영 학용 서적 출판사, 1949.
- 한득봉 · 한순천과 공저, 『조선어독본』 (소학교 제3학년용), 모스크바: 국영 학용 서적 출판사, 1949.
- 『조선말본』 (이학년용), 모스크바: 국영 학용 서적 출판사, 1949.
- 『조선말본』 (삼학년용), 모스크바: 국영 학용 서적 출판사, 1949.
- 『조선말본』 (사학년용), 모스크바: 국영 학용 서적 출판사, 1949.
- 황윤준과 공저, 『조선어교과서』, 제1편 어음론과 형태론, 조선 7년제 학교 5~6학년용, 모스크바: 국영 학용 서적 출판사, 1954.
- 『조선어문법』 (하편), 조선 7년제 학교 6~7학년용, 모스크바: 국영 학용 서적 출판사, 1955.
- 황윤준과 공저, 『조선어문법』 (상편) (정정 재판), 어음론과 형태론, 7년제 및 중학교 5-6 학년용, 모스크바: 소련 교육성 국립

교육 도서 출판사, 1957.

- 『조선어문법』 (하편), 문장론, 중학교 6-7 학년, 소련 교육성 인준, 제2판 소련 교육성 비준, 모스크바: 소련 교육성 국립 교육 도서 출판사, 1958.
- 황윤준과 공저, 『조선어문법』 (소학교 삼학년용), 소련 교육성 비준 정정 제사판, 1959.
- 『조선어문법』 (하편), 문장론, 중학교 6-7학년, 제3판 소련 교육성 비준, 모스크바: 로련 교육성 국립 교육 도서 출판사, 1960.

김병하 선생은 1949년부터 1960년 사이에 단독 저서를 7종, 공저를 6종이나 편찬하였다. 허남훈 선생에 의하면 김병하 선생은 1961년 전후 김일성 종합대학 조선어과 과장을 지냈다고 하나 신빙성이 희박하다. 당시의 북한의 어학계에는 제제다사濟濟多士한 어학자들이 많았는데 김병하 선생과 같이 고려인이고 교과서밖에는 뚜렷한 업적이 없는 사람을 과장으로 옹립할 가능성이 적어 보이기 때문이다.

여기서 사할린 포르나이스크에 설립된 사범전문학교에 대하여 알아보기로 한다. 1952년 9월 1일에 개교한 사범전문학교에 조선어과가 생겼다. 초대 교장은 뿔랴코브 레오니드, 조선과 학감으로는 역사 교원인 최영선, 1학년 5개 학급 중 러시아어 학과가 3개 학급, 조선어과는 2개 학급, 조선어과의 학생수는 60여 명이었다.

교사는 대부분 연해주와 중앙아시아에서 대학 교육을 받은 사람들로 충원되었다. 그 대표적인 사람이 앞에서 언급한 김병하 선생이었다. 김 선생이 그토록 많은 교과서를 저술한 것이 모두 사할린은 물론, 중앙아시아의 고려인들의 우리말 교육에 공헌하기 위한 것이었다. 김 선생은 1954년에 소련의 최고 훈장인 레닌 훈장을 받기까지 하였다.

1956년에 1회 졸업생이 배출되었다. 사범 학교 졸업생들은 7년제 중학교 (초등학교) 교사로 충당되었고 신문사나 방송국에서 일하면서 우리말의 보급에 공헌하였다. 그러나 1960년대 중반에 소련의 소수 민족에 대한 정책이 바뀜에 따라 고려사범학교는 폐교의 운명에 처하였다. 이후 25년간 사할린에는 우리말을 교수할 수 있는 터전을 잃어버리게 되었다.

지금 사할린에는 1993년에 개원된 "한국교육원"이 있어 우리말과 우리 문화의 보급에 선도적 역할을 하고 있고 한글학교, 동양어문 학교, 사할린 대학의 한국어과 등 우리말과 우리 문화를 보급하는 기관이 많아 우리말의 보존이 매우 낙관적으로 보인다. 그러나 3세 정도에 이르면 의사 소통이 잘 안 되는 경우가 많은 것을 보았다. 이런 점을 염려하여 나는 귀국하자마자 〈새고려신문사〉에 다음과 같은 글을 보내어 우리말을 살려 나가는 방도를 제안해 보았다.

"어떻게 하면 우리말을 지켜 나갈 수 있을까."

서양 여러 나라를 방문하려면 10시간 이상 비행기를 타야 하는데 사할린은 서울~인천 공항에서 3시간 반 만에 갈 수 있는 같은 동북아시아의 이웃나라이다. 지척이 천리라는 말이 있듯이, 우리는 가까이 살면서 오랫동안 너무 왕래가 없었다.

영주 귀국하신 허남훈 선생이 사할린을 방문하시어 그분의 안내를 받아 나는 8일 (2010. 7. 2~9) 동안 우리 민족의 한이 서린 사할린의 여러 곳을 둘러보면서 해방 전부터 우리말 (혹은 우리말)이 어떻게 보존되어 왔는가를 살펴보았다. 우리말을 어느 정도 자유롭게 말할 수 있는 세대는 70대 이상의 1세대들이고 그것도 1960년대 중반에 민족 학교가 존속하기까지 민족 교육을 받은 사람들이 대부분이었다. 2세들은 어느 정도 의사 소통이 가능하였으나 그것도 극소수에 지나지 않았다.

우리 민족은 19세기 중반부터 러시아의 옛 연해주와 중국의 옛 만주 땅으로 유랑의 길을 걸어 왔다. 하와이 등의 미주 땅으로 살 길을 찾아 떠나는 동포들도 적지 않았으며 얼마 전에는 유럽이나 중동 방면으로 일자리를 찾아 나서는 사람도 많았다. 나는 여행을 마칠 무렵 사할린에서 어떻게 하면 우리말을 지켜 나갈 수 있을까 하고 교육원장 정창윤 박사와도 의견을 교환한 적이 있다.

어느 한 민족이 남의 나라로 이주를 하게 되면 필연적으로 그 나라의 시민이 되어야 하고 그러면 그 나라의 언어와 문화를 익히지 않을 수 없다. 1세들이 세상을 떠나고 2, 3세들이 태어나면 모국과는 자연히 거리가 멀어지고 모국어와 모국 문화도 잊어버리게 된다.

이를 그대로 두고 볼 것인가. 아니다. 우리 민족이 어디에 가서 살고 아무리 세월이 흘러도 같은 배달민족 (우리 민족을 예스럽게 가리키는 이름)이라는 자부심을 지니고 살아야 한다. 중국의 한족은 어디에 가서 살아도 자녀들을 자신들의 교육 기관에 보내고 그것이 어려우면 가정에서도 모어를 가르치는 것이 관습화되어 있다. 1990년 여름에 나는 중국 연변에서 열린 국제 〈이중언어학자대회〉에 참가한 일이 있다. 태어난 지 20개월 되는 아기에게 200개의 우리말과 중국어 단어를 동시에 습득시킨 실험 결과의 보고는 듣는 사람들로 하여금 눈시울을 적시게 하였다.

나는 이 자리에서 3, 4세의 어린이들에게 우리말을 가르치는 한 방안을 제시하고자 한다. 우선 한국교육원은 결혼 적령기 (결혼할 나이)에 이른 남녀 성인들에게 "주말 우리말 강좌" (또는 "우리말 강좌")를 열어 자녀들을 가르칠 수 있도록 우리말 교사 자격증을 주는 제도를 생각해 보기 바란다. 이들이 결혼을 하여 자녀들을 가지면 앞의 중국의 예와 같이 우리말과 러시아말을 동시에 가르치도록 하는 방안을 생각해 볼 수 있다.

이 사업이 성공하면 어릴 때부터 모국어가 몸에 붙어 우리말의 습득과 보급이 그만큼 수월해지지 않을까 한다. 7월 3일에는 이곳 유지노 사할린스크에서 〈사할린 강제징용 한인의 어제, 오늘 그리고 내일〉이란 주제로 국제 심포지엄이 열렸었는데 대한민국 국회의원도 세 사람이나 참석하여 의의가 매우 깊었다. 이 자리에서는 1세들과 마찬가지로 2세 이하의 교민들에 대해서도 이중 국적을 부여하여 모국을 자유롭게 방문하는 길을 열어 준다는 논의가 있었다.

우리말의 사용 인구는 반도의 남북, 중국의 조선족, 중앙아시아와 옛 연해주의 고려인, 사할린 등의 러시아, 남북아메리카, 유럽 등지에 사는 교포들까지 합치면 7,500만이 넘는다. 사용 인구로 계산하면 세계 13대 언어에 속한다. 우리 민족은 읽고 쓰기에 편한 "한글"이 있고 특히 대한민국의 경제 규모는 세계 15위에까지 진입하였으며 문화, 과학, 스포츠도 다른 나라에 뒤지지 않는 높은 수준을 자랑하고 있다. 사할린 등 러시아에 사는 우리 교민들이 러시아말과 함께 우리말도 열심히 배우는 "이중 언어 사용자"가 되면 러시아의 시민으로 잘 살아갈 수 있고 모국과의 연대도 그만큼 단단해질 것이다.

러시아의 고려인들은 1930년에 이미 독자적인 우리말 맞춤법을 제정하여 우리말을 보존하고 발전시켜 온 자랑스러운 역사를 지니고 있다. 사할린 교민들은 러시아 시민으로 살면서도 자신의 뿌리가 3시간 정도면 닿을 수 있는 모국이 있다는 사실을 명심하고 우리말과 우리 민족 문화를 열심히 익혀 배달 민족으로서의 긍지를 계속 지녀 나가기를 바라는 바이다.

21세기는 "동북 아시아 시대"가 된다고 한다. 거기에 대비하기 위해서라도 사할린의 동포들은 우리말과 우리 문화를 잘 익혀 다가올 동북 아시아 시대의 주역이 된다는 꿈을 키워 나가야 한다고 생각한다.

[당부 말씀]

사할린 동포들은 해방 후부터 1960년대 중반까지 우리말로 된 교과서를 가지고 교육을 받아 왔습니다. 각자의 가정에 우리말로 된 교과서가 있으면 이를 한국교육원에 기증하여 주기 바랍니다. 교육원에서는 이들 교과서를 전시실에 전시하여 자라나는 세대들에게 우리말 학습의 필요성을 각성시키는 자료로 삼아 주기를 바랍니다.

(2010년 8월 6일자 〈새고려신문〉에 실림)

나는 2박 3일 정도의 여정으로 허남훈 선생과 함께 뽀로나이스크에 있는 아이누 민속촌으로 가기로 하였으나 수년 전에 북해도로 이전하였다고 하여 여정을 바꾸지 않을 수 없었다. 아이누족은 백인과 닮은 점이 많고 영혼 불멸설을 믿으며 “유카르”라 부르는 구비 서사시로 유명하다. 문법에 있어서도 특이한 점이 많다. 1인칭 복수형에 포함형과 배제형이 있는가 하면 인칭에 따라 동사의 어미가 달라 아이누어는 언어학적으로 고립된 것으로 알려져 있다. (金田.一 京助, 知里眞知保, アイヌ語法概說. 岩波書店. 1936; K. Kindaiti, Ainu life and legends, 1941 참조)

'한글학회'의 나아갈 길*

- 창립 100돌을 맞아 -

1981년 12월 한글학회 창립 60돌 기념 도서전시회에서 『한글모 죽보기』란 희한한 책이 전시된 일이 있었다. 당시 전시회를 참관하였던 나는 위의 책의 저자가 누구인지 물었으나 당시 이사장이셨던 허웅 선생조차도 모른다는 것이었다. 나는 책을 보자마자 글씨가 눈에 익어 자세히 들여다 보니 책의 대부분이 주시경 선생의 충실한 제자였던 '李奎榮' 선생의 필체였다. 바로 그 전 해 당시 고려대학교 교수이셨던 김민수 선생이 『韓國學報』 19호에 「李奎榮의 文法硏究」라는 논문을 발표한 일이 있어 그 편자가 누구인가를 금방 알아차릴 수 있었다.

이 책은 원래 육당문고 관리인이었던 윤재영 선생이 간수해 있다가 당시 한글학회 사무국장이셨던 박대희 선생의 손으로 넘어와서 전시회에 얼굴을 내밀게 된 것이다. 나의 말을 전해 들은 김민수 선생도 바로 현장에 오셔서 편자가 이규영이라는 사실을 확인하였으며 이와 관련된 사실이 〈중앙일보〉 지상에 보도되기도 하였다. 『한글모 죽 보기』에서 '한글모'는 '朝鮮言文會'란 뜻이고 '죽 보기'는 '一覽'이라는 뜻이다.

나는 얼마 뒤 앞의 박대희 선생의 배려로 복사본을 얻어 『한글모 죽 보기』를 총체적으로 분석하여 그 결과를 우선 국어학회 공동연구회에서 구두로 발표하고 『韓國學報』 30 (1983)에 논문 형태로 발표한 바 있다. 나

---

* 이 글은 2008년 한글학회 100주년을 기념을 맞아 발표를 하고 곧 『한글새소식』에 투고하였으나 학회의 사정상 게재할 수 없다고 하여 『서울대학교 명예교수 회보』에 실었다는 것을 밝혀 둔다.

는 이 자리에서 오늘의 한글학회는 그 연원을 1913년의 "한글모" (조선어문회)로, 궁극적으로는 1908년의 "국어연구학회"로 올려 잡아야 하며 이는 오늘의 한글학회의 목표를 어떻게 설정하느냐에 달려 있다는 소견을 붙인 바 있다. 당시의 본인의 견해가 반영되었는지는 몰라도 1987년부터 한글학회의 창립 연대를 "1908년 8월 31일"로 잡아 행사를 치르고 있어서 나로서는 감개무량한 바가 없지 않다. 올해를 한글학회 창립 100돌로 기념하게 된 것은 위와 같이 『한글모 죽보기』의 출현이 결정적으로 작용하였다는 것을 밝혀 두는 바이다.

조선어학회 기관지 『한글』 창간호 (1932)의 '本會重要日誌'를 보면 당시 개명한 "조선어학회"의 유래를 다음과 같이 설명하고 있다.

> 조선말과 글의 과학적 연구와 통일과 보급과의 운동은 고 (故) 주시경 선생으로부터 시작되었다. 서력 1897년에 "國文同式會"가 조직된 후로 연구회와 강습소와 강연회 등 여러 가지 조직으로 활동하여 오다가 그 때 몰리어 오는 풍진에 최후로 1915년에는 "조선말글모" (朝鮮語文會)도 부득이 해산함에 이르렀다. 그 뒤에 7년 동안은 아무 형식적 조직은 없었으나 이 운동의 목숨만은 끊임없이 이어 온 것이다. 그러다가 1921년 12월에야 다시 "朝鮮語研究會"라는 새 조직이 생기어, 이 운동의 중추가 되다. 작년 1월 총회에는 회명을 고쳐 "朝鮮語學會"라 하였다. 본회의 지난 40년 동안의 긴 역사를 …… (현대 맞춤법으로 고쳐 적음)

이곳의 "조선말글모"는 "한글모"의 한 이칭異稱임에 틀림없다. 위의 일지는 국문동식회로부터 시작하여 한글모와 조선어연구회를 거쳐 조선어학회에 이르기까지의 발자취를 더듬었다. 위의 인용문에서 언급하고 있는 "연구회"는 바로 1908년에 창립된 "國語研究學會"를, "강습소"는 "夏期國語講習所", "朝鮮語講習院" (한글배곧) 등을 가리킨다. 1908년의 국어연구학회와 1913년의 "한글모"의 창립을 구체적으로 언급하지 않은 것은 『한글모 죽보기』와 같은 실증 자료를 보지 못한 것과 관련이 있는 것 같다.

국문동식회는 학회라기보다 독립신문사 안에 설치된 주시경 선생 중심의 철자법 연구 친목 단체였다. 그러나 국어연구학회는 2차에 걸친 하기 국어강습소의 졸업생을 규합糾合하여 "國語를 研究할 目的으로"와 같이 창립 취지를 분명히 밝히고 회장을 선출하는 등 학회로서의 요건을 갖추었다는 점에서 이 땅 최초의 국어 연구 단체라 규정할 수 있다. 그리고 1913년의 "한글모" (朝鮮言文會)는 "朝鮮言文을 實行하"는 데 창립 목표를 두었다. 이곳의 '실행'은 우리말과 우리글을 수호 · 발전시키는 실천적 방면의 연구와 관련되지 않나 한다.

1921년의 조선어 연구회는 "朝鮮語의 法理를 研究하"는 데 목표를 두고 창립되었으며 조선언문회보다는 오히려 국어연구학회의 목표와 가까워 보인다. 그러나 1921년 이후의 학회의 활동을 보면 우리말 연구보다는 철자법 등 우리말문의 표준화와 관련된 문제에 더 관심이 많았다. 1932년에 개명된 "朝鮮語學會"에 와서야 비로소 학회의 목표가 올바로 정립되었다. 조선어학회는 '朝鮮語文의 研究와 統一'을 목표로 삼았다. 국어연구학회와 조선언문회의 창립 취지를 통합한 것으로 보인다. 조선어문을 연구하여 정리와 통일, 곧 표준화를 수행한다는 의지가 분명히 표백表白되어 있다.

실제로 조선어 연구회는 1924년 2월에는 훈민정음 창제 8주갑 행사를 치렀고 1926년 9월, 훈민정음 반포 8주갑에 즈음하여서는 "가갸날" (뒤에 "한글날")을 기념하여 오늘날 "한글날"의 연원淵源을 이루었으며 1929년을 전후하여서는 조선총독부의 "언문철자법"을 형태음소적인 것으로 개정하도록 투쟁하는가 하면 "조선어연구회"를 거점으로 삼아 한글맞춤법을 제정하는 쾌거快擧를 이루었다. 이어 표준말을 사정하고 외래어 표기법을 제정함으로써 민족 숙망의 『조선어 대사전』의 편찬에 착수하였다.

그러나 사전이 완성될 무렵인 1942년 10월에 이른바 조선어학회 사건이 터짐으로써 회원들은 옥고獄苦를 겪었으며 그 중에는 옥중 고혼孤魂이 된 분도 계셨다. 해방후 조선어학회는 수년간 폐간되었던 학회지『한글』을 복간함으로써 잃었던 민족 어문을 되찾는 일에 진력盡力하였다. 일제 강점기에 조선어학회에 맞서 우리말문의 표준화운동을 벌이던 단체로 "朝鮮語學硏究會"가 창립되어 그 나름의 활동을 많이 하였지만 조선어학회만큼 가시적 성과를 거두지 못하였으며 이미 해방 전에 해체되다시피하였다.

한글학회는 처음부터 '해석학적 언어 철학'을 등에 업고 우리말과 우리글의 정리와 그 보급에 역점을 두고 창립되었다. 해석학적 언어철학이란 언어를 언어 사용 주체와 긴밀하게 연결시키는 관념론에 입각한 언어 연구 방법론이다. 해방 후 정부가 수립되자 학회 이름을 바꾸어야 한다는 여망輿望에 따라 1949년 10월에 '한글학회, 국어학회, 국이연구회, 한글갈모임, 대한국어학회, 한국어학회, 대한어학회' 등의 후보를 놓고 토론을 거듭한 결과, '한글학회'가 최종 결정되어 지금까지 사용되어 오고 있다. '한글학회'란 문자 그대로 해석하면 '한국문자학회'란 뜻이다. 앞에서 본 바와 같이, 한글학회 이전에도 이름을 세 번이나 바꾸었다. 해방 후 하나밖에 없던 어문연구 단체가 60여 년의 세월이 흐르는 동안 수백에 이르고 있으며 국어관계 학회만 해도 현재 수십을 헤아린다.

오늘날 지식인 사이에서도 '한글'을 문자보다는 우리말을 가리키는 뜻으로 사용하는 일이 많다. 이러한 잘못은 '朝鮮言文'을 의미하는 '한글'의 태생에 그 씨앗이 배태되어 있었다. '글'이 '言文'에 대응되니 자연히 그런 잘못을 저지르게 되어 있다. 나는 오래전에 작고한 어느 국문학자로부터 세종대왕이 모국어인 "한글"을 창제하였다는 말을 들은 일이 있으며 얼마 전 어느 법학 교수는 신라 시대의 한글이 현대의 한글과 얼마나 다르냐고 묻는 것을 듣고 실소失笑를 금치 못한 일이 있다. 이런 오용誤用을 바로잡는다는 의미에서도 "한글"을 머리에 얹은 "한글학회"란 말은 이제 재고할 필요가 있보인다. 일반 사람에게 한글학회의 "한글"이 "우리말"로 이해되는 것을 더 이상 방치할 수 없기 때문이다.

한글학회의 연례 행사 중에서 가장 큰 것은 "전국 국어학 학술대회"이다. 국어연구학회와 조선언문회, 조선어연구회와 조선어학회의 창립 정신과 그 발자취를 보더라도 "국어학 학술대회"보다는 "우리말학술대회"라 부르는 것이 어울려 보이고 그것이 진부하게 느껴진다면 더 피부에 다가오는 "겨레말연구 학술발표대회"를 택할 수 있다. "국어학"이라고 하면 우리말에 대한 실증적 연구를 연상시킬 가능성이 많다. 이 상태대로 나아가면 한글학회는 "국어학회, 한국어학회" 등의 어문 단체와 조금도 차별성이 드러나지 않는다. 이와 동시에 연구 방향도 해석학적 언어 철학과 관련시킬 필요가 있다. 그렇다면 학회의 이름도 "겨레말 학회"와 같이 바꿀 필요가 있다. 이러한 의미의 학회는 우선 관념론에 입각한 우리말 연구를 선도先導할 수 있고 다음으로는 극도로 분화된 남북의 언어 문화를 통합하는 메타 이론을 제공할 수 있다. 2005년부터 9개년 계획으로 남북이 공동으로 편찬하고 있는 "겨레말 큰사전"에서 "겨레말"이 선택된 것이 결코 우연의 일이 아님을 알 수 있다. (2008. 7. 17)

(『서울대학교 명예교수 회보』 4, 2008. 7)

한글 창제의 목적과 원리*

우리 문화의 자랑거리 가운데서 첫째 자리를 차지하는 한글은 어떻게 만들어졌고 만든 목적은 무엇이며 어떤 원리에 기대어 만들어졌을까. 특히 창제 원리는 오랫동안 수수께끼로 남아 있었는데 1940년 경북 안동에서 『훈민정음해례본』이 나타남에 따라 숱한 의문이 풀어졌다. 오늘날은 우리 민족의 글자를 "한글"이라고 부르고 있지마는 처음은 "훈민정음"訓民正音이라고 불렀다.

훈민정음의 창제 목적은 세종 대왕의 훈민정음 머리말에 분명히 나타나 있다. 이를 쉬운 말로 옮겨 보면 다음과 같다.

> 우리나라의 말소리가 중국과 달라서 한자와는 서로 잘 통하지 아니하므로 이런 까닭으로 어리석은 백성들이 이르고자 할 바가 있어도 마침내 자기의 생각을 충분히 펴지 못하는 사람이 많으니라. 내 이를 불쌍히 여겨 새로 스물여덟 글자를 만들었으니 사람마다 쉽게 익혀 나날이 사용함에 마음 편케 하고자 할 따름이니라.

세종 대왕은 위와 같이 우리말의 말소리가 중국과 달라서 한자를 모르는 일반 대중들이 자신의 의사를 충분히 표현하지 못하는 사실을 안타까이 여겨 새로 28자를 만들었다고 선언하였다. 당시 벼슬아치들은 한문에 능통하였기 때문에 문자 생활을 하는 데 큰 불편이 없었으나 서민들은 중국 문자인 한자를 잘 알지 못하기 때문에 의사 전달에 장애가 많았다. 세종

* 이 글은 인하대 김영순 교수가 독일에 유학하던 1998년에 *Zeitschrift für koreanische Sprache und Literatur*에 싣는다고 청탁하여 쓴 원고이나 출판되지 않았다고 함.

대왕은 백성들에게 문자 생활의 기회를 줌으로써 마음 편케 문자 생활을 영위할 수 있는 기반을 닦아 주었다고 말할 수 있다.

우리 민족은 기원 전후에 이미 중국의 한자 · 한문을 받아들여 사람 이름, 땅 이름 등의 고유 명사를 한자로 적어 보기도 하였고 다음으로는 한자를 가지고 우리말의 어순語順에 따라 문장을 지어 보기도 하였다. 신라 신문왕 때의 유학자 설총薛總은 우리말과 중국어와의 문법 구조의 차이를 극복한다는 뜻에서 한자의 음과 훈訓을 빌려 우리말을 적는 법을 고안하고 중국의 경전을 번역하여 읽는 법을 창안하였다. 오늘날 전하는 이두와 향찰을 비롯하여 최근에 발견되고 있는 석독 구결釋讀口訣이 모두 설총의 손으로 다듬어지고 체계화되었다는 견해가 현재 큰 지지를 받고 있다. 이렇게 보면 설총은 우리 문자사에서 세종대왕과 어깨를 나란히 할 수 있는 업적을 남긴 셈이다.

그러나 중국어를 적기 위하여 고안된 한자를 가지고는 음운 체계가 다른 우리말을 적기에는 불편한 점이 너무나 많았다. 이런 점을 깊이 알아차린 세종대왕이 한글을 만들었으니 한글 창제는 시대적 요청에 따른 필연적인 산물이었다고 말할 수 있다. 특히 석독 구결과 한문 읽기법은 이미 신라 시대에 일본으로 전해져서 일본의 한문 읽기와 일본 문자인 가나의 형성에 많은 영향을 미쳤음이 공인되어 있다.

한자를 빌려 쓰는 일이 얼마나 어려웠던가는 『훈민정음해례』의 서문을 쓴 정인지의 서문을 보면 분명히 알 수 있다.

> 천지자연의 소리 (聲)가 있으면 반드시 천지자연의 글 (文)이 있다 …… 그러나 사방의 풍토 (자연환경)가 다르며 사람의 말소리의 기운 (聲氣)도 이에 따라 다르다. 중국 이외의 외국어는 중국어와 다른 그 말의 음이 있으나 그 음을 기록할 글자가 없어서 중국의 글자를 빌려 가지고 그 쓰임에 통용하고 있으나 이것은 마치 둥근 구멍에 모난 자

루를 낀 것과 같이 서로 어긋나는 일이어서 어찌 능히 통달해서 막힘이 없겠는가! 요컨대 문자란 그 살고 있는 곳에 따라 정해야 할 것이요, 억지로 똑 같게 할 수는 없다.

위의 글은 세종대왕의 생각을 더 분명히 표현한 것이다.

정인지는 풍토가 다르면 언어가 다르고 이에 따라 문자도 달라야 하는데 중국 밖의 모든 나라가 한자를 빌려 쓰고 있으니 이는 둥근 구멍에 모난 자루를 낀 것처럼 어긋나는 일이라고 보고 이를 걱정한 세종 대왕이 친히 한글을 만들었다고 하였다. 풍토가 다르면 언어가 다르고 문자가 달라야 한다는 이런 철학 사상을 '언어풍토설'이라고 하는데 이는 이미 고대에서부터 현대에 이르기까지 줄기차게 이어져 온 우리의 언어 철학 사상이었다.

한글은 표의 문자인 한자와는 달리 표음 문자이다. 표음 문자 가운데서도 일본 문자와 같은 음절 문자가 아니고 자음과 모음으로 분석할 수 있는 음운 문자이다. 이를테면 음절 문자인 일본의 가나 문자는 한 음절을 통째로 적을 수만 있고 이를 자음과 모음으로 나눌 수 없다. 'カ'를 예로 들면 어느 부분이 'ka'의 'k'에 해당하고 'a'에 해당하는지를 알 수 없다. 그러니 한글은 비록 '가'와 같이 음절 단위로 묶어쓰기는 하지만 'ㄱ'이 'k'에, 'ㅏ'가 'a'에 각각 해당한다는 사실을 보면 한글이 언어의 최소 단위인 자음과 모음을 따로따로 적는 음운 문자임을 쉽게 알 수 있다.

그러면 한글은 어떠한 철학 사상과 언어 이론에 근거하여 만들어졌을까. 한글은 철학적으로는 중국 고대의 역학易學사상을 발전시킨 성리학性理學을 등에 업고 있고 언어학적으로는 중국 중세의 언어학이었던 운학韻學을 바다에 깔면서도 우리말의 음운 체계에 맞도록 조정하였다. 이를테면 중국 운학에서는 한 글자를 성모聲母 (=첫소리)와 운모韻母 (=끝소리)로 나누는데 중세의 우리 언어학자들은 초성, 중성, 종성으로 나누어 글자를 만들었다. 이를테면 '東'을 중국에서는 't+ong'과 같이 나누지마는 우리나라에서는 삼분법을 취하여 't+o+ng'으로 나누었다. 이는 우리말에 고유한 받침 (=끝소리)을 적기 위한 필요를 느껴 중국의 운학 이론을 우리말에 맞게 조정한 것이다. 이렇게 중세의 우리 언어학자들은 중국의 철학 사상과 언어 이론을 맹목적으로 추종하지 않고 우리말의 성격에 맞도록 조정하는 슬기를 보여 주었다.

한글의 자형字形은 어떻게 만들어졌을까. 『훈민정음해례』를 보면 한글의 기본자는 모두 상형象形에 근거하고 있다. 모음의 기본자는 'ㆍ, ㅡ, ㅣ'인데 'ㆍ'는 하늘의 둥근 모습을, 'ㅡ'는 땅의 평평한 모습을, 'ㅣ'는 사람이 서 있는 모습을 각각 본떴다. 나머지 모음자는 이들이 서로 결합하여 만들어졌다. 그리고 자음의 기본자는 'ㄱ, ㄴ, ㅁ, ㅅ, ㅇ'의 다섯 자이다. 이들은 발음 기관의 모습을 본뜬 것이다. 'ㄱ'는 혀뿌리가 목구멍을 닫는 모습을, 'ㄴ'는 혀가 윗잇몸에 붙는 모습을, 'ㅁ'은 입의 모양을, 'ㅅ'는 이 (齒)의 모습을, 'ㅇ'는 목구멍의 모양을 각각 본뜬 것이다. 나머지 자음자와 모음자는 획을 하나씩 더함으로써 만들어진다. 이를테면 'ㅋ'는 'ㄱ'에 획 하나를, 'ㄷ, ㅌ'은 획을 하나 또는 둘을 더하여 만들어진다. 나머지 자음자도 모두 이런 원리에 따라 만들어진다. 'ㄹ, ㅿ, ㆁ'은 변체자이다. 변체자란 기본자와는 모습이 많이 다르다는 뜻이다.

많은 사람들은 세종 대왕이 훈민정음을 창제하였다는 사실에 의심을 품기도 한다. 오늘날 지도자의 이름으로 공시되는 문건이 실은 보좌관들의 작품이라는 점과 관련시킬 때 그러한 생각을 품는 것도 무리가 아니다. 그러나 훈민정음만은 그렇지 않다. 세종실록과 정인지의 글에 이미 '친제'親制라 표현되어 있음이 가장 유력한 근거가 된다. 또 최만리 등이 훈민정음 창제반대 상소문을 올렸을 때, 세종은 언어학에 대한 해박한 지식으로써 최만리의 잘못된 견해를 반박하고 있다. 세종대왕이 직접 훈민정음을 짓지 않고서는 이런 답변을 할 수 없다.

훈민정음 28자와 그 사용법은 세종이 짓되, 제자해를 비롯하여 초성해, 중성해, 종성해, 용자례를 지은 사람은 집현전 학사들이다. 세종은 최항, 박팽년, 신숙주, 성삼문, 강희안, 이개, 이선로 등의 집현전 학사들에 명하여『훈민정음해례』를 짓게 하였다. 세계 문화사에서 군왕이 직접 문자를 지은 일도 없거니와 그에 대한 이론서를 저술한 일도 찾기가 쉽지 않다.

19세기의 독일의 언어학자 가벨렌츠 (G. von der Gabelentz) 교수는 우리 문자는 어떤 다른 문자보다도 쉽게 빨리 배울 수 있어 몇 분 안에 익힐 수 있으며 하나의 민족이 소유하고 문자 가운데서 이렇게 과학적이고 간단한 글자는 처음 본다는 말을 한 일이 있다. 이렇게 한글은 일찍부터 세계 여러 나라 학자들로부터 기림을 받아 왔다.

한글 하나만으로도 우리 민족은 세계 어디에서나 문화 민족임을 능히 자부할 수 있다고 생각한다. 552돌 한글날을 맞아 우리 민족은 한글의 세계화가 바로 우리나라의 세계화로 이어진다는 점을 깊이 새기고 문화 대국의 건설을 위하여 다시 한번 도약해야 할 시점에 이르러 있다고 믿는다.

한글학회 창립 105돌의 의미*

내일은 한힌샘 주시경이 하기국어강습소의 졸업생들과 함께 서대문 봉원사에서 "국어연구학회"를 창립한 날이다. 학회 창립의 목표는 "국어를 연구하"는 것이었다. 대한제국 시대에 "대한자강회, 서북학회, 기호흥학회, 서우학회" 등 지역을 대표하는 사회단체는 있었지만 학문의 특수 분야를 연구하는 학회로는 "국어연구학회"가 처음이 아니었던가 한다. 산하에 강습소를 두었는데 이는 1911년부터는 "조선어강습원" (속칭 '한말 익힘곳' < '한글배곧')으로 이름을 바꾸었다.

국어연구학회는 국권 상실 이후에는 "조선언문회" (속칭 "배달말글모듬" < "한글모")로 이름을 바꾸었다. 조선언문회, 곧 "한글모"는 1913년 16개 조의 정관定款을 만들고 학회로서의 체제를 갖추었으며 주시경이 회장으로 추대되었다. 창립 목적은 "조선의 언문言文의 실행"에 두었다. 국어연구학회와는 성격을 달리하였다. 국권이 상실되었으니 전문성이 짙은 연구보다는 우리의 국자國字인 한글을 보급하는 데 역점을 둔 것 같다.

조선언문회는 5, 6년간의 겨울잠을 거쳐 1921년 "조선어연구회"라는 새로운 단체로 발족하였다. 창립 목적은 "조선어의 정확한 법리를 연구하"는 것이었다. 우리말 규범을 제정하려면 우리말의 형성 원리를 연구하는 것이 중요하다고 생각하였을 가능성이 많다. 그러다가 1931년부터는 "조선어학회"로 이름을 바꾸되 "조선 어문의 연구와 통일"을 목적으로 한다고 정관을 고쳤다. 조선어연구회보다는 구체성을 더하였다. 정부수립 후 1949년

---

* 2013. 8. 30. 한글학회 창립 105돌 기념식상에서 읽은 것임.

에는 "한글학회"로 이름을 바꿈으로써 1913년의 한글모의 정신을 계승하기는 하였으나 "한글"이 우리말, 곧 "우리말"을 대신할 수 있다는 부정적인 측면을 낳았다. 한글은 문자의 이름이지 결코 언어가 아니다.

한글학회는 우리나라의 어문 단체로서는 가장 역사가 오래다. 이것이 모태가 되어 국어국문학회, 어문학회, 국어학회, 한국어학회 등 많은 학술 단체가 탄생하였다. 현재는 각 학회의 성격이 중복되어 그 특성을 찾기가 매우 어렵다. 언어 연구의 방법에는 관념론과 실증론의 두 방향이 있다. 전자는 언어를 사용 주체와 긴밀하게 연관시키는 것이고 후자는 사용 주체와 관련시킴이 없이 언어를 자연 과학적으로 관찰하는 것이다. 오늘의 한글학회는 언어 · 문자를 독립 자존의 '性' (본질)으로 보는 개화기의 어문 민족주의에 그 뿌리를 두고 있다. 이런 이념적 배경이 있었기에 일제 강점기에 우리말 규범을 만들 수 있었고 해방 후 지금까지 우리말 순화 운동이 줄기차게 이어졌다.

오늘 한글학회 창립 105돌을 맞아 한글학회의 나아가야 할 방향을 제시하여 보겠다. 우선 이름을 "겨레말 학회"라 바꾸고 관념론에 근거한 우리말 연구와 그 보급에 중점을 둔다고 정관을 수정할 필요가 있다. 매년 실시하는 "국어학 학술대회"란 이름도 "겨레말 학술대회"라고 이름을 바꾸어야 한다. "국어학"이라고 하면 실증론의 냄새를 풍겨 "국어학회"나 "한국어학회"와 조금도 차별성이 드러나지 않는다. 기고寄稿도 국어 사회학, 국어 미학, 국어 심리학과 관계되는 성격의 논문을 받는다고 명시하면 자연히 그 방면의 연구를 진작시킬 수 있다. 지금 우리나라는 인터넷의 보급으로 영어가 물밀 듯이 언어 생활에 침투하고 있다. 『한글』에 투고되는 논문 중 관념론에 근거한 우수한 논문을 골라 시상을 한다든지 연구 과제를 공모하여 연구비를 지급하는 방향도 생각해 볼 수 있다.

한글학회는 그동안 초등학교 한자 교육에 대하여 신경 과민의 반응을 보여 왔다. 개화기의 주시경은 한자 전폐를 주장하였지만 이제는 한자 문맹을 퇴치하여야 하는 시기時機에 이르러 있다. 주시경의 한자 철폐 사상에는 중대한 오류가 있다. 우리가 『계몽편』이나 『천자문』을 배우면 글자 밖에 그 속에 들어 있는 내용, 곧 천문, 지리, 인륜 등 온갖 지식을 다 배운다. 일종의 통합 교과서이다.

한자는 표의 문자이고 한글은 표음 문자이다. 전자는 익히기는 쉽지 않으나 한번 익혀 놓으면 오래도록 기억할 수 있고 후자는 익히기는 쉬우나 표의성을 드러내기가 어렵다. 한자 문맹을 없애려면 초등학교 낮은 학년부터 교과서에 한자를 노출시켜야 한다. 한자어 기원 어휘의 발음을 바로 익히고 뜻을 풀어 내는 방향으로 학습을 유도하면 올바른 발음과 어휘 구사에 큰 도움이 된다.

그리고 한문을 배우면 논리적인 글쓰기도 배운다. 주시경의 문장이 논리적인 것은 서당에서 조사와 어미 등의 토가 달린 구결문을 통하여 한문을 배웠기 때문이다. 이렇게 우리의 2세들이 한자 · 한문에 대한 소양을 쌓으면 "일본-중국-한국"을 잇는 "동북아 언어 · 문화 연합"을 형성하여 시대적 요청에 부응하는 동북 아시아 문명권의 일원으로서 살아갈 수 있다고 생각한다.

나는 한글학회 105돌을 맞아 한글학회가 우리말 발전 철학을 바닥에 깔고 "범우리말 정화운동"의 기치를 올려 줄 것을 당부한다. 우리말 발전철학이란 고유어의 어근을 바탕으로 하여 새말을 만들고 외국어도 그런 원칙 밑에서 수용해야 한다는 언어철학을 가리킨다. 우리말은 반도 밖에도 중국, 미주, 일본, 옛 소련, 독일 등지에서 사용되고 있다.

우리 민족을 하나로 묶는 데는 한글을 포함한 민족 어문뿐이다. 각 지역의 우리말에는 거주 지역 언어의 간섭이 심하여 우리말로서의 정체성을 찾기가 매우 어려워 가는 실정에 놓여 있다. 이러다가는 남의 땅에서 150여 년 동안 사수해 온 우리말이 조만간 소멸되지 않을까 매우 두렵다. 나는 수년 전 루마니아를 방문한 적이 있는데 독일인들이 13세기부터 루마니

아에서 살아오면서 모어인 독일어를 보존·발전시키고 있는 예를 보았다. 2009년 노벨 문학상을 받은 뮐러 (H. Müller)는 바로 루마니아에서 태어난 독일계 교민이다.

끝으로 한 가지 더 당부하려고 한다. 일제 강점기 "조선어학연구회"를 이끌었던 박승빈을 문화 인물로 지정하도록 노력해 달라는 것이다. 박승빈 학파는 주시경 학파에 뒤지지 않게 우리말의 수호와 발전에 공을 세웠다. 그리고 북행한 김두봉, 이극로, 정렬모, 홍기문 등도 빠른 시일 안에 문화 인물로 지정하여 어문 운동사의 공백을 메꾸어야 한다. 이들은 한 평생을 민족 어문의 수호와 발전을 위하여 헌신하였다.

갈라진 민족을 하나로 묶어 민족 공동체를 성취하는 지름길은 민족 어문을 정화淨化하여 발전시키는 길밖에 딴 도리가 없다는 것을 강조하는 바이다. 이 일을 한글학회가 맡아 달라는 것이다.

(2013. 8. 30)

『새국어생활』에 바란다

『새국어생활』이 창간된 지 벌써 20년이 되었다. 지난 20년 동안에 출간된 『새국어생활』을 보면 우리말의 발전은 물론, 우리말의 연구 결과를 일반 대중에게 보급하는 일에 크게 기여하여 왔다. 지금 우리나라에는 『새국어생활』과 비슷한 성격의 어문 관련 정기 간행물이 몇 종류 있다. 한글학회에서 내는 『한글새소식』과 한국어문회에서 내는 『語文生活』이 그것이다. 둘 다 모두 월간이다. 전자는 한글 전용에다 주로 우리말과 우리글의 발전에 관련된 소품 형식의 글을 싣는 것이 보통이고 후자는 한글과 한자가 국어의 두 날개라는 관점에서 국한문 혼용의 편집 방향을 취하고 있다. 두 단체가 지금까지와 같이 서로 견제하며 한글 전용론과 국한문 혼용론의 정책을 밀고 나가면 우리말의 발전을 다그칠 수 있는 두 축이 되기에 모자람이 없을 것이다.

올해 창간 20주년을 맞는 『새국어생활』은 계간이다. 이 책은 원래 1984년에 발족한 학술원의 임의 기구였던 국어연구소의 기관지 『국어생활』의 뒤를 이어 나왔다. 『새국어생활』과 비슷한 성격의 계간지로 북한에서 나오는 『문화어학습』이 있다. 이 책은 북한이 문화어 운동을 일으키던 1968년에 창간되어 현재까지 간행되고 있다. 이 책은 1950년대 후반에 간행된 대중 상대의 어문생활 월간지 『말과 글』을 복간한 셈이다. 사실 이 책의 간행으로 북한의 언어 생활이 개선된 것이 한두 가지가 아니다. 북한이 한자어 기원의 어려운 말을 순화하고 외래어를 순화한 이면에는 앞의 두 책이 크게 기여해 왔다.

위의 몇 가지 월간 및 계간 어문 정기 간행물을 비교하여 볼 때 현재의

『새국어생활』의 편집 태도가 잘못되었다고 생각하지 않는다. 우리말과 우리글의 발전에 관련된 글을 싣고 있다는 점에서 그러하다. 나는 수년 전에 북한의 『문화어 학습』을 분석하여 『북한의 문법 연구와 문법 지식의 응용화』 (한국문화사, 2008)란 책자를 낸 일이 있다. 북한은 혁명과 건설의 무기로 우리말을 연구하여 왔지만 결과적으로는 우리의 언어 · 문자 생활을 개선하는 데 이바지한 것이 많다는 것을 지적한 바 있다. 우리말 문법에 대한 전문적인 논문이 발표되면 그 필자가 직접 『문화어학습』에 기고하여 언어 생활을 개선하는 방향의 응용적 측면을 탐색하는 예를 많이 보았다.

지금 우리나라에는 우리말에 대한 연구가 한 해에 수백 편씩 쏟아져 나오고 있다. 『새국어생활』 편집자는 그 가운데서 우리의 언어 생활의 개선과 우리말의 발전에 기여할 수 있는 업적을 가려내어 당사자에게 응용적 측면을 드러내는 방향의 기고를 요청할 수 있다. 21세기는 매체의 통합이 확산되고 이론과 응용이 벽을 허물고 하나가 되는 시대가 된다는 것을 새겨 둘 필요가 있다.

(『새국어생활』 20권 4호, 2010)

‘어’ 불규칙 활용에 대하여

『語文生活』 제255호 (2019.3)을 보면 국립국어원장을 지내신 송철의宋喆儀 교수가 우리말의 불규칙 활용에 ‘어’ 불규칙을 추가할 것을 제안하고 있다. 송 교수는 ‘그러고/그러면/그래라/그랬다’의 활용형을 중심으로 대표형 ‘그러다’를 세우고 이를 불규칙으로 설명해야 한다는 것이다. 사실 위의 네 어형은 ‘그렇다’란 지시 형용사의 활용형이다. ‘그러고’는 사전에 실려 있지 않으며 ‘그러면’은 이미 접속 부사로 굳어졌다. 문제가 되는 것은 ‘그래라’와 ‘그랬다’이다. ‘그래라’는 ‘그리하여라’의 준말이고 ‘그랬다’는 ‘그리하였다’의 준말이다. 모두 어간과 어미가 융합되어 형성된 말이다.

우리말에는 ‘ㅎ’ 받침을 가진 형용사 ‘파랗다’ 등이 연결 어미 ‘-어’ 등과 결합되면 ‘파래’가 되어 어간과 어미가 동시에 변한다. 이를 최현배 선생 등의 전통 문법가들은 단순히 어간만 변하는 것으로 설명하여 왔으나 같은 또래의 문법학자 김윤경金允經 선생은 어간과 어미가 융합되는 되는 것으로 설명하여 왔다. 김윤경 선생의 견해는 오랫동안 파묻혀 있다가 1985년부터 시행된 통일국정 문법교과서에 와서야 빛을 보게 되었다. 위의 ‘파래’는 어간 ‘파랗-’에 어미 ‘-아’가 붙으면 ‘파래’가 되니 어간과 어미가 동시에 변한다고 할 수 있다. 1985년에 나온 학교문법과 이에 준하는 국어문법론류에서 모두 이를 따르고 있다. 대표적으로 이희승李熙昇 밖에, 『한글맞춤법통일안강의』 (신구문화사, 2010)와 유현경劉賢敬 밖에, 『한국어 표준 문법』 (집문당, 2018)에서 관련 정보를 얻을 수 있다.

송 교수는 위의 ‘그’ 계열의 네 어형을 설명하기 위하여 ‘그러다’를 대표형으로 세우고 ‘어’ 불규칙을 추가해야 한다고 말하고 있다. 그러나 김윤경

金允經 선생의 문법에서 비롯하는 'ㅎ' 불규칙에 대한 설명을 잘만 활용하면 굳이 '어' 불규칙을 추가하지 않아도 좋다고 생각한다. 남북에서 나온 우리말 사전류를 보면 '그러다, 이러다, 저러다'를 표제어로 내세우고 있다. 그리고 사전 처리도 일률적이지 않다. 이를테면 『연세한국어사전』에는 '이러다'와 '저러다'는 등록되어 있지 않다. 어쨌든 '그러다, 이러다, 저러다'는 사전에 올릴 필요가 없다. '그렇다, 이렇다, 저렇다'만 실으면 충분하다. 'ㅎ'이 탈락하고 어미와 화합되는 현상은 문법의 소관所管이다. '그렇다' 등에 'ㅎ' 불규칙이라는 정보만 주면 그만이다. 요즘 우리나라에서 나오는 사전류를 보면 사전에 문법적 정보까지 다 담으려는 시도가 더러 보인다. 사전은 기억의 대상이 되는 항목만 싣고 문법은 원칙적으로 배제해야 한다. 문법과 사전의 기능을 올바로 파악하는 지혜의 창출이 아쉽다. 송 교수의 제안은 그 나름대로 타당성이 있다. 송 교수의 제안이 계기가 되어 우리말의 불규칙 활용 문제가 총체적으로 공론화되기를 바라는 바이다.

(『語文生活』 258. 2019. 9)

문법에 맞는 표현을 골라 쓰자

지하철을 타거나 병원을 찾으면 전에는 보지도 듣지도 못하던 표현을 더러 접한다. "내리실 문은 오른쪽입니다"와 같은 표현은 "내리시는 …… " 으로 바꾸어야 한다. 미래의 일을 표현하는 경우라도 그것이 확정적이거나 보편적인 사실에 관련되면 '-는'을 사용하는 것이 옳다. 주차장의 '出口'와 '入口'를 우리말로 다듬은 표현이 '나오는 곳'과 '들어가는 곳'이라는 것을 알면 '내리시는 …… '이 옳다는 것을 누구든지 수긍할 수 있다. 병원에서 흔히 보는 '복도 앞으로 들어오실 분', '여기서 순서를 기다리실 분'과 같은 말씨도 당연히 ' …… 들어오시는 분, …… 기다리시는 분'으로 다시 고쳐야 한다. 존경의 '-(으)시-'를 끼워 넣는 것도 그렇게 좋지 않다. 특히 지하철의 '내리시는 문'은 '내리는 문'이 더 자연스럽다. (이건 지하철 공사에서 가급적 빨리 바꾸면 좋을 것 같다. 간혹 지하철을 탈 경우 차내 안내 방송을 들으면서 거북하게 느낀 적이 많다.)

약국이나 병원에 가면 '오늘 5일분 약이 나가십니다.'와 같이 존경의 '-(으)시-'를 사용하는 말을 많이 듣는다. '-(으)시-'는 주어가 존경의 대상이 된다고 판단할 때 붙이는 것인데 '약'은 존경의 대상이 아니다. 청자를 의식하여 '-(으)시-'를 붙이는 것으로 보이나 이런 말씨는 문법에 어그러지는 과잉 공대의 예이다. 약국이나 병원뿐만 아니라, 백화점이나 쇼핑몰, 그리고 각종 전화 안내 등에서 이런 과잉 공대가 많다. 과잉 공대인지 잘못된 공대인지 잘 모르겠다. 후자가 옳아 보인다. 전화로 자신을 소개할 때 '김×× 변호사입니다', '××일보사 박×× 기자입니다', '××대학교 정×× 교수입니다'란 말을 예사로 듣는다. 얼마 전 일본 교수에게 일본에서도 이런 말을 쓰는가 물어 보니 어떻게 자기가 자기 자신을 높일 수 있느냐고 반문하였다. 원래 직위나 직책은 '××신문사 사회부 기자 ×××입니다'와 같이 성명 앞에 붙여야지 뒤에 붙이면 자기를 높이니 허용되어서는 안 된다. 자기를 객관화시킬 때에는 "××회사의 김×× 과장에게서 전화 왔다고 전해 주십시오."라고 쓸 수 있다. 신문 지상이나 방송 매체 등의 제호에서 불특정 다수의 독자를 대상으로 행동을 요구할 때 명령형을 사용하는 일이 많다. 이런 상황은 매체를 통한 간접적인 상황이기 때문에 직접 명령형을 써서는 안 된다. 그런데 최근의 신문의 제호를 보면 직접 명령형을 사용하는 일이 자주 보인다. 학교 문법에서는 불특정 다수의 사람을 상대로 행동을 요구할 때에는 '-(으)라'를 사용하도록 규정하고 있다. 받침 아래에서는 '-으라'를, 모음이나 'ㄹ' 받침 아래에서는 '-라'를 쓴다는 것이다. '교장 고소하게 부모 도장 받아 <u>와라</u>, 탈당 의원들은 행선지를 <u>밝혀라</u>, 시정 연설 대통령이 직접 <u>해라</u>'에 나타나는 '~와라, ~밝혀라, ~해라'는 모두 직접 명령형으로서 당연히 '오라, 밝히라, 하라'로 바꾸어야 한다. 불특정 다수를 상대로 하는 간접 명령형 어미 '-(으)라'는 중세 이래 광복 후의 남북한과 재외 교민 (고려인)의 언론 매체에서 거의 정확하게 사용되어 왔다. 이런 경우 간접 명령형을 쓰기가 어렵다고 생각되면 "수재민을 돕자"와 같이 청유형을 사용할 수도 있다. 물론 이런 경우는 주어가 화자와 청자의 합동이어야 한다.

작년과 금년에 걸쳐 우리 고대의 역사를 소재로 한 드라마가 텔레비전에서 여러 편 방영되어 왔다. 이들 사극에는 명령형 어미로 예외 없이 '보이거라, 칼을 뽑거라, 들라 하거라, 앉거라, 술이나 마시거라, 말해 보거라'와 같이 어간에 '-거라'를 붙여 사용하고 있다. 우리말 교육을 제대로 받은 사람이라면 '-거라'는 '거라' 불규칙 활용이라 하여 '가다' 등의 일부 자동사에 쓰인다는 것을 누구든지 안다. 앞의 예는 '보여라, ~뽑아라, ~하여라, 앉아라, ~마셔라, ~보아라'로 고쳐야 한다. 언론 매체에서 규범에 어긋나는 말씨를 쓰면 그 영향력은 걷잡을 수 없다. 극작가나 연출가는 이런 점에 유의하여 출연자들이 규범에 어긋나는 말씨를 쓰는 일이 없도록 각별히 주의할 필요가 있다.

우리가 사용하는 말씨 가운데는 입말에 알맞은 것이 있고 글말에 더 어울리는 것이 있다. 같은 명령형 어미라 하여도 '-어라'는 입말에 어울리고 '-(으)라'는 글말에 어울리는 형태이다. 말을 주고받을 때에는 직접 명령형 어미 '-어라, -아라, -여라, -거라, -너라'를 문법에 맞게 써야 하고 글말을 작성할 때에는 '-으라'는 받침 있는 말 아래, '-라'는 모음과 'ㄹ' 받침 아래 써야 한다.

국어 문법에 대한 올바른 지식의 보급이 절실하다. 정확한 문법지식은 맞춤법과 논리에 맞는 글을 쓰고 정확한 말씨를 골라 쓰는 기반이 된다. 실종된 문법 교육의 강화가 시급하다.

(『한글새소식』 423, 2007. 11)

지하철 탑승기搭乘記*

- 언어 사용을 중심으로 -

1960년대 초 군사 정부 시절, 전차 노선을 철거하고 육교와 지하도를 만들 때였다. 미래의 대도시 대중 교통 수단의 총아는 선진국의 예를 보아서라도 지하철이어야 한다는 데 의견이 합치된 기억이 있다. 당시 유럽과 미주에는 오래 전부터 지하철이 개통되어 도시의 교통난 해소에 큰 도움을 주고 있었다. 그러다가 우리나라는 1970년대 중반부터 지하철이 개통되기 시작하여 지금은 8개 노선이 서울을 중심으로 이웃 신도시와 인근 경기도 방면으로 운행되고 있으며 부산, 대구, 대전, 광주 등 광역시에도 지하철이 개통되어 바야흐로 지하철 시대의 생활을 누리고 있다.

내가 외국에서 지하철을 처음 타 본 것은 1976년 12월이었다. 당시 프랑스 국립과학연구소 교수였던 최석규 박사 (전 연세대 교수)의 안내로 에스컬레이터를 이용하여 여러 노선을 갈아타면서 파리의 구석구석을 다녀 보기도 하였으며 이듬해에는 베를린, 로마, 그리고 1980년대에는 런던, 도쿄 등지에서 지하철을 탑승하였다. 2001년에는 타이페이에서 새로 개통된 넓은 면적의 지하철을 이용하여 부러움을 느낀 적도 있었다. 2006년에는 헝가리의 수도 부다페스트에서 지하철을 타 본 경험이 있다. 100년이 훨씬 넘었음에도 불구하고 실내의 공기가 깨끗했던 것을 기억한다. 부다페스트 지하철은 19세기 말에 건설되었는데 런던 다음으로 건설된 세계에서 두 번째 건설된 지하철이다. 작년 1월에는 도쿄의 지하철을 이용하여

* 이 글은 원래 지하철 공사에서 외국에서 지하철을 타 본 경험담을 써 달라고 하여 기고하였던 것인데 게재가 보류되어 『서울대학교 명예교수 회보』에 발표하였던 것이다.

도심 곳곳을 구경해 보기도 하였다. 해외 여행에서 지하철을 탈 때에는 우리는 언제 이런 혜택을 누릴 수 있겠는가 하고 선망의 대상으로 보아 오던 것이 이제는 현실화되어 우리나라의 지하철이 첨단의 시설을 갖춘 세계에서 가장 깨끗한 교통 수단으로서 군림하게 되었으니 격세지감隔世之感이 없지 않다.

그런데 오랫동안 사용하여 오던 '서울지하철공사'란 이름이 언제부터인지 모르지만 '서울메트로'라는 외국어로 바뀐 것을 보고 나는 깜짝 놀랐다. 지하철을 프랑스와 영국에서는 'métro', 독일에서는 'U-Bahn', 미국에서는 'subway', 일본에서는 '地下鐵', 중국에서는 '地鐵'이라 부른다. 프랑스의 'métro'를 제외하고는 모두 '지하차' 내지 '땅속길, 땅속 철길'을 의미한다. 'métro'는 'métropolitain'의 준말이다. 외국어를 차용하는 것은 그에 해당하는 적절한 어휘가 그 나라말에 없을 때 취하는 만부득이한 경우에 국한한다. 이를테면 '빵'이든지 '라디오'와 같은 어휘가 그것이다. 그런데 우리나라에서는 지하철이 건설된 때로부터 수십 년 동안 '서울 지하철 공사'라는 이름을 사용하여 왔는데 어떤 이유로 '서울 메트로'라는 말을 쓰게 되었는지 서울 지하철 당국의 해명이 요망된다. '서울 메트로'가 어떤 점에서 '서울 지하철 공사'보다 낫다는 것을 밝혀서 시민들의 여론을 조사할 필요가 있다. 많은 사람들이 '메트로'란 말에 대하여 거부감을 가지고 있다는 것을 귀 기울일 필요가 있다.

나는 성남시 분당구 미금역 역세권에 살고 있다. 별다른 일이 없으면 출근할 때나 시내로 나들이할 때는 지하철을 이용한다. 몇 년 전까지만 해도 경로석이 비어 있을 때가 많아 편안하게 자리를 잡을 수 있었지만 분당선이 보정역까지 연장 · 운행되고 얼마 전에는 죽전역이 개통되어 자리를 잡기가 여간 어렵지 않다. 어떤 때에는 선릉역까지 서서 가기도 한다. 특히 선 채로 지하철을 이용하면 여러 가지 종류의 언어 표현이 잘 들리기도 하고 잘 보이기도 한다. 안내 방송, 전광판의 문자, 각종 광고가 그것이다.

특히 안내 방송과 전광판의 문자는 승객들의 편의와 직접 연결된다는 점에서 누구든지 유심히 듣기도 하고 보기도 한다. 들어서 유쾌한 말이 있고 그렇지 않은 말도 있다. 듣기에 거북하고 거슬리는 말은 "내리실/내릴 문은 오른쪽/왼쪽입니다"와 같은 표현이다.

우리말에는 관형사형이 시제에 따라 구분되어 사용된다. 동작이 끝났거나 과거의 사건을 이야기할 때에는 '간 사람'과 같이 '-(으)ㄴ'이 선택되고 현재 진행 중이거나 현재의 사건을 이야기 할 때에는 '가는 사람'과 같이 '-는'이 선택된다. 그리고 미래에 일어날 일을 이야기할 때에는 '갈 사람'과 같이 '-(으)ㄹ'이 선택되기도 한다. 아마 위의 표현을 작성한 사람은 '-(으)ㄹ'이 미래 시제를 표시할 때 쓰인다고 생각하였을 가능성이 많다. 그러나 '타는 문, 내리는 문'은 주차장의 안내 표현 '나가는 곳, 들어가는 곳'이나 지하철의 '갈아타는 곳'과 비교하면 당연히 '내리는 문'으로 바꾸어야 한다. 이들은 일종의 합성어이다. 현대 우리말에서 합성어를 만들 때에는 '-는'을 사용하는 것이 옳다.

미래에 관련되는 일이라도 그것이 확정적이거나 보편적인 사실에 관련되면 '가는 사람'과 같이 '-는'을 사용하는 것이 어감에 더 어울린다. 앞의 지하철의 안내 방송은 확정적 내지 보편적인 사실을 표시한다는 점에서 당연히 '내리시는 … '으로 고쳐야 한다. 실제로 '무임승차권을 교부 받으시는 분들은 반드시 신분증을 제시하여 주시기 바랍니다'의 '받으시는'과 같이 '-(으)ㄹ'이 아닌 '-는'을 붙이는 예를 볼 수 있다. 지하철 공사는 지하철에서 사용하는 우리말 표현을 문법과 언어 대중의 어감을 존중하는 방향으로 다시 다듬어야 한다. '장암이나 온수 방면으로 가는 손님은 …'은 '손님'이 공대말이기 때문에 당연히 '가시는'으로 고쳐야 한다. 앞에서 든 표현들은 문법 지식을 잘못 활용함으로 말미암아 빚어지는 대표적인 예이다.

내가 작년 1월에 도쿄에 갔을 때 겪은 일이다. 우리 내외는 아침 일찍

신주쿠역에서 로망스 카를 이용하여 하코네 일대를 구경하고 저녁에 돌아왔다. 우리는 신주쿠역에서 내리기는 하였으나 아침에 탄 승강장의 위치를 잘 몰라 어리둥절하다가 맞은 편 출구로 나가면서 역원에게 신주쿠 호텔로 간다고 하니까 반대 방향으로 가라고 하였다. 그때 마침 지상 승강장에서 엘리베이터를 타고 지하로 내려오던 것이 기억나서 찾고 있는데 누가 따라오는 것 같아 뒤를 돌아 보니 젊은 역원이 엘리베이터 타는 곳까지 우리를 친절히 안내하여 주었다. 하도 고마워서 나도 모르게 눈시울이 뜨거워졌다. 우리가 나이가 많은 외국 관광객인 줄 알고 안내해 준 것이 틀림없다. 일본의 친절 문화가 국제적으로 이름나 있다는 것을 다시금 깨달았다. 작은 선행이 쌓이면 그것은 바로 국가의 인지도認知度를 높이는 길로 이어진다는 것을 다시 한번 절감하였다.

(『서울대학교 명예교수회보』 3, 2007)

상황과 말씨의 선택

1. 몇 개의 사례를 들어 본다

거리의 교통 표지판이나 아침마다 배달되는 신문 지상을 대하면 우리말에 대한 인식이 너무 부족하다고 느낄 때가 많다. 국어 교육이 지난 반세기에 걸쳐 각급 학교에서 체계적으로 시행되어 오고 있다는 사실과 관련시킬 때 왜 이런 일이 일어나는지 반성하는 일이 많다. 대전광역시 유성구에 있는 월드컵 경기장 앞에는 계룡산과 공주로 가는 갈림길이 있다. 공주 방면의 표지판으로 '지공주'라는 텍스트가 붙어 있는 것을 수년 전에 보았다. 이는 일제 강점기의 '至公州'를 그대로 한글로 옮긴 것이기 때문에 '공주 방면'으로 바꾸어야 한다고 수년 전 어느 지상誌上에 쓴 일이 있다. 그 사이에 시정是正하였는지 모르지만 이런 표지판은 전국 곳곳에서 볼 수 있다. 한글 전용이란 한자어를 한글로 바꾸는 것이 아님을 직시直視할 필요가 있다. 한자어 표현을 우리말로 바꿀 때에 자신이 없으면 권위 있는 기관 이를테면 국립국어원 같은 데 자문諮問을 의뢰할 수 있다.

그리고 최근에 와서는 의심의 연결 어미 '-(으)ㄹ지, -는지, -던지'를 관형사형 어미 '-(으)ㄴ, -는, -던'과 의존 명사 '지'와의 통합 구성으로 보아 '흰 지, 보는 지, 가던 지'로 띄어 쓰는 일이 보편화되어 가고 있다. 얼마 전 작고한 허웅 박사의 문법서 『20세기 우리말의 형태론』(샘문화사, 1995)에 '지'를 의존 명사로 처리하였기 때문에 여기에서 영향을 받은 것이 아닌가 한다. 과거형이 '본 지 (모르겠다)'가 아니고 '보았는지 (모르겠다)'이기 때문에 이는 관례와 같이 단순한 연결 어미로 보아야 한다. 따라서 '흰지 …, 보는지 …, 가던지 …'와 같이 붙여 써야 한다. 과거형으로 '본 지 (모르겠다)'가 보편화되면 그때는 별수 없이 의존 명사로 보아 띄어 써야 하겠지만 아직까지는 아무도 그런 말을 사용하지 않는다. '가는지'를 의존 명사로 본다면 하게체의 의문형 '가는가'에 나타나는 '가'도 의존 명사로 보아야 한다. '듯, 양, 척'이 의존 명사인 까닭은 이 말 앞에 '본 듯, 본 양, 본 척'과 같이 과거 내지 완료의 기능을 표시하는 관형사형 어미 '-(으)ㄴ'이 오기 때문이다.

지하철을 타거나 병원을 방문하면 전에는 보지도 듣지도 못하던 새로운 텍스트들이 눈에 띄기도 하고 귀에 들리기도 한다. '**내리실** 문은 오른쪽입니다'와 같은 텍스트는 아침 저녁으로 지하철에서 듣는 말이다. 우리말에는 관형사형이 시제에 따라 구분되어 사용되기도 한다. 동작이 끝났거나 과거의 사건을 이야기할 때에는 '간 사람'과 같이 '-(으)ㄴ'을 선택하고 현재의 사건이나 진행 중인 동작을 이야기할 때에는 '가는 사람'과 같이 '-는'을 선택하는 것이 훨씬 자연스럽다. 그리고 미래에 일어날 일을 예측할 때에는 '갈 사람'과 같이 '-(으)ㄹ'이 선택되기도 한다.

미래의 일을 이야기하는 경우라도 그것이 확정적이거나 보편적인 사실에 관련되면 '가는 사람'과 같이 '-는'을 사용하는 것이 어감에 더 어울린다. 앞의 지하철의 안내 방송은 확정적 내지 보편적인 사실을 표시한다는 점에서 당연히 '내리시는 …'으로 고쳐야 한다. 누구든지 '**내리시는** 문'이 더 자연스럽다고 한다. 실제로 '무임 승차권을 교부 **받으시는** 분들은 반드시 신분증을 제시하여 주시기 바랍니다'의 '받으시는'과 같이 '-(으)ㄹ'이 아닌 '-는'을 붙이는 예가 보인다. 지하철 공사는 지하철에서 사용하는 우리말 텍스트들을 문법과 언어 대중의 어감을 존중하는 방향으로 다시 다듬어야 한다. 주차장의 '出口'와 '入口'의 다듬은 말이 '나오는 곳'과 '들어가는 곳'이라는 것을 알면 '내리시는 …'이 옳다는 것을 누구든지 수긍할 수 있다. 병원에서 사용하는 '진찰실 앞으로 들어오실 분', '여기서 순서를 기다리실 분'과 같은 텍스트도 당연히 '… 들어오시는 분, … 기다리시는 분'으로 다시 다듬어야 한다. 존경의 '-(으)시-'를 끼워 넣는 것도 그렇게 어울리지 않는다. 특히 지하철의 '내리시는 문'은 '내리는 문'이 더 상황에 어울린다. 앞에서 든 표현들은 문법 지식의 과잉 적용이 우리말의 자연스런 궤도軌道를 허물어뜨리는 대표적인 예가 아닌가 한다.

어떤 말씨를 고립시켜 놓고 보면 문법적으로 하등의 잘못이 없으나 상황에 따라 바른 텍스트가 되기도 하고 그른 텍스트가 되기도 한다. 이를테면 '어디 가십니까'란 말은 문법적으로는 조금도 흠잡을 데 없다. 웃어른에게 이 말을 사용하였다면 바른 텍스트가 되지마는 같은 또래의 벗에게 건넸다면 바른 텍스트라고 할 수 없다. 이는 마치 '갓길 운행 금지'라는 표지판이 고속도로에 놓이면 잘 어울리지마는 국도에 놓이면 어울리지 않는 것과 다르지 않다. 고유 명사에 '님'이 붙은 '홍길동 님'이 편지 봉투에 쓰이거나 은행이나 종합 병원에서 고객들이나 환자를 부를 때에 사용되었다면 그런 대로 어울리나 사사로운 대화에서는 '홍길동 씨'로 금방 바뀌어 버린다. 이렇게 우리가 일상 생활에서 사용하는 말씨 가운데는 문법적으로는 하등 잘못이 없지만 상황에 따라 어울리지 않는 일이 많다. 상황에 어울리는 텍스트를 가려 사용하는 지혜를 발휘할 필요가 있다.

오늘 이 자리에서는 주로 신문 지상이나 방송 매체 등의 제호題號에서 사용되는 명령형이 올바로 사용되고 있는가 하는 문제를 내가 직접 모은 자료를 바탕으로 그 허실虛實을 검토해 보고 아울러 그 개선책을 제안해 볼까 한다.

2. 직접 명령형과 간접 명령형을 어느 정도 잘 골라 쓰고 있을까

명령은 상대방에게 화자의 뜻에 따르도록 지시하는 언어 행위이다. 우리말에는 말 듣는 상대방의 지위의 높낮이에 따라 명령형 어미가 여러 가지로 선택된다. 웃어른에게는 '-십시오'를, 후배나 부하 직원을 높일 필요가 있을 때에는 '하시오'를, 장성한 제자나 사위에게는 '하게'를, 손아랫사람에게는 '해라'를 사용한다. 이렇게 상대방의 면전에서 화자의 뜻에 따르도록 지시하는 명령을 "직접 명령"이라고 한다. 이런 경우는 상대방이 단수이기 때문에 단독 명령이라고 부르거니와 화자와 상대방이 합동이 되면 '하시지요, 합시다, 하세, 하자'를 사용하기도 한다. 이를 청유형이라고 하지만 실제로는 "공동 명령"이라 불러야 옳다.

그런데 우리의 언어 행위를 자세히 관찰하면 명령 행위가 간접적으로 수행되는 일이 많다. 이를테면 초등학교 교사가 반장인 '영수'에게 결석이 잦은 '정호'의 집을 찾아 가 보라고 시켰다면 그 교사는 영수에게 '영수야, (요즈음 정호가 결석이 잦으니) 집으로 한번 찾아 가 **보아라**'라고 말하였을 것이고 정호네 집을 찾아간 영수는 정호에게 '선생님이 네 집을 찾아가 **보라**고 하셔서 오늘 이렇게 찾아왔다'라고 찾아온 연유를 대었을 것이다. 뒤의 텍스트는 직접 인용인 앞의 텍스트를 간접 인용으로 바꾼 것인데 공교롭게도 두 인용문에 사용되는 명령형의 형태가 달리 실현된다. 그런데 간접 인용에 사용되는 명령형이 매체를 통한 간접적인 통보 상황, 이를테면 신문 기사의 제호, 시위 군중의 구호, 플래카드, 표어, 책의 제목 등에 그대로 사용된다.

다음 예문을 보기로 한다.

(1) 시민들은 시위 군중에게 질서를 **지키라**고 요구하였다

위의 문장이 사설이나 기사 가운데 한 구절이라면 신문 편집자는 그 제목을 다음과 같이 달 수 있다.

(1') 시위 군중은 질서를 **지키라**

설사 기사에 간접 명령이 나타나 있지 않다고 하더라도 '… 질서를 지킬 것을 요구하였다'와 같이 명령의 의미가 함축되어 있으면 표제에 (1')와 같이 간접 명령형을 사용할 수 있다.

실제로 남북에서 나온 국어사전을 보면 간접 명령의 경우, 자음 받침 아래에서는 '-으라'를, 모음이나 'ㄹ' 받침 아래에서는 '-라'를 쓰도록 규정하고 있다. 그 예를 몇 가지 들어 보면 다음과 같다.

(2) 가. 보라 (고), 뛰라 (고), 오라 (고), 하라 (고), 고르라(고), 지르라 (고) …
나. 놀라(고), 울라(고), 달라(고), 말라(고), 불라(고) …
다. 잡으라(고), 먹으라(고), 깎으라(고), 들으라(고), 물으라(고), 도우라(고), 지으라(고)

(2가)는 간접 명령형 어미 '-라'가 모음 아래에서 선택되는 예이고 (2나)는 'ㄹ' 받침 아래 '-라'가 선택되는 예이며 (2다)는 'ㄹ' 밖의 받침 아래에 '-으라'가 선택되는 예이다. 그러니까 '-라'는 'ㄹ' 받침이나 모음 아래에서, '-으라'는 'ㄹ' 밖의 자음 아래 사용된다고 용법을 명세할 수 있다.

'-(으)라'의 용법에 대하여는 현재 한국어의 사전 가운데서 가장 공신력을 인정받고 있는 『연세한국어사전』의 설명이 참고가 된다.

(3) 라[4] … ① 성경이나, 신문, 문제를 제기하는 글 등에서 정해지지 않은 여러 사람들을 상대로 행동을 요구함을 나타

냄. ☞ 항상 기뻐하**라**, 쉬지 말고 기도하**라**, 범사에 감사하**라**/ 독자들이여, 생각해 보**라**/ 눈을 들어 대자연을 보**라**!/ 논증들을 구분하고 전제와 결론을 찾**으라**/ 기대하시**라**, 개봉 박두

② 권위를 가지고 명령하는 뜻을 나타냄. ☞ 내 아들아 내 말을 지키며 내 명령을 잘 간직하**라**/ 아들아, 내가 죽더라도 네 어머니를 존경하고 극진히 그 말씀을 따르**라**/ 네가 죽을 때까지 우리 임금에게 충성하**라**/ 병사들은 나를 따르**라**! ⚲ '-라'는 받침 없는 어간의 뒤에, '-으라'는 받침 있는 어간의 뒤에 쓰임

(3)을 보면 받침이 없을 때는 '-라'가 선택되고 받침 아래에서는 '-으라'가 선택된다고 규정하고 있다. 차이점은 'ㄹ' 아래의 용법이 설명되어 있지 않은 것인데 이는 실수인 것으로 보인다. 이렇게 사전에 사용법을 명시하고 있는데도 불구하고 현재의 신문, 방송 매체, 표어, 광고물 등에는 이러한 규칙을 위반하는 일이 나날이 늘어가고 있다.

다음 예들은 내가 지난 수년 동안 본 일간 신문에서 뽑아낸 예이다. 이들 자료를 보면 간접 명령의 상황인데도 불구하고 해라체의 명령형 '-어라/-아라/-여라'를 사용하고 있다.

(4) 가. 교장 고소하게 부모 도장 받아와라
나. 탈당 위원들은 行先地를 밝혀라
다. 한나라 脫黨 선언한 5人 "민주 신주류도 빨리 나와라"
라. 시정 연설 대통령이 직접 해라
마. 삼성생명 나와라
바. 다시 '서울대 개혁론'을 말한다
"서울대 체질 개선해라" 요구 다양 … '개혁론' 정책적 공론화 미흡

사. 국제사회 합의 존중해라

(4가)의 "교장 고소하게 부모 도장 받아와라"는 다음과 같은 기사문을 근거로 하고 있다.

> (4가') 제주도의 한 고교에서 전교조 교사들이 교육행정정보시스템을 채택한 교장을 고소하려고 2학년 학생들에게 학부모 위임장을 **받아오도록** 했다고 한다

(4가')의 '… 받아오도록'에 명령의 의미가 함축되어 있기 때문에 이를 명령형으로 바꾼 것 같은데 이는 '받아오라'로 고쳐야 한다. '받아와라'는 규범에 맞는 명령형이 아니다. 직접 명령형으로 바꾸려면 '받아오너라'가 옳다. 이런 말씨는 어린이들이 흔히 사용하는 텍스트로서 극도의 구어체이며 표준형이 아니라는 것은 삼척동자라도 알고 있다.

(4나)의 "탈당 위원들은 行先地를 밝혀라"는 다음의 기사와 관련이 있다.

> (4나') 그렇게 자신의 이념과 행선지를 분명히 **밝히고** 나서는 것이 탈당위원들이 목표로 하는 '전국 정당'으로 가는 길이기도 한다

(4나')에 '밝히다'를 중심으로 역시 명령의 의미가 스며 있다고 보아 명령형으로 ' … 밝혀라'를 뽑아 낸 것으로 보이나 이 역시 '밝히라'로 바꾸어야 한다. '밝혀라'는 원래 해라체로서 상위자가 하위자에게 명령할 때 사용하는 말이다. 그러면 기자가 상위자이고 탈당 위원들은 하위자란 말인가. 국어를 정상적으로 배운 사람이라면 옳고그름을 누구든지 쉽게 판단할 수 있다.

(4다)의 "민주 신주류도 빨리 나와라"는 다음의 기사에서 뽑아 낸 것이다.

(4다') 탈당 의원들은 민주당 신주류에 대해서는 "국민통합이란 시대적 대의에서 우리와 크게 다르지 않다"며 "더 이상 좌고우면하지 말고 국민만 바라보고 분연히 **떨쳐 일어나라**"며 탈당을 촉구했다

(4다)는 한나라당을 탈당한 의원들이 민주당 신주류를 향하여 내 뱉은 말을 간접 명령형으로 바꾼 " … 떨쳐 일어나라"를 극도의 구어체 명령형인 '나와라'로 제호를 삼은 것이다. 앞의 (4가)와 같은 예이다. 마땅히 '나오라'로 바꾸어야 한다.

(4라)의 "시정 연설 대통령이 직접 해라"는 다음 기사문에서 추출한 것이다.

(4라') 박관용 신임 국회의장은 9일 "국회의 자존을 세우겠다"며 그 방안의 하나로 9월 정기 국회에서 국무총리가 대독하던 시정연설을 대통령이 **직접 해야 한다**고 말했다

(4라')는 '직접 해야 한다'라는 당위 평서문을 '해라'로 바꾸었다. 국회 의장은 상위자이고 대통령은 하위자이기 때문에 '해라'를 썼다는 말인가. "대통령이 직접 하라"로 바꾸어야 한다.

(4마)의 "삼성생명 나와라"는 다음의 기사문의 내용을 중심으로 가공한 것이다.

(4마') 박경수 감독은 "우리 선수들이 챔피언전 상대인 삼성생명에 강한 자신감을 갖고 있다"며 "상대방선수들의 기량이 좋지만 약점이 무엇인지 보여 주도록 하겠다"고 말했다.

(4마')의 기사문은 평서문으로 일관되어 있지만 박경수 감독의 말에 삼성

생명을 이길 자신이 있다는 의미가 내포되어 있다고 보고 독자들에게 자신감을 보이기 위하여 명령형으로 바꾼 것으로 보인다. 이 역시 앞의 (4다)와 같이 '나오라'로 바꾸어야 한다. 신문의 제호에 왜 이런 비표준형이 등장하는지 나는 아직 모르고 있다. 국어 교육을 잘못 받은 것인지 아니면 권위 있는 분들의 잘못된 자문에 그 탓을 돌려야 할지 아니면 언어 변화에 순응하는 젊은 기자들의 말이 그대로 반영된 것인지 깊이 생각해 볼 필요가 있다.

(4바)는 '한시적 학부 폐지론', '역할분담'과 '특화론', '민영화론, 폐교론, 교수 양성 대학론'의 몇 개 주제를 종합한 제호이다. 이 역시 앞의 (4라)와 같이 '개선하라'로 바꾸어야 한다. 대중이 서울대학교나 정부 당국에 요구하는 간접적인 명령의 상황인 것이다. (4사)의 '존중해라'는 2003년 7월 10일 KBS 7의 저녁 9시 뉴스의 자막 제호이다. (4라, 4바)와 같이 '… 존중하라'로 바뀌어야 함은 물론이다. 신문뿐만 아니라 방송 매체에서도 이런 잘못된 텍스트가 비일비재非一非再하다.

(4)와 같은 예는 신문 지상의 도처에서 찾을 수 있다. 몇 가지 예를 더 들어 두고 괄호 안에 올바른 형태를 보인다.

(5) 실속 있는 내 집 마련대책을 **찾아라** (찾으라)/ 그러려면 빈 라덴 **넘겨라** (넘기라)/ 남은 돈이 본전 손해는 **잊어라** (잊으라)/ '李 · 盧 반미 문제' 정면으로 **다뤄라** (다루라)/ 신촌엔 불황이 없다! 대학가를 **노려라** (노리라)/ 믿을 수 있는 중개 업소와 전속 중개를 **맺어라** (맺으라)/ 먼저 테러원인과 **싸워라** (싸우라)/ 암과 싸우지 말고 친구가 **돼라** (되라)/ 생화학 테러, 근본대책 **세워라** (세우라)/ 비정규직 기금 회사서 **내놔라** (내 놓으라)

다음 텍스트는 지문 가운데 직접 명령형이 사용된 예이다.

(6) 아이야 저 가을을 **보아라**. 토실한 밤송이 속에서 햇살을 기다리는 저 풍성함을 **보아라**. 포천과 철원을 가르는 밤숲에서 가을이 무르익고 있다.

원래 지문은 직접 인용문을 간접 인용문으로 바꾼 텍스트이다. 전체가 간접 인용문인 이상, '보아라'는 모두 '보라'로 바꾸어야 한다. 호격을 취한 '아이'가 낮춤의 대상이라고 하여 '보아라'가 옳다고 할지 모르나 대화가 아닌 지문의 일부분이기 때문에 당연히 '보라'가 옳다.

아동 문학가 방정환은 일제 강점기에 우리말 교육을 제대로 받지 못하였음에도 불구하고 지문에 간접 명령형을 사용하였다.

(6') 고운 나비의 날개 …… 비단결 같은 꽃잎, 아니 아니 이 세상에 곱고 보드랍다는 아무것으로도 형용할 수 없이 보드랍고 고운 이 자는 얼굴을 **보라**! 그 서늘한 두 눈을 가볍게 감고 이렇게 귀를 기울여야 들릴 만큼 가늘게 코를 골면서 편안히 잘 자는 이 좋은 얼굴을 **들여다보라**. (어린이 예찬, 1924년의 작품).

극단적으로 말하면 오늘날 국어 교육을 정상적으로 받은 문필가들이 우리말에 대하여 느끼는 어감이나 직관이 조선어 교육을 올바로 받지 못한 일제 강점기의 문필가의 수준에 미치지 못한다고 평가할 수밖에 없다.

그렇다고 신문이나 방송 매체의 제호들이 모두 잘못되었다는 것은 아니다. 바른 어형을 선택한 예도 드물기는 하지만 보인다.

(7) 가. 舊주류 "南北 단절땐 청와대 책임"
소장파 일부 "대통령은 黨 **떠나라**"고 요구하는 등 당 내분이 표면화될 조짐마저 보였다
나. "8% 수입車 관세 더 낮춰 **달라**"

美 상공회의소 '한미재계회의 백서' 발표, 노동시장 유연성. 스크린쿼터 해결 요구

다. 아프칸 "외국인들 당분간 떠나 **있으라**"

라. 신용대출 금리 제각각, 우대 금리 싼 곳 **찾으라**

마. 인기절정 소형 평형을 **주목하라**

바. "환경 지키자" 수력발전으로 "사용하지 않는 방의 전등을 끄고 실내 온도를 **낮추라**"며 "일반가정은 … 연료를 사용해 줄 것"을 요청했다

사. "증거 있다면 **대라**" 항의

아. 거리를 두고 **사귀라**

자. 문턱 넘으려면 눈 **낮추라**

(7가)의 '떠나라'는 명령형 어미의 첫 머리와 어간의 모음이 같은 예이다. (7사)도 비슷한 예이다. 사실 이런 예는 간접 명령형과 직접 명령형의 형태가 같이 실현되기 때문에 글 전체의 흐름을 보기 전에는 어느 명령형을 뜻하는지 알기가 어렵다. 최근의 기사 제목이 '-어라/-아라'를 취하는 경향에 비추어 보면 '-아라'가 생략된 직접 명령형일 가능성이 높다. (7나)는 요청을 의미하는 '주다'의 간접 명령형이다. 직접 명령형은 '다오'인데 이 경우는 직접 명령형을 쓰지 않고 간접 명령형을 사용하는 것이 관례로 되어 있다. (7라)의 '찾으라'는 보통 '찾아라'라는 직접 명령형을 사용하는데 이례적으로 '찾으라'를 사용하였다. (7마)는 한자어의 어근 '주목'注目에 접미사 '하다'가 붙은 것이다. 이런 예는 국한문 혼용을 하던 때부터 간접 명령형을 취하여 왔는데 최근에 와서 한글 전용의 기사가 보편화되어 감에 따라서 (4라)에서 보듯이 직접 명령형을 선택하는 일이 더러 보인다. (7마)와 같이 간접 명령형을 취하는 것이 당연하다. (7바)의 '낮추라', (7아)의 '사귀라'는 모두 간접 명령형으로서 바른 어형의 선택이다. (7)의 예를 (4), (5), (6)과 비교하여 보면 바른 어형의 선택이 그렇지 않은 선택에 훨

씬 미치지 못한다는 것을 알 수 있다. 요컨대 신문 기자를 비롯하여 오늘날의 문필가들은 직접 명령형과 간접 명령형을 가려 사용하는 능력을 지니고 있지 못함을 알 수 있다.

3. 간접 명령형은 역사적으로 어떻게 발전해 왔을까

신문 지상의 간접 명령형이 어떠한 과정을 밟아 형성되고 발전되었는가 하는 문제를 조선 시대로부터 개화기를 거쳐 교민 사회 및 북한의 신문 자료를 가지고 검토해 보기로 한다.

아래의 예는 조선 시대의 자료이다. 조선 시대에는 한글이 공용 문자의 자격을 얻지 못하였기 때문에 간접 명령문이 사용된 자료가 많지 않다.

(8) 가. 너희 서로 일러 그 전으로 수이 **나오라** (선조대왕의 교서)
나. 조금도 주저치 말고 이 시각으로 **일어서라** (동학격문)

(8가)는 왜적에게 협력한 백성들에게 자수하고 나오라는 취지의 왕의 교서이다. 그 상황이 교서를 통한 간접적인 의사 전달이기 때문에 그 형태도 간접 명령형을 취할 것은 지극히 당연하다. 당시는 '오라'가 직접 명령문으로 사용되는 일이 많았으나 위의 예는 (3)2에 준하는 예문으로서 간접 명령형으로 해석된다. (8나)의 '일어서라' 역시 간접 명령형이다. (3)1에 준하는 예로 보인다. 수신자는 복수 청자인 민중이다. 그러니 위의 (8)을 통하여 전통 시대에도 (3)의 두 가지 기능을 충족시키는 간접 명령형이 사용되었음을 확인할 수 있다.

다음 예는 개화기에 보이는 간접 명령형의 예이다.

(9) 가. ~ 배재학당 한미화 활판소에 와 **사라** (독립신문 1896. 4/1)

나. 虛飾의 惡習을 **打破할지어다** (매일신보, 1910)

(9가)는 언더우드의 『한영문법』과 『한영사전』의 광고문의 일부인데 간접 명령형 '사라'를 사용하였다. 관점에 따라서는 어간 '사-'에 해라체의 명령형 어미 '-아라'가 붙은 것이라고 해석할 수도 있으나 복수 독자들에게 이런 말씨를 선택할 까닭이 없다. (8나)와 같은 성격의 텍스트이다. 광고문이 근대 자본주의의 산물인 만큼 이러한 양식의 광고문은 서양 문물의 도래와 함께 생긴 것이 틀림없으며 이는 (8가)와 같은 전통적인 간접 명령형의 틀을 바탕으로 만들어진 것으로 보인다. 독립신문에는 '사 가시오'라고 하여 하오체를 사용하는 일도 많았다. (9나)는 당위 평서문으로 명령문의 효과를 나타내는 예이다. 이런 예는 전통 시대의 언해 텍스트에서 흔히 대하는 '-ㄹ 디어다'의 변화형이다. 개화기의 간접 명령형에는 전통 시대의 당위 평서문의 투가 엄존하고 있었다.

다음 예는 일제 강점기에 보이는 간접 명령형의 예이다.

(10) 가. 教育에 **徹底하라** 첫째 學校를 세우고 둘째 就學에 **熱心하라** (동아일보 1922. 1/5)
나. 靑年의 氣槪가 如何오. 無意義한 生보다는 有義한 死를 **取할지어다** (동아일보 1922, 1/9)
다. 社會事業의 發達을 **期하라** (매일신보 1926)
라. 새 힘을 **짓자** (동아일보 1928)/ 새로운 길을 **開拓하자** (동아일보 1928)
마. 教員待遇를 改善코 療養所를 **設置하라** (만선일보 1939)

(10나)는 일제 강점기에도 당위의 평서형 어미 '-ㄹ지어다'가 잔존하고 있었음을 증언하는 예이다. (10가, 다, 마)는 당시 신문의 간접 명령형이 한자 어근에 간접 명령형의 접미사 '하라'가 붙어 사용되는 일이 보편화되었

음을 보여 주는 예이다. 대개 '하라' 명령형을 사용하는 경우는 그 어근이 한자어이며 이 경우는 오랫동안 고정된 틀을 고수하여 왔다. 한글 전용이 보편화됨에 따라 한자어 대신 그에 맞먹는 고유어를 선택하게 되니, 앞에서 본 바와 같이, 직접 명령형을 사용하게 되는 일이 빈번해지기 시작하였다. (10마)의 출전인 〈만선일보〉는 당시 만주 지역의 교민을 대상으로 한 신문이었으나 반도 안의 신문과 같이 국한문 혼용을 하고 있었으며 제호를 다는 방식도 반도와 큰 차이가 없었던 것으로 보인다. (10라)의 두 예는 신문 기자와 복수의 청자가 이해를 같이할 때에는 청유형을 사용할 수 있음을 뒷받침하는 예로 활용할 수 있다.

다음 예는 미주에서 발행되던 〈신한민보〉의 예이다.

(11) 가. 商工을 急히 **振興할 일** (공립신보/ 신한 민보 1907)
나. 원대한 희망을 가지고 **예비하라** (신한민보, 1918)

(11가)는 개화기때부터 얼마전까지 흔히 보던 명사구에 기댄 간접 명령의 예이다. 요즈음은 '~ㄹ 것'으로 나타나는 것이 보통이다. (11나)는 당시 간접 명령형으로 자리잡기 시작하던 한자어 어근 아래에 접미사 '하라'가 붙는 예이다. 〈신한민보〉는 한글 전용을 하되 어근을 고유어로 고친다든지 하는 일을 별로 볼 수 없다.

다음 예는 연해주에서 발행되던 한인신문 〈선봉〉에서 뽑은 간접 명령형이다.

(12) 가. 새 농촌을 개척하고 생활의 터를 **잡으라** (1925. 2/13)
나. 아이들에게 남녀동등생활을 가랏쳐 **주라** (1925.3/8)
다. 꼴호즈 조직—경제적으로 튼튼케 **하라** (1932. 34/6)
라. 당 교양사업에 지도를 **높이라** (1932. 3/6)

마. 농업을 과학적으로 **발전시키자** (1932. 3/10)

〈선봉〉은 〈신한민보〉와 같이 한글 전용을 지향하기는 하였어도 한자어를 그대로 한글로 전사하는 것이 아니라 자연스런 고유어로 바꾸는 편집 태도를 지니고 있었다. (12다)의 '하라'는 1920년대 초기부터 뿌리를 내리기 시작하던 한자어 어근의 명령형으로서 지금도 선호되고 있다. (12마)의 '발전시키자'는 텍스트 생산자와 텍스트 수용자가 합동일 때 선택되는 청유형으로서, (10라)에서 본 바와 같이, 이미 일제 강점기부터 사용되어 왔다. (12가)의 '잡으라'는 요즈음의 한국 신문 같으면 (5)에서 든 예와 같이 '잡아라'로 적을 수 있는 것을 이미 1925년에 간접 명령형 '잡으라'를 선택하였다. (12나, 라)도 마찬가지다. 어떻게 이 당시에 신문의 제호로 직접 명령형 '주어라, 높여라' 대신 간접 명령형 '주라, 높이라'를 선택하였는지 불가사의不可思議한 일로 보인다. 연해주 한인 사회의 정서법 책자가 1930년에 나온 『고려문전』인데 그보다 5년 전에 간접 명령형을 바르게 선택하였다는 것은 연해주에서 활약하던 신문 생산자들의 우리말에 대한 지식 수준이 상당히 높았음을 웅변한다고 하겠다.

다음 예는 북한의 자료이다.

(13) 가. 計劃과 統計事業强化로 增産運動을 **保障하자** (노동신문 1947. 8/24)

나. 위대한 수령 김일성 동지의 주체사상으로 튼튼히 **무장하자** (로동신문 2003. 12/25)

다. 방문기 더 높이 **날으라** (문학신문, 2003. 12/13)

라. 사랑인 줄 **아시라** (같음, 2003. 12/13)

(13가)의 '保障하자'는 한글 전용 이전의 북한 신문에서 청유형이 사용된 예이고 (13나)는 그 최근의 청유형의 예이다. 북한 신문의 한글 전용은 단

계적으로 실시하다가 1949년부터 전면적으로 시행되었다. (13가, 나)는, (10라)에서 본 바와 같이, 1920년대부터 사용되어 온 제호이다. 북한 신문은 처음부터 명령형보다는 청유형을 많이 사용하였으며 지금도 그러하다. 신문 제호에서 명령형을 사용할 필요가 있을 때에는 반드시 간접 명령형을 선택한다. (13다, 라)의 '날으라, 아시라'가 그것이다. (13다)의 '날으라'는 '날라'로 적어야 문법에 맞는데 전통적으로 시 같은 데서는 더러 사용되기도 하였다. 이 말은 '나르다'를 기본형으로 삼으면 '나르라'를 사용할 수 있다. (13라)의 '아시라'는 영화 광고에서 더러 대하는 '기대하시라'와 같은 예이다.

북한의 신문 제호는 명령형보다는 청유형을 선호하고 그렇지 않으면 다른 표현으로 바꾸는 일이 많다.

(14) 가. "혁명적 정신으로 공사를 힘있게"
나. 민족의 자랑을 잊지 않도록
다. 극우 반동 보수당을 깨버려야 한다
라. 질 좋은 거름을 많이

(14가)의 '힘 있게'는 명령의 의미가 스며 있는 기사문의 전체 내용을 간추린 제호이다. 이런 경우 남한의 신문에서라면 '힘있게 하라'로 표현될 것이다. (14나)의 '잊지 않도록' 역시 전체의 내용을 간추려서 제호화한 것이다. 남한 같으면 '잊지 말라' 정도로 나타날 것이다. (14다)는 평서문이기는 하나 명령의 의미가 스며 있다. 남한 같으면 '깨 버리라'로 나타날 수 있다. (14라)는 남한 신문이라면 '~거름을 많이 주라, ~주어야' 등으로 나타날 수 있는 표현이다.

4. 마무리
— 간접명령은 어떻게 표현하는 것이 좋을까 —

이상 나는 오늘날의 남한의 신문이나 방송 등의 매체에서 사용되는 명령형의 예를 중심으로 그 허실을 검토하고 역사적으로 그것이 어떻게 발전해 왔는가 하는 문제를 거론하여 보았다. 직접 명령형을 간접 명령문으로 바꿀 때 다른 어미, 이를테면 평서형, 의문형, 청유형은 양자 사이에 큰 차이가 없으나 명령형의 경우는 차이가 있기 때문에 이를 가려 쓰는 데 큰 혼란을 불러일으키고 있다.

매체 등에 사용되는 명령형은 역사적인 측면과 공시적 측면에서 그 형성을 설명할 수 있다. 중세어에는 간접 인용문과 직접 인용문의 형태가 같았다. 직접 명령문에 '-어-'와 같은 형태가 끼어들지 않은 바 아니었으나 이는 확인법이라는 그 나름의 기능을 지니고 있었다. 현대에 와서 두 명령문 사이에 틈이 벌어진 것은 '-어-'가 확인법의 기능을 상실한 데 그 탓이 있다. 그러나 공시론적으로 보면 인용 부사격조사 이하의 '고 하다'가 절단되고 조사의 재배치를 거쳐 형성되었다고 말할 수 있다. (1)의 예를 다시 가져온다.

(15) 시민들은 시위 군중에게 질서를 <u>지키라</u>고 요구하였다.

(15)에서 인용의 부사격 '고'와 안은 문장의 동사 '요구하다'가 절단되고 안긴 문장에서 부사격 조사를 취한 '시위 군중'이 주제격을 취하여 다음과 같은 형식의 명령문이 형성된다.

(15') 시위 군중은 질서를 <u>지키라</u>

그런데 문제는 (15')와 같은 명령문의 형태를 올바로 가려쓰지 않고 직접 명령형으로 대체하는 데 있다. 그 사이 고유어의 간접 명령은 직접 명령형을 선택하는 일이 있어도 한자어의 어근의 경우는 '하라'를 정확하게 사용하여 왔는데 최근에 와서는 (4라)의 '시정 연설 대통령이 직접 해라'와 같이 해라체를 사용하는 일이 눈에 띄고 있다. 해결의 길은 간단하다. (12)의 〈선봉〉의 예처럼 (2)와 (3)의 규정에 따라 '-으라'와 '-라'를 가려쓰면 모든 문제가 해결된다. '-(으)라'를 사용해야 할 곳에 '-어라' 등의 직접 명령형을 쓰지 않으면 되는 것이다. 그러나 '-(으)라' 명령문이 실제 구어에서 쓰이지 않는다는 점을 들어 '-어라'의 사용이 옳다고 생각할 수도 있다. 최근에 와서 직접 명령형을 사용하는 일이 많은 것도 이런 생각이 반영된 것이 아닌가 한다. 그러나 이는 문법을 무너뜨리기 때문에 절대로 용인할 수 없다. 그 대신 나는 다음과 같은 몇 가지 대안을 제시하고자 한다.

첫째는 청유형을 사용하는 것이다. 앞에서 우리는 신문 기사의 제호로 청유형이 1920년대부터 사용되었음을 본 바 있는데 주어 명사구, 곧 주체가 생산자와 수용자 합동일 때에는 '-(으)라'를 붙이는 것보다 '-자'를 붙이는 것이 문법에도 맞고 우리의 어감에 덜 거슬린다. (10라), (12마)가 그러한 예이다. 2004년 3. 29일자 어느 일간 신문에 난 채명신 초대 주월군 사령관의 인터뷰 기사의 제호가 "교만은 금물 … 이라크 민심을 잡아라"라고 되어 있다. 이는 물론 앞의 (2), (3)에 따르면 '잡으라'로 바꾸어야 한다. 이 제호는 다음과 같은 채 사령관의 발언에서 뽑아 낸 것이다.

(16) "베트남과 동티모르 등지에서 맹활약한 선배 장병들이 일궈낸 성과와 체험을 교훈삼아 현지 주민들을 늘 따뜻하게 대하고 절대 교만한 행동은 하지 마세요."

(16)은 내용상으로 보아 파병 장병들에게 일방적으로 전달한다고 할 수 있으나 한편 생각하면 주체를 텍스트 생산자인 채 사령관과 텍스트 수신

자인 파병 장병의 합동으로 본다면 제호를 청유형 "… 민심을 잡자"로 달 수도 있다. 다음 예는 작년 (2003) 3월 어느 일간신문에 보도된 표어 성격의 예이다.

(17) 가. 남에게만 맡기지 말고 엄마가 직접 **챙겨라** (챙기자)
나. 먼저 자신감을 **심어줘라** (심어 주자)
다. 공부해야겠다는 동기를 **유발시켜라** (유발시키자)
라. 인내심을 **가르쳐라** (가르치자)
마. 집중력을 **길러줘라** (길러 주자)
바. 공부계획을 세워 습관처럼 공부하게 **만들어라** (만들자)
사. 저학년때는 기본적인 학습기능을 **자동화시켜라** (자동화시키자)

(17)은 엄마가 꼭 알아야 할 '스스로 공부하는 아이로 키우는 실천 10계명' 중 몇 가지를 들어 본 것이다. 이런 경우 주어 명사구는 텍스트 생산자와 독자인 세상의 '엄마'로 볼 수 있으므로 괄호 안의 청유형이 더 어울린다.

둘째는 명령의 의미가 스며 있는 연결 어미 '-어야, -도록'을 간접 명령형 대신에 어간에 붙일 수 있다. (16)의 제호 '… 잡아라'는 '… 잡아야' 또는 '잡도록'으로, (1')의 '시위 군중은 질서를 지키라'는 '… 지켜야, … 지키도록'으로 바꿀 수 있다. 실제로 (14나)의 예가 간접 명령의 예로 쓰이고 있다. 고성환 박사의 『국어명령문에 대한 연구』 (2003)을 보면 뒤의 '-(으)ㄹ 것'과 함께 '-도록'을 명령형 어미로 간주하고 있다.

셋째는 명령의 효과를 지니고 있는 명사구를 사용할 수도 있다. (11)에서 든 '진흥할 일'이나 그에 가까운 '진흥할 것'이 대표적인 예이다. 실제로 이런 표현은 게시판 등에서 많이 사용되고 있다. '-(으)ㄹ 것'은 앞에서 언급한 바와 같이 명령형 어미에 속한다. 앞의 (1')을 '질서 유지를 요구'로 표현한다면 이는 명사구에 기댄 표현이다.

넷째는 (14가, 라)와 같이 명령의 의미가 드러나도록 표현을 가공하는 것이다. '질 좋은 거름을 많이'라고 제호를 달아도 텍스트 수신자는 텍스트 생산자가 자신들에게 명령하는 텍스트라고 이해한다.

위의 네 가지 대안은 차선책이지 최선책은 될 수 없다. 최선책은 오랜 전통을 지니고 있는 간접 명령형 어미 '-(으)라'를 앞의 (2), (3)의 규정에 맞게 가려 쓰는 일이다. 내가 지적한 잘못은 신문이나 방송 제작자에만 국한하지 않는다. 각종 광고물과 인터넷상의 우리말은 차마 눈으로 볼 수 없을 정도로 혼탁의 극을 치닫고 있다. 우리말에는 일상 생활에 스스럼없이 주고받는 입말 [口語]도 있고 문장에서만 어울리는 글말 [文語]도 있다. 내가 든 간접 명령문은 글말에 어울리는 말씨다. 기사문 등 글말을 작성할 때에는 글말의 문법에 맞는 말씨를 잘 골라 쓰는 지혜를 창출하여 우리말의 문법을 더 이상 훼손하는 일이 있어서는 안 된다. 국어문법에 대한 바른 지식의 보급이 절실하다.

(『새국어생활』 14.1, 2004, 봄)

우리말의 바른 표현을 찾아서

나는 아이들이 대전에 사는 관계로 차를 몰고 지방 나들이를 하는 일이 많다. 차를 몰고 가다가 보면 가장 눈에 뜨이는 것이 도로 표지판이다.

국립공원 계룡산으로 들어가는 입구에 '지공주'라는 표지판이 있는 것을 보고 처음에는 무슨 뜻인가 하고 어리둥절해 한 일이 있다. '지공주' 아래에 화살표가 있는 것을 보고 '공주 방면'을 뜻하는 표지판인 것을 금방 알아차렸지만 이는 편의주의에 젖어 있는 행정 당국의 실수의 소치임에 틀림없다. "至公州"란 한자 표현은 원래 일제 강점기의 공문서와 이의 영향을 받은 해방 후의 국한문 혼용체의 "自大田至公州; 自午前九時至十一時"와 같은 표현에서 따온 것이다.

한국의 어문 정책이 국한문 혼용으로 지향한다면 어느 정도 받아들일 수 있는 표현이지만 (그래도 안 됨), 한글 전용을 기조基調로 삼는다면 이런 표현은 용인할 수 없다. '공주쪽' 아니면 '공주 방면'으로 당장 고쳐야 한다. 앞의 표현이 단조롭다고 생각하면 뒤의 표현을 택하는 것이 좋다. 한자에 대한 기본 지식이 없는 사람이 '지공주'를 대하였을 때 이를 어떻게 해석하겠는가.

우리 사회에는 한자를 음만 바꾸어 놓으면 바로 한글 전용이 된다고 착각하는 일이 많다. 한자 표현을 한글로 바꾸는 데 있어서는, 많은 경우, 언어 개혁을 수반한다. 그렇기 때문에 한글 전용과 함께 한자 교육의 필요성이 항상 제기되고 있고 한글 전용론과 국한문 혼용론 사이에는 끊임없는 갈등이 일어나고 있는 것이다.

도로 표지판의 지명 표기에는 한글, 한자, 로마자 (영자)의 세 문자를 사용하고 있는데 특히 한자와 로마자 사이에는 그 순서가 들쭉날쭉이다. 아무리 국제화 시대를 맞아 로마자의 비중이 높다고 하더라도 한자의 앞 자리에 배치하는 것은 옳지 않다. 동양의 공통 문자인 한자를 한글 다음에 배치하고 로마자는 끝에 배치하는 것이 명분에도 맞고 여러 가지로 유익한 점이 많다.

'지공주'와 같은 표현은 전라북도에서도 보았다. 이를테면 '지익산'과 같은 표지판이 여러 군데 걸려 있었다. 이로 미루어 본다면 잘못된 도로 표지판은 일차적으로 한국도로공사에 그 책임이 있는 것 같다. 도로 공사는 전국의 도로 표지판을 점검하여 일제의 잔재적인 표현이나 외국어를 그대로 옮긴 표지판이 없는지 조사하여 권위 있는 기관, 이를테면 국립국어원의 자문을 받을 필요가 있다.

나는 얼마 전 "남북의 창"이라는 방송을 통하여 북한의 평양에서 남포 사이에 고속도로가 개통되었다는 뉴스를 들은 일이 있는데 두 도시 사이에는 두 개의 '갈림길'이 있다고 보도하였다. 이 갈림길이 우리의 '분기점'을 뜻하는지 아니면 '인터체인지'를 뜻하는지 잘 모르지만 한국의 고속도로의 이름에는 영어와 일본어의 표현을 그대로 갖다 쓰는 일이 거의 관습화되어 있다. 톨게이트만 하여도 처음부터 '요금 정산소'로 번역하였으면 많이 보급되었을텐데 영어를 그대로 사용하고 있으니 요금 정산소가 오히려 더 소원하게 느껴진다. 그러나 일본어의 '路肩'을 그대로 갖다 쓰는 데 대한 비판이 일어나자 '갓길'로 바꾸어 벌써 고속 도로 용어로 정착되어 가고 있다. 이렇게 노력만 하면 자연스러운 우리말의 표현법을 얼마든지 개발할 수 있다. 앞의 분기점도 내 생각 같아서는 북한과 같이 '갈림길'로 바꾸는 것이 좋다고 생각한다.

나는 지난 여름 지방대학에 근무하는 한 젊은 교수의 방문을 받은 일이 있다. 문을 두드리면서 '○○ 대학'의 '박○○ 선생입니다'라고 말하면서 얼굴을 내밀었다. '선생'은 남을 높여 부르는 말로 성이나 직함 밑에 붙여 쓰는 것인데 자신을 '아무개 선생'이라고 소개를 하니 이는 자기가 자신을 높이는 것으로 문법에는 물론이고 우리의 윤리 의식에도 어긋난다. 우리말의 주체를 높이는 '-시-'가 자신에게 사용할 수 없다는 것을 알면 이런 표현은 언어도단이다. '○○ 대학의 박○○입니다' 아니면 '○○ 대학 교수 박 아무개'라고 말해야 한다.

요즘 전화를 받으면 '○○ 대학의 김○○ 교수입니다'라고 자신을 소개하는 일을 많이 들을 수 있다. 이 역시 옳은 표현이 아니다. '아무 대학교 교수 김○○입니다'로 자신을 소개해야 한다. '교수'는 좁은 뜻으로는 대학의 정교수를 뜻하나 넓은 뜻으로는 조교수로부터 정교수를 포괄하는 뜻으로 사용하기도 한다.

요즈음 한국에서는 대학 강사는 물론, 학원의 강사도 교수라 불러 교수의 사용 범위가 너무 확대되어 가고 있다. 외국에서는 정교수 외에는 '교수'라는 말을 쓰지 않는다. '교수'란 말은 일종의 직함인데 학생들 사이에서 교수를 부를 때 '교수님'이라 부르는 것이 보편화되어 가고 있다. 이 말 역시 옳지 않음은 '교장님, 교감님, 교사님'이란 말이 쓰이지 않음을 보아도 알 수 있다. 아무개 선생님이라고 부르면 교수든지 강사든지 통용될 수 있으니 얼마나 좋은 부름말인가!

몇 년 전부터 세계화의 영향인지 모르나 "좋은 하루 되세요, 좋은 오후 되세요"란 말이 벌써 우리의 언어 생활 속에 깊이 침투하고 있다. 특히 백화점의 점원들은 이 말을 예사로 사용한다. 이런 표현은 영어 등의 서양식 인사말을 그대로 번역한 말이다. 우리의 고유의 인사말에는 아침을 들기 전에는 '잘 주무셨습니까'와 같은 표현을 써 왔고 아침을 든 후나 점심이나 저녁을 든 후에 만나면 '아침/점심/저녁 잡수셨습니까/드셨습니까'를 사용하여 왔으며 헤어질 때에는 '살펴 가십시오' (경상도 사투리로는 '단디이 가입시더') 정도를 사용하여 왔다.

근년에 와서 '안녕하세요, 안녕히 계십시오, 안녕히 가십시오'가 널리 보급되어 한국을 대표하는 인사말이 되어 가고 있다. 굳이 '아침'과 '저녁'을 구별하고 '하루'를 쓰고 싶다면 '하루 (또는 오후, 저녁)를 즐겁게 보내세요' 정도가 우리말에 알맞은 표현법이 될 것이다. 세계화란 외국것을 흉내 내는 것이 아니다. 외국것을 받아들이되 한국의 토양에 맞게 가공하는 절차를 밟아야 한다. 그래야만 참된 한국것이 창조될 수 있고 이를 바탕으로 외국에 진출하면 그것이 세계화로 가는 지름길이 된다.

(『語文生活』 38, 2000. 12)

제2부

수상류

이극로 박사의 인생철학*

올해는 고루 이극로 박사가 태어난 지 일백 스무돌이 되는 해이다. 고루 이극로 박사 (이하 아호인 '고루'라 부름)는 1893년 8월 28일 경상남도 의령군 지정면 두곡리에서 태어났다.

고루는 갖은 고난을 무릅쓰고 독일 유학길에 올라 드디어 『중국의 생사공업』을 주제로 베를린대학에서 경제학 박사학위를 취득하였다. 고루는 우리 민족이 일제의 압박에서 벗어나는 길은 우리말 (우리말)과 우리글 (한글)을 수호하고 발전시키는 길밖에 없다고 생각하고 귀국과 동시에 〈조선어학회〉에 입회하였으며 동시에 〈조선어사전편찬위원회〉를 구성하였다.

다른 한편 고루는 동지들과 함께 한글맞춤법을 제정하고 우리 민족이 어디든지 두루 쓸 수 있는 표준말을 사정査定한 바탕 위에서 우리말 사전의 편찬을 마무리하는 데 선도적인 역할을 하였다. 일본 제국주의자들은 우리말에 대한 연구와 보급 운동을 독립 운동으로 간주하고 우리의 어학자들을 체포하여 갖은 고문을 가하면서 3년 동안 감옥살이를 시켰다. 일제는 고루를 우리말 운동의 주모자로 간주하고 징역 6년의 언도를 내렸다.

우리의 어학자들이 해방 전에 우리의 말과 우리의 글을 정리해 놓지 않았더라면 해방을 맞이하였을 때 우리의 우리말 교육이 정상적으로 가동稼動될 수 있었겠는가를 생각하면 등골이 오싹해진다. 해방이 되기까지는 우리 민족사회의 공용어는 일본어였다. 당시 나는 초등학교 2학년이었는데

---

* 이 글은 이극로 탄생 120주년 기념강연회 (2013. 8. 28, 한국언론 진흥재단 19층 기자회견장)에서 읽었다는 것을 밝혀 둔다.

교사가 우리말로 수업을 하다가도 '고초센세이' ('교장 선생'의 일본말)가 교실 앞을 지나가면 얼른 일본말로 바꾸어 버리던 것을 생생하게 기억하고 있다.

고루는 독일에서 돌아오는 길로 우리말 수호운동을 주도하면서 〈동아일보〉, 〈조선일보〉 등의 민족 일간지와 『新東亞』, 『朝光』 (월간 『朝鮮』의 전신) 등의 우리말 월간 잡지에 우리 민족의 결함을 극복하는, 사회 사상에 관련된 소품小品을 많이 발표하였다. 이를테면 풍수 지리, 미신과 조혼 폐습의 타파, 공중 도덕의 선양, 민족 고유의 운동 경기의 현대화와 대중화, 씨름 장려, 유치원 교육의 활성화, 언론 자유의 신장 등을 들 수 있다.

고루의 사회 사상은 이미 개화기의 유길준과 주시경, 박승빈 등의 애국 계몽 사상가들의 연장 선상에서 형성된 것이지만 독일을 비롯한 유럽과 세계 여러 나라를 견문하면서 터득한 사상 체계란 점에서 그 가치를 새로이 평가할 필요가 있다. 사회 사상 밖에도 자신의 인생 철학에 관련된 소품도 적지 않게 발표하였다. 이를 중심으로 고루의 인생 철학을 더듬어 보기로 한다.

고루는 단재丹齋 신채호申采浩의 서거에 즈음하여 『朝光』 (1936. 4) 특집호에 「서간도시대의 선생」이라는 회상기를 기고하였는데 여백을 이용하여 '나의 경구警句'라는 계명誡命을 공개하였다.

> 첫째, 육체의 안락을 위하여 정신의 고통을 사지 말라.
> 둘째, 매사에 제 책임을 다하라.
> 셋째, 시간 약속은 근대식으로 정각을 지키라.
> 넷째, 사람마다 장처 (長處)와 단처 (短處)가 있는 것이니 매사에 남의 단처는 관계하지 말고 장처만 취하라.
> 다섯째, 개인 일생의 활동이 사회 영생 (永生)의 번영에 일점이라도 도움이 된다면 다행이니 제 생전에 무슨 결과를 보려고 구구하지 말라.

네 번째는 단재와의 교우에서 터득한 것으로 보인다. 고루는 단재 신채호를 1914년 서간도 환인현에서 처음 만났고 1919년 상해에서도 만났다. 그는 앞의 회상기에서 단재의 장단점을 다음 네 가지로 열거하였다.

1) 글은 잘 쓰지만 글씨는 잘못 씀 (能文不能筆)
2) 이야기는 잘 하지마는 연설은 잘못함 (能座談不能演說).
3) 영문에 능통함
4) 강직한 사필 (史筆)

단재뿐만 아니라 사람들은 누구든지 장단점을 지니고 있다. 고루가 우리 어문에 대한 일가견을 가지고 있는 어학자들을 규합하여 우리말 규범의 제정을 성사시키기까지는 장점을 수용하고 단점을 덮어 두라는 위의 경구를 좌우명座右銘으로 삼은 것과 관련이 있어 보인다. 실제로 어떤 어학자는 자신의 견해가 수용되지 않는다고 자리를 박차고 나가는 일이 많았다고 하는데 고루는 "민족의 대업을 성취하는 마당에 자기의 고집을 부려서야 되겠는가"라고 하면서 다독거려 회의를 원만하게 이끌어 나갔다는 일화를 남기기도 하였다. 사실 고루와 같은 멸사봉공滅私奉公하는 사람이 없었더라면 우리말 규범 정리가 성사되기 어려웠다고 한다. 시간 약속을 정확하게 지키라는 경구는 독일 유학을 통하여 터득한 사례로 보인다. 독일 사람의 전형적인 성격이 'pünktlich' (시간을 엄수하는)임은 널리 알려져 있다. 이상과 같은 고루의 좌우명은 우리말 규범 제정 과정에서 확립된 것으로 보인다.

고루는 성공의 세 가지 덕목으로 다음 셋을 들었다.

첫째, 원대한 이상과 희망을 가질 것
둘째, 백절불굴 (百折不屈)하는 인내력을 가질 것
셋째, 분투하는 용기와 열성을 가질 것

(『學燈』 1936. 3-자구 수정)

위의 세 덕목은 고루가 베를린 대학에서 학위 증서를 쥐고 나올 때 그 나름대로 확립한 것이다. 위의 덕목은 10대의 무단 가출에서 시작하여 은단 장수를 하면서 마산 창신학교를 다니고 … 중국 환인현에서 잠깐 머물다가 하얼빈을 거쳐 러시아의 치타까지 가서 머슴살이를 하고 … 상해로 와서 동제대학 예과를 다니고 … 베를린 대학에서 조선어를 가르치고 … 일본의 조선 침략을 고발하고 … 브뤼셀의 약소 민족 대회에 참석하여 일제를 성토하는 등의 우여곡절迂餘曲折을 겪고 마침내 베를린 대학에서 경제학 박사학위를 받은 고루에게서 저절로 우러나온 것으로 보인다.

고루는 반생을 살아오는 동안에 실패는 없고 성공만 있었으며 구사일생九死一生에서 목숨을 건진 것이 한두 번이 아니었다. 무슨 일이든지 계획을 세워 놓고 일을 하는 것이 아니라 옳다고 여기면 바로 물불을 가리지 않고 돌진한다는 것이다. 고루가 자신의 호를 달리 '물불'이라 지은 것이 바로 자신의 인생 철학을 대변하는 것이다.

먼저 고루는 1937년 한 해를 결산하는 자리에서 우선 조선어학회의 사업이 순조롭게 진행되어 가는 것을 들었다 (『조광』 1937. 1). 여기서 말하는 조선어학회의 사업이라는 것은 1937년부터 시작된 『조선어대사전』 (뒤의 우리말 『큰사전』의 원래 이름)의 편찬을 가리킨다. 다음으로는 고루 자신이 수년 전부터 기획하여 오던 〈조선기념도서〉의 출판을 들었다. 이는 변호사 이 인李仁이 양친의 회갑 축하 비용을 절약하여 김윤경 선생의 『조선문자급 어학사』의 출판을 가능하게 하였다는 일화를 가리킨다. 김윤경 선생의 저서 출판의 이면에 고루의 노력이 뒷받침되어 있다는 것은 별로 알려지지 않았다. 고루는 이밖에도 자기 손으로 처마밑 공간을 이용하여 서재를 만들고 장롱을 실용에 적합하게 개조한 것도 성공 사례로 들었다.

다음으로 고루가 구사일생九死一生에서 살아난 사례를 보기로 한다. 고루는 1914년 백두산에서 동료들과 함께 사냥을 하다가 마적단에게 붙잡혀 죽을 고비에 직면하였다. 마적 두목은 고루를 사냥꾼 일행의 총수總帥로 지목하고 나무에 달아 맨 채, 철창에 불을 달구어 발을 지지는 등의 극형을 서슴지 않았다. 고루는 총살을 당하기 직전에

> 당신이 내가 되었다면 죽음의 최후를 당하여 그 총 몇 자루와 웅담 얼마를 생명과 바꾸려 하겠소

와 같이 마적 두목을 향하여 고함을 치면서 전 후사정을 사실대로 실토하였다. 고루의 하소연을 들은 마적 두목은 드디어 고루 일행을 풀어 주었다(『조광』 3, 1937).

또 한 가지는 고루가 독일 유학을 마치고 세계 일주를 하는 도중에 겪은 일이다. 고루는 1928년 6월부터 한달 동안 미국에 머물면서 서재필 박사와 이승만 박사도 만나고 홍인종 보호 구역을 시찰하기도 하였으며 동포들을 대상으로 하여 한글에 관한 강연도 하였다. 그러면서 고루는 미국의 국립공원 그랜드 캐니언Grand Canyon을 답사하였다 (동아일보 1937. 7. 18). 폭이 50리이고 길이가 천여 리에 달하였으며 비행기도 이착륙離着陸할 정도의 넓은 공간을 차지하고 있었다. 말이 지하이지 그 속에는 강과 산이 있어 그 자체가 하나의 거대한 별세계를 이루고 있었다. 고루는 지하 동굴을 답사하다가 갑자기 불어닥친 폭풍우에 휩쓸려 목숨을 잃을 뻔하였는데 요행히 바위를 부여잡고 간신히 살아났다.

끝으로 고루가 장진호 뱃놀이를 하다가 겪은 일화를 소개하기로 하겠다. 고루는 세계 일주를 마치고 귀국과 동시에 조선어 연구회에 입회하고 8개월 동안 한반도를 비롯하여 북간도와 서간도를 둘러보았다. 고루는 지방 유지와 함께 작은 보트를 타고 장진호에서 뱃놀이를 하였다. 그런데 출항하자마자 풍랑이 일어 배가 이리 기웃 저리 기웃하면서 침몰하기 시작하였다. 그때 고루는 기지機智를 발휘하여 밀가루를 비롯하여 배에 실었던 모든 짐을 물속에 던지고 쓰고 있던 맥고 모자를 벗어 배 안에 고여 있던

물을 퍼내어 배가 가라앉는 것을 막았다. 같이 배를 탄 사람들은 죽는 줄 알고 체념하고 있었는데 고루의 기지 발휘에 힘입어서 모두 목숨을 건졌다. 고루는 어떤 경우, 어떤 사선死線에 처하더라도 정신을 잃어서는 안 된다고 하면서 우리 속담의 "호랑이한테 물려 가도 정신만 차리면 산다"라는 속담을 인용하였다 (『조광』 1936. 8).

고루의 인생 철학은 두 편의 옥중 수양 표어를 통해서도 엿볼 수 있다 (『고투 40년』에서).

士道三素 (선비 도의 세 가지 근본)

1. 感天至誠心　하느님이 느끼는 정성스런 마음
2. 硏成專能力　힘써 이룬 오로지 능한 힘
3. 共榮大公德　함께 잘 사는 큰 공중도덕

道生箴一 (도로써 산다)

1. 經事得道　일을 경험하여 도를 얻었으니
2. 是爲眞道　이것이 참 도가 되고
3. 得道自生　도를 얻어서 절로 사니
4. 是爲眞生　이것이 참 사는 것이다

앞에서 본 바와 같이, 고루는 "조선어학회사건"에서 징역 6년 형을 언도받았다. 동료들과 함께 3년간의 악형에서 목숨을 부지해 낸 것은 '士道三素'에서 설파한 대로 '共榮大公德'으로 귀일하는 선비의 도를 지키고, '道生箴一'에서 보는 바와 같이, 온갖 고난을 무릅쓰고 '得道'의 경지에 이르렀기 때문이었다.

1950년대 전반 진주와 의령 일대에는 이극로 박사는 "짚신을 신고 축지법縮地法을 쓰면서 걸어서 독일 유학을 갔다"라는 신화가 퍼져 있었다. 이는 물론 과장된 표현이지만, 앞에서 본 바와 같이, 고루가 '九死一生'의 험

로를 걸어온 역정을 단적으로 대변한 일화로 해석된다. 고루는 1913년 민족 해방에 헌신하고자 군사학을 공부하러 러시아로 가다가 치타에서 머슴살이를 하는 중에 춘원 이광수를 만난 일이 있다. 당시 이광수는 『정교보』正教報 편집차 치타에 와 있었는데 자기가 입은 외투를 고루에게 벗어 주었다는 일화는 너무나 유명하다 (박계주 · 곽학송 『춘원 이광수』, 삼중당, 1962). 이광수는 그의 자서전에서 조선어학회를 수십 년간 지켜온 그 인내력으로 볼 때 걸어서 독일로 갔으리라고 생각하고 싶을 정도라고 하였으니 (『나의 고백』, 1949), 진주 · 의령 지방에서 위와 같은 신화가 탄생된 것이 결코 우연이 아님을 알 수 있다.

고루는 해방 전에는 독일 유학시 일제의 침략을 고발하고 귀국하여서는 우리말 규범 제정과 사전편찬에 혼신渾身의 정력을 바쳤다. 해방 후에는 조선어학회를 재건하여 우리 어문의 회복과 발전에 큰 공을 세웠으며 '세종 임금 한글 펴니 스물여덟 글자 … '로 시작하는 한글날 노래를 짓기도 하였다. 고루는 김구의 남북 협상 때 북으로 가서 그곳에 머물러 북한의 우리말 연구를 이끌고 특히 "문화어운동"을 일으켜 민중과 같이 숨쉴 수 있는 고유 어휘의 발견과 쉬운 글 쓰기에 많은 공적을 쌓았다.

고루가 이런 어려운 일을 해 내기까지는 죽을 고비를 수많이 겪었으며 그러는 과정에서 우리가 거울로 삼아야 할 교훈을 많이 남겼다. 이러한 고루의 업적과 정신을 이어받는 것은 우리 후손의 몫이며 이는 동시에 끊어진 민족의 핏줄을 하나로 이어 주어 민족 통합의 기틀을 마련할 수 있으리라 믿어 의심치 않는 바이다. 탄생 120돌을 맞아 다시 한번 고루 이극로 박사의 활동과 업적을 되새기를 바란다.

(『새국어생활』 23. 2, 2013. 여름)

고루와 〈한글노래〉

나는 1944년 4월에 초등학교에 입학하여 이듬해 1945년에 해방을 맞았다. 3학년 때 고루 이극로 박사가 작사하고 채동선 선생이 작곡한 〈한글노래〉를 배웠으며 매년 10월 9일 한글날 기념식 때 불렀던 기억이 생생하다. 지난 9월 중순 경남 진주시 이반성초등학교 동기 동창회 때 편곡된 〈한글노래〉를 틀어 놓고 힘차게 부르기도 하였었다.

한편 인터넷에는 경기고등학교 50회 (1954년) 졸업생인 유만형이란 분이 '내가 부르던 한글 노래'란 글을 싣고 어렸을 배운 한글 노래를 불렀다는 이야기가 소개되어 있다. 이 사실은 서울대 국어교육과 김종철 교수가 알려 주었다는 것을 밝혀 둔다. 여기에는 가사 1절만 어설프게 (?) 소개되어 있지만 유만형이란 분이 나보다 2년 위이니 초등학교 4~5학년 때 〈한글노래〉를 배웠음에 틀림없다. 구글에서 '채동선 작곡 한글 노래'를 검색하면 내용을 볼 수 있다.

그러다가 1951년 한글날부터는 최현배 작사 박태현 작곡 〈한글날 노래〉가 불려졌다. 그것은 이극로 박사가 남북 협상차 평양으로 간 김구 선생을 따라갔다가 북한에 남게 됨에 따라 이 박사의 〈한글노래〉가 금지곡이 되었기 때문이다. 지금은 한글을 소재로 한 노래가 많이 나와 있지만 해방 당시에는 고루 이극로 박사의 〈한글노래〉밖에 달리 볼 수 없었다.

먼저 고루 이극로 박사가 작사하고 작곡가 채동선 선생이 작곡한 〈한글노래〉의 전문 (3절)을 보이기로 한다.

한글노래

1. 세종 임금 한글 펴니
   스물 여덟 글자,
   사람마다 쉬 배워서
   쓰기도 편하다.

〈후렴〉

슬기에 주린 무리
이 한글 나라로,
모든 문화 그 근본을
밝히러 갈꺼나

2. 온 세상에 모든 글씨
   견주어 보아라,
   조리있고 아름답기
   으뜸이 되도다.

3. 오랫동안 묻힌 옥돌
   갈고 닦아서
   새 빛나는 하늘 아래
   골고루 뿌리세.

위의 〈한글노래〉는 해방을 맞은 1945년 10월 9일 한글날 기념식 때 애국가와 함께 처음으로 불려졌으며 1946년부터 한글날 행사 때에 각급 학교에서 불려졌다. 악보는 『여성문화』(1945. 12), 『무궁화』 1권 2호 (1946. 2)를 비롯하여 중등 음악 교본에도 실린 바 있다. 자세한 사정은 리의도 교수 (춘천교대)의 「한글노래의 변천사」(『국어교육연구』 49, 2011)를 통하여 엿볼 수 있다. 작곡한 사람은 채동선蔡東鮮 선생 (1901~1953)이었다.

채 선생은 경기고보 (현 경기고의 전신)를 거쳐 일본 와세다 대학에서 영문학을 전공하였으며 1920년대 중반에 독일로 가서 베를린 슈테른 음악

원에서 바이올린과 음악이론을 전공하였다. 1929년에 귀국하여 이화여자전문학교에서 봉직하였으며 해방 후에는 작곡에 전념하였다. 연대로 볼 때 이극로 박사와 같은 시기에 베를린 유학을 하였으니 일찍부터 친면이 있었던 것으로 보이며 이런 인연으로 작곡을 부탁하지 않았나 한다.

여기서 한 가지 밝혀 둘 것이 있다. 북한에서 나온 정순기 등이 저술한 『조선어학회와 그 활동』(과학백과사전출판사, 2000, 한국문화사 영인본, 2001, 24쪽)을 보면 위의 〈한글노래〉가 일제 강점기에 창작 · 보급된 것으로 기술되어 있다. 물론 여기에는 작사자를 밝히지 않고 있다. 하지만 〈한글노래〉는, 앞에서 본 바와 같이, 1945년 10월 9일에 처음으로 불려졌으며 더욱이 가사의 내용으로 볼 때 해방 전에 작사되었다는 흔적이 전혀 보이지 않는다. '한글 나라'와 '새 빛나는 하늘 아래'의 두 구절을 보더라도 해방을 맞아 새로운 문화 국가를 건설하겠다는 의욕이 내재되어 있음을 쉬이 짐작할 수 있다.

〈이극로박사기념사업회〉에서는 우선 한글노래의 작곡가 자필 필사본(고루소식지 3호에 원광대 최경봉교수가 소개함)을 컴퓨터로 정사淨寫한 악보를 싣고 이에 피아노 반주 (편곡: 고병량)를 붙여 악보와 미디음원을 YouTube에 공개하려고 한다. 아무쪼록 고루의 〈한글노래〉가 다시 햇볕을 보아, 조국이 통일되는 날, 해방 후처럼, 다시 삼천리 방방곡곡 울려 퍼질 것을 기대해 본다. 참고로 작곡가 자필 필사본의 컴퓨터 정사본과 반주 붙은 악보를 공개하니 고루 이극로 박사의 〈한글노래〉가 널리 보급되기를 바라는 바이다.

(『고루소식지』 제6호 2015, 겨울; 『한글새소식』 522, 2016. 2)

* 위의 두 게재지에는 〈한글노래〉 컴퓨터 정사본과 〈한글노래〉 피아노 반주 편곡본 (고병량 편곡)이 붙어 있었으나 이곳에서는 생략하였다.

고루의 발자취를 찾아서

- 독일 여행기 -

올 초여름 (5. 15~6. 15) 나는 독일 훔볼트 재단 (Alexander-von-Humboldt Stiftung)으로부터 1개월간의 갱신 연구 장학금 (Erneutes Stipendium)을 받아 라이프치히 소재 막스플랑크 진화인류학연구소와 만하임 (Mannheim) 소재 독일어 연구소 (Institut für Deutsche Sprache)에서 연구할 기회를 얻었다. 독일 방문의 목적은 현재 진행하고 있는『우리말문법통론』(뒤에『우리말문법, 그 총체적 모습』으로 개제함)의 기초 이론을 전문가들과 만나 확인하는 한편, 그 사이 적조하였던 친지들의 얼굴도 보고 독일어 사용권의 문화를 다시 한번 피부로 접해 보는 기회를 얻기 위함이었다.

처음 발을 디딘 곳은 4년 전에 인연을 맺은 막스플랑크 협회 산하 진화·인류학연구소였다. 이 연구소는 인간과 유인원類人猿의 유전자, 문화, 인지 능력, 언어 및 사회 조직을 연구함으로써 인류의 역사를 밝힐 목적으로 1997년에 창설되었다. 이 연구소가 2005년에 완성한『세계 언어 지도』는 지구상의 언어의 유형적 특징을 지도로 표시한 것인데 현재 언어 유형론 연구의 필수 문헌이 되어 있다. 나는 프랑크푸르트 공항에 내리자마자 바로 고속철 이체에 (ICE)를 타고 라이프치히로 향하였다.

다음날 나는 고루 이극로 박사가 북한에서 우리말의 '력점' (앤센트) 연구를 수행할 때 참고한 에쎈 (O. Essen) 교수의『일반 · 응용음성학』(*Allgemeine und angewahndte Phonetik*) (1952)를 탐색하기로 하였다. 막스플랑크 연구소 바로 맞은 편에는 독일 국립 도서관 (옛 이름: Deutsche

Bücherei)이 자리 잡고 있어서 위의 책을 검색하여 보니 마침 이 도서관에 소장되어 있었다. 나는 이를 복사하고자 사서에게 교섭하여 보았으나 귀중 도서이기 때문에 관람 요일도 토요일과 월요일로 제한되어 있고 복사도 25쪽만 가능하다고 하였다. 이런 상태로는 고루의 음성학 세계를 알기가 어렵다고 생각하고 언어학부 치쎄프스키 (Cissewski) 비서에게 내가 조만간 방문하기로 되어 있는 만하임의 독일어 연구소의 도서관을 검색해 보라고 부탁하니 마침 소장되어 있었다. 그곳에서는 아무런 제약 없이 열람할 수 있고 스캔도 자유롭게 할 수 있다고 하였다. 나는 곧 당시 독일어 연구소에서 방문 연구원으로 일하던 조원형 박사 (서울대)에게 바로 연락하여 스캔본을 얻을 수 있었다.

고루는 1923년 8월에 베를린에 유학하고 있었던 전 국회의원 김준연金俊淵, 김필수金弼洙와 함께 슬라브 민족의 한 분파인 벤덴족의 거주지인 슈프레발트 (Spreewald)를 현지 답사한 일이 있다. 고루의 부전공은 인류학이었다. 고루가 이곳을 방문한 것은 독일 안의 소수 민족이 수백 년 동안 어떻게 자기의 언어와 문화를 지키며 살아가고 있는가를 연구함으로써 앞으로 우리 민족이 일본의 지배 아래에서 우리의 언어와 고유 문화를 지켜 나갈 수 있는 교훈을 얻는 데 목적이 있었던 것이 아닌가 한다.

나는 고루가 바로 90년 전에 답사한 슈프레발트를 탐방함으로써 고루의 발자취를 찾기로 하였다. 1998년 9월에 바로 이곳에서 제2차 동서언어학집담회가 열린 바 있는데 나는 이상억 교수 (서울대)와 함께 논문 발표도 하고 이 일대를 관광한 일이 있다. 당시는 내가 고루에 대하여 관심을 가지기 훨씬 전이어서 이 일대를 관광하는 것으로 그치었었다. 그 뒤 고루의 일대기一代記를 알고 나서는 내 발로 고루의 발자취를 찾는 것도 뜻이 깊을 것 같아 슈프레발트 행을 결심하였다.

5월 25일 라이프치히에서 9시에 출발하는 코트부스 (Cottbus) 행 근거리 지역 기차를 타고 칼라우 (Calau)역에서 슈프레발트로 가는 기차를 갈

아탔다. 칼라우역은 고루 일행이 바로 90년 전 슈프레발트를 탐방할 적에 환승한 바로 그 역이었다. 칼라우역은 고색이 창연한 시골역으로서 역 이름도 구명舊名을 병기할 정도였다.

나는 역에서 10여 분 배 타는 곳까지 걸어가면서 지금도 집성촌에서 살고 있는 벤덴족의 생활상을 피부로 접하였다. 1998년 당시는 베를린 한국학 그룹들이 우리와 함께 동행하면서 슈프레발트 일대에 얽힌 이야기를 들려 준 바 있어서 이곳에 대한 지식을 어느 정도 갖추고 있었다. 나는 목선을 타고 당시 들은 기억을 되살리면서 뉘른베르크에서 온 젊은 부부와 이야기를 주고 받으며 승선乘船 관광을 즐겼다. 특히 이번에는 고루의 90년 전의 발자취를 찾는 데 탐방의 목적을 두었기 때문에 감회가 남다른 바가 있었다.

고루는 한 민족이 설사 남의 압박을 받으면서 살아도 자신의 언어와 문화를 지켜 나가면 언젠가는 그 대가가 자신에게 돌아온다는 교훈을 얻었을 가능성이 많다. 고루가 귀국 후 자신의 전공을 접어 두고 우리말 수호 운동에 심혈을 기울인 것은 독일 유학시의 인류학적 체험이 밑바닥에 깔려 있기 때문이 아니었는가 한다.

(『고루 소식』 2014 겨울)

白石 선생과 나

오늘의 '나'가 있기까지 나는 가정적으로는 부모님과 형님 내외분의 보살핌이 가장 컸고 사회적으로는 초등 학교와 중 · 고등학교 시절의 은사님들의 가르침이 큰 밑거름이 되었다.

우선 초등학교 5, 6학년 때 담임을 맡으셨던 김광주 선생의 가르침이 머리에 떠오르고 고등학교 때 나를 아껴 주시던 조진대, 이종국 선생의 얼굴도 잊기 어렵다. 조진대 선생은 소설가로도 활약하셨지만 당시 고전문법을 잘 가르쳐 주시던 분으로 진주 지방에는 이름이 나 있었다. 수십 년 전에 작고하셨다. 이종국 선생은 글씨 잘 쓰시던 분으로 선망의 대상이 되었던 분인데 지금 무엇을 하고 계시는지 소식을 들은 일이 없다. 중학교 시절의 선생님 가운데서 오늘 내가 걸어가고 있는 방면과 관련시킬 때 생각나는 분은 백석 조문제 선생이시다.

1950년 6 · 25가 나던 해 나는 시골의 면사무소 옆에 자리잡고 있던 한 초등학교를 마치고 마산상업중학교에 입학하였다. 수업이 시작된 지 몇 주일이 되지 않아 6 · 25 사변이 터졌다. 새로 받은 교과서 가운데서 몇 권이나 책장을 펴보았는지 기억이 없다. 영어와 수학을 몇 시간 배운 것 이외에는 도무지 되살아나는 것이 없다.

인민군들의 남하 소식을 들으며 우리는 곧 방학에 들어갔다. 인민군은 우리가 사는 진양군 동부를 지나 마산에까지 육박해 있었다. 때로는 우리 마을이 전쟁터가 되어 부모님과 함께 이 고을 저 고을로 피난을 다니기도 하였다. 비행기 폭격으로 생명에 위협을 받은 일도 많았다. 추석 무렵 인민군은 물러가고 유엔군이 우리 집앞을 지나갔다. 그해 늦은 가을 학교가 열렸다는 소식을 듣고 아버님과 함께 쌀자루를 짊어지고 마산으로 갔다.

학교 건물은 수도 육군병원으로 변해 있었고 구마산 어느 유치원 마당에 학년별로 앉아서 수업을 받고 있었다. 이영순 교장 선생의 사택을 교무실로 쓰고 있었다. 얼마 후 학교는 정상을 되찾아 학생 수가 늘어나고 하여 무학산 기슭 서원골 골짜기 개울가에서 바윗돌을 의자로 삼고 판자를 책상으로 삼아 공부를 하였다. 이어 신마산 피난민 수용소로 옮겨 1학년을 마쳤다. 백석 선생을 나는 이곳에서 알게 되었다.

백석 선생은 6학년 담임을 맡고 계셨으며 문리과 대학을 졸업한 굉장히 실력 있는 교사로 이름나 있었다. 어느 더운 여름날 1학년 학생을 모아 놓고 '말본' 수업을 하셨다. 그전에도 정창근 선생으로부터 '말본'을 몇 번 배우기는 하였지만 '나란히꼴' 등 용어가 너무 어려워서 재미를 느끼지 못하고 있었다. 나는 그때 백석 선생으로부터 어떤 내용을 배웠는지 전혀 기억할 수 없다. 그렇게 어렵고 성가시게 느껴지던 말본 과목이 백석 선생의 수업을 들은 다음부터는 어떤 과목인가 하는 것을 어렴풋이나마 터득할 수 있었다. 우리 1학년생들이 백석 선생의 막힘 없고 조리 있는 수업을 귀 기울여 들었다는 당시의 교실 분위기가 지금도 내 머릿속을 오가고 있다.

지금 생각하니 그때의 교재는 최현배 선생의 『고등말본』(1949)*이었던 것 같다. 2학년이 되면서부터 중·고등학교가 분리되어 백석 선생은 '마산상업고등학교'로 가시고 우리는 '마산동중학교'라는 새로 태어난 중학교를 다니게 되었다. 이리하여 나는 백석 선생으로부터 더 배울 기회를 놓치고 말았다. 나는 마산에서 중학교를 마치고 고등학교는 진주로 옮겼다.

고등학교 2학년 무렵 나는 경전선 통학 기차 안에서 백석 선생을 3년 만에 뵐 기회가 있었다. 당신께서도 진주고등학교를 졸업하셨다고 하시면서 기회가 닿으면 모교로 오고 싶다고 하신 말씀이 귀에 쟁쟁하다. 지금

---

* 우리가 배운 문법 교과서는 『고등말본』이 아니고 1948년에 나온 『중등조선말본』의 개제판인 『중등말본』이었음을 뒤에야 알았다. 필자의 『최현배의 학문과 사상』(집문당, 1995, 216, 631쪽)과 『역대한국문법대계』 ①47의 해설 참조.

생각하니 그때 선생께서는 진주 해인대학 (마산 경남대 전신)에 적을 두시고 마산과 진주를 왕래하셨던 것 같다. 내가 서울대학교에 입학하자 선생은 서울사대부고로 자리를 옮기셨다.

대학에 다니면서 나는 부고 졸업생을 통하여 백석 선생의 소식을 자세히 듣고 있었다. 내가 우리말과 글에 대한 연구의 뜻이 서면서부터 선생과 멀리서 혹은 가까이서 뵐 기회가 잦아졌다. 오늘날 내가 우리말과 글의 연구에 몸담게 된 것도 따지고 보면 38년 전에 보여주셨던 선생의 '도도滔滔한 모습'에서 어떤 감화를 받았는지도 모른다.

선생은 초 · 중 · 고등학교와 대학에서 수많은 후진을 길러내셨다. 이런 교육자의 면모뿐만 아니라 학문에 있어서도 남이 따르지 못한 높은 탑을 쌓으셨다. 특히 지난 20여 년 동안 백석 선생은 개화기의 국어 교육을 비롯하여 외국어 교육에 대하여 깊은 연구를 수행하셨다. 희귀한 자료를 찾아 내어 우리 근대의 언어 교육사를 체계화하셨다.

또 선생은 국어 교과서류를 가장 많이 간수하신 것으로 유명하다. 나는 작년 봄에 한힌샘 주시경 선생의 연구사를 쓴 일이 있다. 내가 초등학교 5학년 때 주시경 선생 전기를 배운 기억이 있어 선생께 당시의 교과서를 가지고 계신가 하고 여쭌 일이 있다. 얼마 뒤 선생은 각급 학교 국어 교과서에 실린 주시경 선생 전기물을 전부 복사하여 보내 주셨다. 나는 이 자료를 바탕으로 연구사를 훨씬 더 알차게 구성하여 『주시경학보』 창간호(1988)에 실을 수 있었다.

이제 백석 선생은 40년에 가까운 교직 생활을 마감하고 교단을 떠나신다. 그러나 선생의 학문은 그 정열, 그 집념으로 미루어 볼 때 한층 더 영글어 갈 것이 틀림없다. 선생의 만수무강을 빌면서 정년퇴임을 기념하는 한 편의 글을 올리는 바이다.

(『白石趙文濟博士停年紀念論文集』, 간행위원회선생, 1989. 5)

언문 자습서 한 권과의 인연

해방이 되던 해, 나는 초등학교 2학년이었다. 1학기를 마치고 여름 방학이 끝나갈 무렵, 어느날 해방의 소식을 들었다. 57년 전의 일이다. 어머니를 도와 식구들과 함께 디딜방아를 찧고 있는데 당시 초등학교 6학년이던 사촌형으로부터 일본이 연합군에게 항복하였다는 소식을 들었다. 8월 17일이 아니었던가 한다. 일본이 전쟁에서 이겨야 하는데 항복을 하였다고 몹시 아쉬워하던 사촌형의 모습이 지금도 눈에 서언하다. 황국신민皇國臣民이 되어야 한다는 교육을 받아 왔으니 그런 생각을 안 가질 수 없었다. 나에게 해방의 기쁨을 알려 준 그 형도 벌써 칠순 고개를 훨씬 넘어서 있다.

나는 아홉 살에 학교에 들어갔는데 한 해 먼저 입학하러 갔다가 나이가 어리다고 되돌아온 기억도 있다. 다음 해에 입학하고 보니 나는 어린 축에 속하였고 나보다 두세 살 위인 사람들이 많았다. 초등학교 1학년이라 해도 연령상으로는 지금의 초등학교 5, 6학년과 다름이 없었다. 학기 중에도 농사일을 거들러 이 마을 저 마을로 다닌 일이 한두 번이 아니었다. 당시 젊은이들은 모두 군대 아니면 징용으로 끌려갔기 때문에 농촌에는 일손이 부족하여 초등학교 1, 2학년 학생들까지 동원하여 보리를 베거나 모심기를 도왔다.

방학 중에는 각종 나무 열매나 소나무 관솔 가지를 채취하여 학교에 가져가는 것이 방학 숙제 (?)였다. 나는 뒷동산의 소나무 둥치에서 송진을 받는다고 나무 껍질을 벗기다가 왼손을 다친 흔적이 지금도 남아 있다. 말이 2학년 1학기를 다닌 것이지 무엇을 배웠는지 도무지 기억이 없다. 나와 아홉 살 차이나는 친형이 있었지만 객지에 나가 있었기 때문에 당시 6학년이던 사촌형이 나의 학업을 많이 돌보아 주었다.

2학년 1학기에는 스무 살도 채 안되어 보이는 나이 어린 분이 우리말과 일본말을 섞어 가면서 우리를 가르쳐 주었었는데 멀찌감치에서 교장 선생이 오는 기색이라도 보이면 얼른 일본말로 말을 바꾸었다. 해방이 된 뒤, 2학기에는 누가 우리반을 맡아 가르쳤는지 도무지 기억이 없다.

추석을 며칠 앞둔 때가 아니었나 한다. 우리의 고향 면에 처음으로 5일장이 선다고 장구경을 가는 사람들이 많았다. 사실 해방 전에는 5개면이 공동으로 이용하는 5일장이 한 군데밖에 없어 장을 보려면 수십리 길을 걷는 것이 예사였다. 나도 어머니를 따라서 새로 서는 장으로 놀러 갔다. 기차역 광장 앞에 여기저기 진귀한 물건과 문방구 종류가 즐비하였다. 언문책 비슷한 것이 눈에 띄었다.

나는 어머니를 졸라 그 책을 사서 밤새는 줄 모르고 읽었다. 학교에서 어느 정도 한글 읽는 법을 배웠기 때문에 그렇게 어렵지가 않았다. 내가 1년 반 동안에 배운 가타가나보다도 훨씬 친근감이 들었다. 앞에는 한글 자모표 (반절표)가 얹혀 있었고 차례로 낱말과 함께 그림이 제시되어 있어서 무슨 뜻인지 대강 알 수 있었다. 특히 자음과 모음을 결합시켜 문자를 만드는 과정은 참으로 오묘奧妙하여 글자 익히기가 여간 재미있지 않았다.

19세기 독일의 언어학자 가벨렌츠 (G. von der Gabelentz)는 자기가 아는 문자 중에서 한글처럼 단순한 문자가 없다고 평가한 바 있는데 누구든지 자음과 모음을 조합하여 문자를 만들어 보면 한글의 과학적 구조에 매료魅了된다. 그때 어머니가 사 주신 책은 일제 강점기에 조선 총독부에서 낸『朝鮮語讀本』을 개편한 언문책이 아니었던가 한다.

나는 해방의 덕택으로 한글을 누구보다도 빨리 깨칠 수 있었고 그것이 계기가 되어 다른 어떤 과목보다도 국어를 좋아하였다. 친형은 그 당시 초등학교 교사로 취직이 되어 나의 공부를 많이 뒷받침하여 주었다. 형은 이윤재의『표준조선말사전』등 당시로서는 구하기 힘든 책을 많이 사 두어 나는 이런 책을 통하여 국어에 재미를 붙였다.

아버지는 농사를 돌보시면서 많은 장서를 쌓아 두고 유학儒學에 정진하는 것을 큰 보람으로 삼아 오셨다. 사실 내가 국학國學의 한 언저리에 서게 된 것도 아버지를 축으로 삼아 형성되어 있었던 가풍家風과 무관하지 않은 것 같다.

중학교에 가서도 나는 계속 국어 공부에 재미를 붙였고 특히 학교장의 훈화 시간에 소리의 장단이 의미를 달리하는 현상에 주목하고는 이 방면의 자료를 혼자 모아 그 원리를 추론해 보기도 하였다. 요즈음 같으면 문법책 한 페이지만 보면 다 해결할 것을 참으로 어리석은 짓을 하였다. 그런 경험이 오늘의 나를 있게 한 거름이었는지 모른다. 당시에는 그런 정보를 알려 주는 책도 없었고 교사들 중에서도 이 방면의 지식을 제 대로 갖춘 사람이 매우 드물었었다.

고등학교에 들어서도 나의 국어에 대한 관심은 늦추어질 줄 몰랐다. 고등학교 시절의 국어 선생님들은 나를 국어국문학과에 진학하도록 많은 배려를 해 주셨다. 1, 2학년 때 국어를 가르쳐 주신 P, M 선생, 오래 전에 돌아가신 소설가로서 고문古文을 맡으셨던 C 선생, 그리고 현대문과 문법을 가르쳐 주시던 L 선생, 특히 L 선생은 당시 외국문학과로 기울어져 있던 나를 장래성을 생각하여 국문과로 진학하도록 지도하여 주셨지만 지금 어디에 계시는지 아직도 소식을 듣지 못하고 있다.

내가 국문과로 진로를 결정한 데는 친구 A의 형의 영향도 적지 않았다. 나는 고등학교 1학년 때 친구의 형이 당시 모든 고등학교 학생들이 선망의 대상으로 삼고 있었던 S대학교 문리과대학 국문과에 재학하고 있다는 것을 알고 방학 중에 찾아 뵌 일이 있었다. 영어로 된 책을 읽는 것을 보고 국문과도 외국어가 필요하냐고 친구에게 물었던바 S 대학교 국문과에 진학하려면 외국어를 잘 해야 한다는 점을 일러 주었다. 나는 그때부터 독일어 공부에 많은 힘을 기울였다.

그리고 나보다 한 해 먼저 문리과 대학 국문과에 입학하였던 고등학교 선배였던 P형은 교내에서 발행되던 동인지에 실린 나의 글을 보고는 합격을 장담하였다. 어떻게 운이 좋아 나는 숙망의 문리과대학 국문과에 합격하였다. 이런 분들의 격려와 협조가 없었더라면 시골의 한미한 대학에 진학하였을 줄도 모른다. 이어 대학원을 마치고 얼마 안 있어 모교의 전임강사로 발탁되어 무사히 정년을 마칠 수 있었다.

해방 후 한 시골 장터에서 우연히 눈에 띈 한 권의 언문 자습서로 말미암아 나는 국어를 좋아하게 되었고 그것이 기연機緣이 되어 국어를 연구하고 가르치는 일터에서 나의 푸른 꿈을 실현할 수 있었다고 생각하니 이보다 더 감개 깊은 일이 있겠는가!

더구나 고등학교 시절 열심히 해 두었던 독일어 독해력에 힘입어서 훔볼트 재단의 연구 장학금으로 세 차례 독일을 공식방문하는 혜택도 입었다. 이는 오직 천지신명天地神明이 도와 준 덕분이다. 그러나 지난날을 돌이켜 보면 내보일 만한 것이 아무것도 없다. 주위 사람들에게 신세나 지지 않았나 하는 두려움이 앞선다.

(『동아의보』(東亞醫報) 306, 2002년 10월호)

자료 탐색과 정리의 뒤안길

- 전재호 선생의 팔순을 맞아 -

白旻백민 全在昊전재호 선생의 존함을 처음 접한 것은 1960년경 내가 학부 4학년 무렵에 당시 국어학계의 화두였던 이른바 객체존대 '-숩-'에 대한 논문을 통하여서였다. 나는 1956년에 대학에 입학하여 재학 중에 병역 의무를 마쳐 동기들보다 졸업이 1년 반 늦었으며 군사 혁명이 나던 1961년 9월에 졸업을 하였다.

백민 선생의 당시의 존함은 '全在寬'이었다. 무슨 연유인지 모르지만 뒤에 국어학자로 입신한 당시의 대구의 청년국어학도들은 백민을 비롯한 몇 사람이 뒤에 개명을 한 것으로 기억한다. 兪昌均 교수는 '兪昌植'이었고 朴恩用 교수는 '朴八會'였던 것으로 기억한다. 두 분은 고등학교 국어참고서도 저술하신 것으로 기억한다. 당시는 교수들도 생활이 어려워 입시용 참고서를 내는 일이 흔하였다.

나는 당시 문리과대학의 어느 교수 연구실에서 백민 선생이 기증하신 언더우드 (H.G.Underwood)의『한영문법』(*An Introduction to the Korean Spoken Language*) 유인본을 본 일이 있다. 말로만 듣던 책을 보고 선생께 연락하여 한 권을 얻었으며 이는 석사논문을 쓸 때 '慶北大 油印本' (졸저『國語形態論硏究』, 1989, 증보판, 1999, 176쪽 각주 79, 서울대 출판부, 176쪽)이라고 하여 유용하게 활용한 일이 있다.

당시는 복사하던 때도 아니었고 원전 구하기도 매우 어려웠다. 뒤에는 람스테트의 *A Korean Grammar*와 마틴의 *Korean Morphophonemics*의 번역본, 그리고 회갑논문집도 보내 주신 것으로 기억한다. 그리고 1990년

여름, 이중언어학회 국제대회 참석차 중국으로 갔을 때 우리는 친동기처럼 자별하게 지내기도 하였다. 당시 백민 선생은 사모님과 동행하신 것으로 기억한다. 정년후에는 정기 간행물『韓日文化』도 잊지 않으시고 꼬박꼬박 보내 주시는 정성을 보이시고 있다.

백민 선생은 일찍부터 위와 같이 자료의 중요성에 눈을 뜨시고 희귀자료의 유인 보급과 함께 이를 번역하여 국어학 연구의 기초를 다지는 데 디딤돌 역할을 해 오셨다. 나도 학창 시절부터 옛 문헌, 특히 갑오경장 이후의 근대 국어 자료의 수집과 정리를 게을리하지 않았다. 김민수 · 하동호 두 교수와 함께 10년에 걸쳐『歷代韓國文法大系』의 편찬을 마무리 지은 것도 자료의 중요성을 깨달았기 때문이었다.

나는 우리의 근대 어문 운동에 관한 자료를 많이 안다는 점 때문에 10월의 문화 인물로 선정된 우리 어학자들의 생애와 업적을 많이 조명한 일이 있다. 이 자리에서는 문화 인물론과 어문 운동사를 집필하면서 부딪힌, 자료의 수집과 정리에 관련된 숨은 이야기 [逸話] 몇 가지를 소개함으로써 백민 선생의 팔순을 기념하는 글에 대신하고자 한다.

나는 학부 1학년 때 돌아가신 해암 김형규 선생이『국문학』1 (고려대학교 국문학회, 1956)에 기고하신「日本人의 韓國語 硏究」라는 글을 읽은 일이 있다. 해암 선생은 일본의 한국어학자 고노 (河野六郎) 교수가 "On the intensive stem in Middle Korean" (1950)을 통하여 중세어의 'ㄹ'과 'i/j' 아래에서 'ㄱ'이 탈락하는 현상을 처음 발견한 사람은 마에마 (前間恭作)이기 때문에 이를 "마에마 법칙" (Maema's law)으로 부르자고 한 내용을 소개하였다.

더구나 해암 선생은 고노 교수가 우리들 자신에 의한 연구 성과는 도외시하고 앞의 두 일본인의 업적만 평가 대상으로 삼으신 것을 매우 분개하신 것을 보았다. 나중에 학부 졸업 논문을 쓸 무렵, 해암 선생을 찾아뵙고 고노 교수의 논문을 보여 주기를 요청하니 중앙대학의 양재연 교수로부터 빌려 보았다고 하셨다.

당시 양 교수는 흑석동 산중턱에 살고 계셨다. 앞의 논문을 비롯하여 완료 시칭, 과거 시칭, 중세어의 시칭체계 등 일련의 논문을 선뜻 빌려 주셨다. 고노 교수는 경성제국대학 시절에 배웠기 때문에 늘 논문을 보내 온다고 하셨다.

나는 4편의 논문 중 앞의 영문 논문은 당시 문리대 학장으로 계셨던 이희승 선생으로 인연하여 비서에게 타자를 부탁하였다. 먹지를 중간에 넣어 4부를 찍어 허웅, 이기문, 안병희 선생 등 여러분과 나누어 가졌다. 나머지 일본어로 된 논문은 며칠을 두고 베껴 썼다.

나는 허웅 선생이 6 · 25 전 부산대학에 계실 때에 여름 방학을 이용하여 국립 도서관에 간수되어 있는『석보상절』권 6, 9, 13, 19를 필사하여 제본하여 가지고 계신 것을 본 기억이 떠올랐다. 뒤에 방점 연구와 같은 큰 업적을 낸 뒤켠에는 위와 같은 보이지 않는 땀이 배어 있었던 것이다.

나는 초등학교 2학년 1학기를 마치고 해방을 맞았기 때문에 일본어는 가타가나만 겨우 익히는 둥 마는 둥 하였다. 일본어는 대학에 들어와서 자습으로 공부하다가 당시 문리대 국사연구실 조교였던 허선도 전 국민대 국사학과 교수의 국사논문 강독회에서 심재기 (서울대 명예교수), 이성무 교수 (학술원 회원), 고故 송찬식 교수 (전 국민대)와 함께 책 읽는 법을 배웠다. 짧은 일본어이지만 논문을 베끼는 동안에 내용을 정확하게 파악할 수 있었다. 복사기가 도입된 것이 1970년대 이후이니 지금 생각하면 원시시대에 살았다고 하겠다.

뒤에 양재연 선생이 불의의 사고로 작고하셨을 때, 나는 부음을 접하지 못하여 조문을 하지 못하였다. 나중에 계씨 되시는 양호연 선생 (전 일본 천리대학 교수)을 만나 사정을 이야기하였지만 지금도 마음 한 구석이 허전함을 숨길 수 없다. 양 선생이 보여 주신 자료를 가지고 나는 학부 졸업

논문과 석사논문을 어렵지 않게 구성할 수 있었다. 박사논문을 작성할 때에는 河野六郎著作集 (1979)를 이용하였다.

『한글모 죽보기』(朝鮮言文會一覽)가 세상에 얼굴을 내민 것은 1981년 〈한글학회 60돌 기념도서 전시회〉 석상이었다. 이 책이 처음 나왔을 때, 책의 성격과 편자를 아는 사람은 아무도 없었다. 한글학회 이사장이셨던 허웅 선생조차도 감을 잡지 못하고 계셨다. 나는 이 책을 보자마자 바로 한힌샘 주시경 선생의 제자인 李奎榮이규영 선생이 편자라는 사실을 알았다. 바로 그 전 해 김민수 선생이『韓國學報』에「李奎榮의 文法硏究」를 발표하면서 이규영의 친필 자료를 공개하였기 때문이었다. 김민수 선생도 나의 말을 듣고 전시회에서 그 사실을 확인하였으며 이는 곧 중앙일보(1981년 12월 11일)에 크게 보도되었다.

나는 당시 한글학회 사무국장이셨던 박대희 선생의 호의로 복사본을 한 벌 얻었고 이를 분석하여『韓國學報』30 (1983, 3)에 실음으로써 주시경 선생 중심의 국어 연구 단체와 개화기의 국문 보급의 양상을 분명히 드러낸 바 있다. 박 선생은 나를 어떻게 보았는지 전시회장에서 나에게만 복사본을 주시겠다는 약속을 지키어 쉽게 자료 분석에 착수할 수 있다.

한힌샘과 관련되는 또 하나의 자료는 우리 국어문법의 가장 중요한 고전인『國語文法』(1910)의 검열본이다. 이 책은 한글학회에서 나오는『한힌샘연구』3 (1990)에 영인되어 있었으나 영인 이후 아무도 분석의 메스를 가하지 않았다. 나는『國語文法』을 여러 차례 읽은 경험을 토대로 하여 검열본을 읽고 활판본과 비교 · 검토하여 그 성격을 규명한 바 있다.

검열본은 책에 찍힌 도장 등으로 미루어 볼 때 한힌샘의 아우 주시강周時綱의 집에 전해 오다가 한힌샘의 막내아들 주왕산 선생에게 건너갔으며 주왕산 선생의 작고 후, 그의 따님 주소영 여사가 한글학회에 기증한 것이다. 이 책의 전래 과정에 대하여는 내가 그 소종래를 『大東文化硏究』 30 (성균관대학교) (강신항교수정년기념논문집, 1995)에 기고한 「주시경 『국어문법』의 형성에 관한 문제」에서 소상하게 밝힌 일이 있다.

내가 위의 글에서 밝힌 활판본과의 비교 · 대조의 결과는 이현희 교수와 같이 주시경 탄생 110주년을 맞아 펴낸 『周時經, 國語文法』 (탑출판사, 1986)의 교감결과를 보완할 수 있고 앞으로 기획하고 있는 『國語文法』의 현대화를 더 정밀하게 할 수 있는 바탕을 제공할 것이다.

검열본에는 백범 김구 선생의 휘호, 숙명여자고등보통학교의 봉급명세서, 아우 주시강에게 보내는 주시경 선생의 친필 서한이 들어 있어 자료적 가치를 높여 준다. 이에 대하여는 내가 『한글』 232 (1996)에서 소개한 바 있다.

나는 1995년에 서울대학교 대학발전기금 대우학술 연구비의 지원을 받아 『최현배의 학문과 사상』 (집문당)을 저술한 일이 있다. 나는 대학원 재학시절부터 외솔 최현배 연구를 한번 해 보겠다는 꿈을 지녀 왔기 때문에 관련 자료가 있으면 그때그때마다 수집하여 두었다.

내가 1976~1977년 사이에 훔볼트재단 초청으로 독일 보훔대학교 동아학부에서 연구의 근거를 마련하고 있을 때, 〈在日本朝鮮人聯盟〉에서 외솔의 한글 논설을 몇 편 묶어 간행한 유인본 『한글略史』가 도서관에 소장되어 있는 것을 보고 복사를 해 두었었는데 위의 책을 낼 때 소중하게 이용한 일이 있다. 최현배의 학문이 후세에 영향을 미친 자료로 이용하였던 것이다.

위의 책에서 나는 외솔의 교육 문법을 시기별로 비교 · 검토하는 자리에서 내가 중학교 시절에 배운 『중등말본』을 탐색하여 이를 소중하게 이용하였다. 외솔은 1949년에 초급용 『중등조선말본』을 내고 1950년에는 이를 『중등말본』으로 바꾸어 내었는데 후자가 마침 국립 도서관에 간수되어 있었던 것이다. 표지를 보니 내가 1950년에 중학교에 입학할 때 받은 책과 똑같았다.

나는 중학교 입학 때 받은 말본 교과서가 『고등말본』인 줄 알고 나에게 말본을 흥미 있게 가르쳐 주신 조문제 선생 (서울교대 명예교수)의 정년기념논문집 (1989)에 기고한 글 (133쪽)에서 이 사실을 언급한 바 있다. 그 책은 『고등말본』이 아니고 『중등말본』이었음을 국립 도서관 소장본을 통하여 확인하였던 것이다.

외솔 최현배 선생의 『朝鮮民族更生의 道』 (1930)는 일제 강점기에 불온문서로 간주되어 현재 그 원본을 찾기가 매우 어렵다. 외솔은 이 책의 번각본 (1962)을 낼 때 국립 도서관 소장본을 이용하였다고 하였다. 나는 외솔의 증언에 따라 국립 도서관으로 가서 여러 번 신청을 하였으나 그때마다 행방불명으로 되어 있었다.

어느 날 혹시나 하여 다른 책과 함께 신청을 하였던바 위의 책이 나의 손에 들어왔다. 나는 이 책을 도서관에서 빌려 차에 싣고 오다가 자칫하면 교통사고를 당할 뻔하였다. 책에 정신이 팔려 정지신호를 보지 않고 좌회전을 하였던 것이다. 마주 오는 차가 정지하지 않았더라면 큰 사고로 연결되었을 것이다.

『朝鮮民族更生의 道』는 외솔의 자전적 기록에 기대면 66회로 끝났다고 되어 있으나 〈동아일보〉를 보면 65회로 되어 있다. 모든 사람들이 외솔의 기록이 옳은 줄 알고 원전을 대조하지 않았다. 자전적 기술일수록 원전과의 대조는 필수적이다.

2003년에는 향가 연구의 대부로 알려져 있는 무애 양주동 박사가 10월의 문화인물로 지정되었다. 국어국문학회와 동국대학교 국어국문학과와의 공동주최로 무애에 대한 기념학술대회가 마련되어 있었다. 나는 동국대학교 김영배 교수의 권유로 무애의 국어학 연구를 전면적으로 조명하게 되었다. 그것은 내가 이병선 선생 회갑논문집 (『又海李炳銑博士華甲紀念論文集』, 1987)에 「양주동의 문법연구」라는 글을 기고한 바 있어 나를 발표자로 지목하였던 같다. 이미 나온 양주동 논저 목록과 실제의 자료를 대조해 보니 잘못된 곳이 적지 않게 눈에 띄었다. 자세한 논의는 『국어국문학』 133 (2003)에 실린 「양주동의 국어학 연구」로 미루고 이곳에서는 뼈대만 소개하기로 한다.

양주동 박사의 향가 연구의 첫 저술은 1942년에 나온 『朝鮮古歌研究』(박문서관)이다. 1954년에는 '朝鮮'을 삭제하여 『古歌研究』란 이름으로 재판을 내었는데 괄호 안에 '訂補版'이라 적혀 있다. 그것은 끝에 1쪽의 내용이 '정보'訂補되어 있기 때문이다. 증보판은 1965년에 나왔다. 출판사도 일조각으로 옮겼다. '補遺'와 '附錄'이 붙었다. 이들은 그 사이 몇 차례 발표한 글을 거두어들인 것이다. 내가 보기에는 1954년판은 '補正版'으로 불러야 옳고 1965년판은 '訂補版'이 아니라 '증보판'으로 불러야 옳다. '訂補版'과 '補正版'은 같은 의미이나 전자는 사전에도 보이지 않는 생소한 어휘라는 점에서 그러하다. 현재로는 1965년판이 가장 완벽을 기한 『古歌研究』의 결정판이다.

무애의 두 번째 업적인 『麗謠箋注』도 잘못이 적지 않다. 무애는 『여요전주』의 발행 연대를 1946년으로 적고 있으나 초판의 판권을 보면 1947년으로 적혀 있다. 재판은 1948년에 '改正版'이란 이름으로 나왔다. 그것은 2쪽에 걸친 '訂補'와 정오표가 붙었기 때문이다. 그 사이 위 책의 재판이 언제 나왔는가를 정확하게 몰랐는데 연세대학교 도서관에 보급판 수권이 소장되어 있어서 재판 연대를 확실히 할 수 있었다. 3판은 1954년에 나왔는데 『麗謠箋注』 (訂補版)'으로 되어 있다. 재판의 정오표를 본문에 반영하고 지형을 부분적으로 손질하여 본문에 반영하였기 때문에 앞의 『고가연구』와 같이 '補正版'으로 불러야 옳다. 사실 무애는 그 사이 몇 군데서 발표한

글을 토대로 하여 '補正'을 시도하였던 것이다. 현재로서는 1954년판이 『여요전주』의 결정판이다. 『梁柱東全集』에 실린 『고가연구』와 『여요전주』의 대본은 1965년본과 1954년본의 후대판이란 점을 지적하여 둔다.

무애의 향가연구의 첫 업적은 『靑丘學叢』 第19號 (昭和 十年 二月號) (1935)에 발표된 「郷歌の解讀-特に願往生歌に就いて」이다. 이 논문의 발표연대에 대하여 무애는 1935년 8월이라 하였고 『國學硏究論考』 (1962)에는 1937년 1월로 되어 있으며 고려대학교 『韓國論著解題』 (1972)에는 『靑丘學叢』 6권 1호에 실려 있다고 적혀 있다. 모두 원 필자의 증언을 믿고 원전을 대조하지 않은 데서 저질러진 잘못이다.

나는 올 봄에 「이극로의 사회사상과 어문운동」이란 장편의 논문 (원고지 300매 분량)을 『韓國人物史 硏究』 5 (韓國人物史 硏究所, 2006. 3)에 기고한 일이 있다. 이극로 박사는 일제강점기에는 〈조선어사전편찬위원회〉와 〈조선어학회〉 (현재의 한글학회의 전신)의 간사장으로서 표준말 사정과 우리말사전 편찬을 진두에서 지휘하고 조선어학회 사건 때는 연루자 중 가장 죄질이 무거운 6년의 선고를 받았다. 해방 후에는 조선어학회를 중심으로 우리말 회복 운동과 국민 교육에 헌신하다가 김구 선생의 남북 협상 때 민간 단체 (건민회)의 대표로 북행하여 그곳에 머물렀다.

이 박사는 북한의 정권 창출에 협력하면서 북한의 어문 정책을 기획하고 문화어 운동을 이론적으로 뒷받침하였다. 그에 대한 연구는 지난 세기 80년대 말부터 서서히 일기 시작하였으나 자료의 부족으로 그 실체가 제대로 드러나지 못하였다. 나는 초등학교 시절 의령의 세 인재로 이극로, 신성모 (초대 국방장관과 국무총리 서리), 안호상 (서울문리대 초대 철학과 주임교수 및 초대 문교부장관)의 세 사람이 인구에 회자膾炙되는 것을 많이 들었다.

정부 수립 후 경남 의령 일대에는 이극로 박사가 짚신을 신고 축지법 縮

地法을 써서 시베리아를 걸어서 독일 유학을 갔다는 이야기가 신화처럼 퍼져 있었다. 나는 고교 시절 우리집에 전해 오던 가형 소장의 신영철의 『古文新釋』(1947)의 재판 (1949) 〈머리말〉에 "끝으로 피눈물로 조선어학회의 철성鐵城을 사수死守한 우리 겨레의 소금이신 (　　)서 빛나는 구슬로 흰 머리를 꾸며 주심은 더 없는 영광으로서 깊이 감사한다"란 구절의 괄호 안 부분을 먹물로 칠해 놓은 것을 본 일이 있다. 그냥 보아서는 누군지 알 수 없게 해 놓았다. 호기심에서 불빛에 비쳐 보니 '이극로'란 글자가 희미하게 보였다.

초판이 나온 1947년 (서문을 쓴 때는 1946. 12. 3)에는 이 박사가 남쪽에 있을 때이니까 이름을 당당히 적었는데 재판을 낼 때에는 북행한 이후이니 이름을 먹으로 지웠던 것이다. 그때부터 이극로에 대하여 자세히 알고 싶은 욕망이 마음 한 구석에 자리 잡기 시작하였다. 그리하여 이극로에 대한 자료가 보이면 그때마다 수집하여 두었던 것이다. 이 글을 쓰는 도중에 초판과 대조하여 보니 '동정 이 극로東正 李 克魯 박사께'의 자리를 먹물로 칠하였던 것이다. 그리고 빛나는 구슬로 흰 머리를 꾸며 주었다는 말은 이 책의 첫 머리에 실린 이극로 박사의 '머리말'을 가리킨다. 물론 이는 재판 때 삭제되었다.

사단법인 인물사연구소 소장 유승주 고려대학교 명예교수는 나의 진주고등학교 동창이다. 수년전 남북 이산 가족 상봉 때 다녀간 북한의 국어학자 유렬 선생과는 같은 집안이다. 그리고 유렬 선생은 진주고등보통학교(진주고등학교의 전신)의 8회 졸업생이며 해방 후 이극로 박사를 가장 가까이서 보필한 사람이었다. 유렬 선생은 이극로 박사의 자전적 기록인 『苦鬪 四十年』의 끝에 「스승님의 걸어오신 길」이라는 일대기를 쓰기도 하였다. 유 교수는 나를 만날 때마다 이극로 박사에 대한 평가를 부탁한 바 있다. 나는 지난 해 가을부터 이극로 박사에 대한 전면적인 연구에 착수하여 앞에서 든 논문을 완성하였다.

이극로 박사는 독일인이 운영하던 상해 동제同濟 대학예과를 거쳐 1922년부터 1927년 사이에 베를린대학에서 경제학과 언어학, 인류학을 수학하였다. 중국의 생사 공업에 관한 논문으로 경제학 박사 학위를 취득하였고 베를린과 파리에서 우리말에 대한 실험 음성학적 연구의 단초를 열었다. 한편 이 박사는 베를린대학 재학 시절에 일본의 침략 행위를 규탄하는 책을 저술하기도 하였으나 이 책은 그 내용이 국내에 전혀 알려지지 않았다.

나는 먼저 이극로 박사의 학위 논문을 탐색하기로 하였다. 이 박사의 학위 논문은 이 박사의 자전적인 글에 『中國의 生絲工業』이라는 번역 제목만 알려져 왔을 뿐 독일어 원명이 무엇인지에 대하여는 아무데서도 기록되어 있지 않다. 나는 괴팅엔 (Göttingen) 대학에서 알타이 어학을 전공하고 오랫동안 동아시아를 비롯하여 알타이 관계 문헌을 정리해 온 이희우 박사에게 이극로 박사의 박사 논문을 검색해 줄 것을 요청하였다. 이 박사는 이극로 박사의 로마자 이름이 무엇이냐고 물어 'Lee, Kuk-no'일 것이라 하였더니 아무리 찾아도 없다고 하면서 도서관 검색 프로그램을 보내어 날더러 찾아보라고 하였다. 나 역시 도리가 없었다.

나는 어느 날 문득 스웨덴 스톡홀름대학교 동양대학 한국학과 교수인 로센 (S. Rosén) (羅信) 교수가 1970년대 초 한국정부 초청 장학생으로 우리나라에 유학을 왔을 때 나에게 기증한 『韓國學著書目錄』 (*A Bibliography of Korean Studies*) (Stockholm, 1970)에서 이극로 비슷한 이름을 본 기억이 떠올랐다. 나는 정년 후 장서의 대부분을 경상대학교 도서관에 기증하였다. 기증 도서 가운데 로센 교수의 위의 책이 묻어 들어간 것이 기억나서 경상대 도서관의 협조로 대출을 받아 펴 보니 이극로 박사의 로마자 이름은 'Kolu Li'였다. 흔히 이 박사의 아호 '고루'를 세상을 골고루 한다는 말에서 따온 것으로 보고 있으나 이는 사실과 다르다.

'고루'는 '克魯'의 중국어 발음으로 로마자로 표기할 때에는 항상 'Kolu'

를 사용하였다. 이극로 박사가 중국 상해 동제대학 예과를 다닐 때에는 서간도 환인현에 본적을 둔 중국인으로 등록하였기 때문에 중국음으로 읽은 것으로 보인다.

로센 교수의 책에서 'Kolu Li'를 확인한 나는 괴팅엔 도서관의 목록을 검색해 보니 그의 박사 논문과 새로운 독립 운동사 자료가 검색되었다. 독일어 제목과 번역을 보이면 다음과 같다.

> Die Seidenindustrie in China (중국의 생사공업)
> Unabhängikeitsbewegung Koreas und japanische Eroberungs-polItik (한국의 독립운동과 일본의 침략정책)

위의 사실을 이희우 박사에게 알렸더니 한 달 후에 도서관을 통하여 복사본을 보내 왔다.

괴팅엔대학교와 서울대학교는 오래 전부터 자료 교환의 협정을 맺고 있었기 때문에 복사본이 도서관을 통하여 나에게 전달되었다. 앞의 박사 논문은 이극로 박사가 그의 자전적인 글에서 그 내용을 소개한 바 있으나 후자는 이번에 새로 알려졌다. 자신의 이력서에서 『조선근세사』란 독문저서가 있다는 기록을 적어 두기는 하였으나 내용에 대하여는 전혀 언급하지 않았다. 이 자료는 이극로 박사가 일본의 침략 행위를 전 유럽에 알릴 목적으로 자비로 출판하여 유럽 각 도서관에 기증한 것이다. 올 5, 6월에 나는 동유럽과 독일을 여행하면서 이극로 박사의 저술이 독일의 각급 도서관에 보존되어 있음을 확인하였다. 독문 제목을 문면대로 번역하지 않고 「조선 근세사」로 바꾸고 그 내용을 공개하지 않은 것은 일제를 의식하여 취한 작위로 보인다.

위의 책은 『朝光』 연재의 기행문 (1936)과 '조선어학회사건 예심종결서'에도 언급되어 있지 않다. 당시 조선인의 일거수일투족一擧手一投足을 거울처럼 들여다보고 있던 일제라도 이극로 박사의 연막 전술에는 속수무책이었던 것이다. 만약 이 박사가 재독시에 독립 운동을 한 사실이 미리 알려졌더라면 그의 귀국이 허용되지 않았을 가능성이 많다. 앞의 책의 내용은 올 〈조선일보〉 7월 18일자에 보도되었음을 덧붙여 둔다.

이 박사는 박사 학위를 취득하던 1927년에 당시 나온 지 얼마 안 되는 이광수의 『허생전』을 한글 분할체 활자로 재현하고 독일어 대역을 붙여 베를린 『동방어학부연감』에 발표한 바 있다. 이 자료는 베를린 한국학팀인 헤르만 박사, 주정철 · 호이슬러 박사 내외가 협력하여 보내 준 것이다. 공교롭게도 이 자료는 이극로 박사가 서명을 하여 기증한 별쇄본이어서 한층 더 감회가 깊었다.

이밖에도 베를린 한국학팀은 갖은 어려움을 이겨 내면서 이미 80년 전에 나온 이 박사의 학위 논문 평가서를 비롯한 학적 서류 일체를 스캔을 하여 나에게 보내 주어서 내용을 더 알차게 구성할 수 있었다. 나는 이번에 동유럽 학술 여행을 하고 돌아오는 길에 잠시 베를린에 내려서 세 사람에게 자료 수집의 노고에 감사한다는 뜻으로 한국 음식점 호도리에서 한국 음식을 대접하기도 하였다.

내가 우리의 문화 인물을 조명하고 우리의 어문 운동사를 엮으면서 느낀 것은 자료를 입체적으로 수집해야 한다는 것이었다. 먼저 학술지 내지 대중 교양지에 나오는 자료를 수집할 때 주의할 점을 들어 보기로 한다.

『新生』 2권 9호 (1929)는 〈주시경선생 15주기 특집호〉로 편집되어 있다. 이곳에는 권덕규, 이병기, 백남규, 신명균, 정렬모, 이능화, 최현배 등의 주시경 선생의 동료 및 제자들의 추모문이 실려 있다. 본문만 보아서는 편집자의 의도를 제대로 파악할 수 없다. 목차는 물론 보아야 하고 경우에 따라서는 표지까지 주목해야 한다. 『新生』 2권 9호의 표지는 주시경 선생의 『말의 소리』에 나오는 가로풀어쓰기로 장식되어 있어 스승의 이론을 계승하겠다는 열의가 강하게 표백되어 있다. 외국에서 학생들이 복사를 할 때 표제지와 목차까지 갖추어 복사하는 것을 많이 보았다. 우리의 경우는 판권까지 복사의 대상으로 삼아야 한다.

다음으로는 신문 자료의 수집이다. 1935년 1월 1일자 〈동아일보〉에는 '建設途上의 거룩한 礎石 祭物로 自任한 開拓者의 全生涯'라는 표제 아래 편집의도를 밝힌 머리말을 적고 다음으로 '한글 한힌샘 周時經, 大倧敎 弘巖 羅喆, 細菌學者 兪日濬'의 생애를 크게 조명하였다. 이런 경우, 머리말과 표지를 비롯하여 전체 기사를 보지 않고 주시경에 관한 기사만 보았다면 어떻게 되겠는가. 서술 내용이 완전히 달라질 것이다.

1937년 1월 1일자 〈조선일보〉는 '우리네 文化를 琢磨하는 研究室內의 名匠들'이라는 표제를 내세우고 '朝鮮語學會 李克魯'를 선두로 하여 식품연구가 이석신, 이왕직 아악사장 함화진, 민속학의 손진태, 조선사회경제사 백남운, 향가 연구가 양주동, 식물대가 정태현의 순서로 업적을 부각시켰다. 특히 '이극로'에 대하여는 표준어 사정의 '으뜸되는 殊勳者'라 칭송하였다. 이런 경우 '이극로'에 관한 기사만 본다면 신문사의 편집 의도를 전혀 알 수 없다. 표제와 전체 기사를 종합적으로 조감하지 않으면 안 된다.

백민 전재호 선생의 문하에는 우리나라의 국어국문학계를 이끌고 나가는 동량재가 많다. 이들은 백민 선생의 건실한 학풍을 이어받아 경북대학교 국문학과를 영남, 아니 우리나라 국어국문학의 산실로 만들어 나가고 있다. 경북대학교 국어국문학과에서 정기적으로 발행하는 『어문론총』을 보면 백민 선생의 손길이 구석구석 미쳐 있음을 알 수 있다. 이 모두 백민 선생이 뿌리신 씨앗이 영글어 퍼져 나간 결실로 보고 싶다. 앞으로도 더욱 건강하시어 후학들의 등불이 되어 주시기 바라는 바이다.

(『白旻全在昊博士八旬紀念文集』, 간행위원회, 2007)

김진우 선생과 얽힌 사연

사람은 한 평생 살다 보면 주위 사람들과 웃는 얼굴로 대하기도 하고 언짢은 표정을 짓기도 한다. 이를 '선연'善緣과 '악연'惡緣이라 부르기로 한다. 김진우 선생과 나와의 관계도 마찬가지다. 먼저 선연을 중심으로 말머리를 풀어 가면서 동시에 악연에 관계된 이야기도 함께 엮어 볼까 한다.

내가 김진우 선생을 처음 만난 것은 1970년 10월경 서울대학교 어학 연구소에서 가진 귀국 발표회였다. 지금은 〈언어교육원〉으로 이름도 바뀌고 성격도 많이 달라졌지만 당시 어학 연구소는 서울대학교의 4대 법정 연구소의 하나로서 전임 교수를 10여 명이나 확보하고 있으면서 한국 언어학 연구의 메카의 구실을 다하였다. 매년 한번씩 〈어학연구회〉를 가졌으며 기관지 『어학연구』와 『언어교육』을 내면서 한국의 이론 언어학과 응용 언어학 연구를 주도하고 있었다. 해외 특히 미주 등지에서 생성 문법을 배경으로 삼아 우리말의 문법, 곧 음운과 통사에 관련된 주제로 연구한 분들이 귀국하면 어학 연구소에서 강연을 하고 그 결과를 『어학연구』에 발표하는 것이 관례가 되어 있었다.

당시는 한국을 대표하는 언어학회 같은 것이 없어 서울대학교 어학연구소가 이를 대신하였던 것이다. 그때 김진우 선생은 "음운론의 제문제"란 주제로 강연을 하였는데 그 내용은 '중화작용, 규칙의 순서, 기능적 당위성, 간요성과 자연성'이었다. 이 강연이 계기가 되어 그 사이 경계의 시선으로 바라보던 변형 · 생성 문법에 대한 오해가 많이 풀어지지 않았나 한다. 그 뒤에도 나는 김 선생의 「변격 용언의 비변격성」이란 글을 통하여 생성 음운론의 목표가 무엇인지 어렴풋이 짐작할 수 있었지만 그러나 '新奇'

에 영합하는 면이 적지 않음을 보고 비판의 화살을 당기기도 하였다. 그 대표적인 것이 전통문법의 'ㄷ' 변칙을 "폐구조음원리"라 하여 규칙으로 해석한 것이다. 그뿐만 아니라 'ㅂ, ㅅ' 불규칙 동사도 규칙으로 설명하려고 하였지만 눈을 크게 뜨고 보면 역시 '新奇' 이상의 것으로 보이지 않았다.

김 선생과 개인적으로 친밀해진 것은 1993년 1월 일본 오사카도都에서 열린 〈제4회 이중언어학 국제회의〉를 통하여서였다. 당시 김 선생은 돌아가신 사모님과 동행하시었고 나는 집사람과 같이 갔었다. 우리는 회의가 끝나자 한 식구처럼 동행하면서 오사카성, 재일 교포 시장, 교토의 왕궁을 보고 나라의 동대사, 법륭사도 구경하였다.

나는 2012년 10월 20일부터 11월 4일 사이에 지금 집필하고 있는『우리말문법통론』(뒤에『우리말 문법, 그 총체적 모습』으로 이름을 바꿈)을 위한 기초 연구차 미주의 하버드, MIT, 오하이오, 인디애나, 일리노이대학을 방문한 일이 있다. 당시 김 선생은 외지로 가면서 나에 대한 대접을 소홀히 하지 말라고 윤혜석 교수에게 당부하였다는 이야기를 들었다.

나는 유학생인 이영선 여사의 안내로 Urbana 일대를 구경하였으며 특히 숲속에 들어 앉아 있는 김 선생의 자택을 먼 발치에서 구경하기도 하였다. 김 선생 자신이 설계하여 지은 이층짜리 아담한 양옥이었다. 미국은 땅이 넓어서 공기 좋은 한적한 땅에 집을 짓고 사는 것이 보통이었다. 부러움의 대상이었다.

끝으로 김진우 선생 사이에 있었던 악연을 소개하기로 한다, 지난 세기 7~80년대 중반까지는 국어학회 공동 연구회를 수원의 〈말씀의 집〉에서 갖는 것이 보통이었다. 당시 김 선생은 모국에 잠간 들르신 차에 국어학회에 참석하여 특강을 한 것으로 기억한다. 특강이 끝난 뒤, 나는 우리말의 관형사형 어미가 '-ㄴ'과 '-ㄹ'로 분화되어 있는 것을 규칙화할 수 없느냐고 질문을 하니 둘이면 어떠냐고 하면서 귀밖으로 넘기고 말았다. 당대의 언어학자로서 국제적으로 이름이 나 있는 김 선생에게서 그런 말을 들었을 때, 나에게는 여간 큰 상처가 아니었다. 두 사람 사이에 얽힌 악연을 해소하는 뜻에서 질문을 던지게 된 시말始末을 적어 보기로 한다.

1976~1978년 사이에 훔볼트 초빙 학자로 독일 보훔 (Bochum) 대학에서 연구할 때의 일이었다. 두 학기째 나는 한국에도 두어 번 다녀간 적이 있는 보훔 대학의 일반 언어학 강좌장 쉬넬러 (H. Schnelle) 교수의 '동사체계에 관한 집담회' (Forschungskolloquium über Verbsystem) 세미나에 참석한 바 있었는데 귀국 전에 "Tempus-Aspekt im Koreanischen" (한국어의 시제와 동작상)를 발표한 바 있다.

나는 당시 중세어의 관형사형 'ᄒᆞᆫ, ᄒᆞᄂᆞᆫ, ᄒᆞ던, ᄒᆞᆯ'의 패러다임을 자세히 본즉, 한 구석에 불규칙적인 면이 있는 것을 발견한 바 있다. 앞의 세 어형은 'ㄴ' (/n/)이 공통되어 있는데 마지막은 'ㄹ' (/l)로 실현되어 있다는 점이 바로 그것이었다. 뒤에 나는 당시 세운 얼개를 바탕으로『중세국어의 시상과 서법에 대한 연구』를 집필하여 서울대학교 대학원에 박사 논문으로 제출한 바 있다.

박사 논문을 집필할 때, 나는 일본의 저명한 한국어학자인 돌아가신 고노 (河野六郎) 선생의「中期朝鮮語の時稱體系に就いで」를 읽은 일이 있다. 이 논문은 원래 1951년에 나온『東洋學報』34, 1-4 (1951)에 발표되었는데 1979년에『河野六郎著作集』1 (平凡社)에 재수록되었다. 전집에 실리면서 오식이 많이 바로잡혔다. 고노 선생은 위의 전집에 실린 논문에서 관형사형의 불규칙성에 대하여

> 이 어간은 다른 어간과는 달리 연체형에 -*n*을 가지지 않고 -*r*을 가지고서 연체형이 된다.

라고 언급한 것을 보고 고노 선생도 나와 비슷한 생각을 하였음을 알고 환

희작약歡喜雀躍한 일이 있다.

나는 1961년 학부 졸업논문으로 중세어의 시제를 주제로 택하였을 때부터 중세어의 시제와 서법, 동작상에 대한 관심을 지니고 있었는데 마침 고노 교수가 위의 논문을 발표한 것을 알고 베껴 가면서 여러 번 정독을 한 바 있었다. 당시는 복사기가 없어서 베끼는 것이 바로 공부였다. 그러나 관형사형 어미에 대하여는 눈여겨보지 못하였다. 1951년의 논문에는 "連體形に語尾 -rを持たず, 接辭 -rを以て" (연체형에 어미 '-r'을 가지지 않고 접사 '-r'을 가지고서)로 기술하고 있어 주목되지 않은 것으로 보인다. 그런데 1979년의 전집에는 위와 같이 "連體形に -nを持たず, 接辭 -rを以て"와 같이 원 논문의 오식을 바로잡아 나의 눈에 띈 것으로 보인다.

이상과 같은 추측 관형사형의 불규칙성은 중세어 동사 활용형 전체의 패러다임을 보면 그 타당성이 드러난다.

	부정법	직설법	회상법	추측법
평서형	ᄒᆞ다	ᄒᆞᄂᆞ다	ᄒᆞ더라	ᄒᆞ리라
의문형	ᄒᆞ녀	ᄒᆞᄂᆞ녀	ᄒᆞ더녀	ᄒᆞ려 < (*ᄒᆞ리녀)
연결형	ᄒᆞ니	ᄒᆞᄂᆞ니	ᄒᆞ더니	ᄒᆞ리니
관형사형	ᄒᆞᆫ	ᄒᆞᄂᆞᆫ	ᄒᆞ던	ᄒᆞᆯ < (*ᄒᆞ린)

위의 패러다임을 잘 살펴보면 평서형과 연결형에서는 왼쪽의 부정법(Aorist) 'ᄒᆞ다, ᄒᆞ니'와 비교하면 '-ᄂᆞ-, -더-', '-리-'가 쉽게 뽑혀져 나오는데 의문형과 관형사형에서는 그대로 두어서는 '리, ㄹ'을 뽑아 낼 수 없다. 곧 불규칙적이라는 것이다. 규칙형 '*ᄒᆞ리녀, *ᄒᆞ린'을 세워야만 '-리-'를 뽑아 낼 수 있다. 그렇다면 관형사형 'ᄒᆞ려'와 'ᄒᆞᆯ'은 의사擬似 보충형이라고 말할 수 있다. 이 점은 현대어에도 그대로 적용된다 (졸저 『중세국어의 시상과 서법』, 1981/1998 (보정판)/2011 (4판): 36–40).

김 선생은 내가 질의한 것을 까맣게 잊어 버렸을 것이다. 패러다임으로 미루어 보면 미래 관형사형은 '*-린'임이 틀림없다. 중세어의 추측법은 '-리-, -ㄹ'에서 '*-리-'로 단일화되고 관형사형어미도 '-ㄴ, -ㄹ'에서 '-ㄴ/*-ㄴ'으로 일원화되었으니 이보다 더 경제적인 기술이 어디 있겠는가. 서울대 이정민 교수도 오래 전에 비슷한 견해를 피력한 바 있다(『語學硏究』 11-2, 304쪽). '-는'과 '-을'을 하나의 archsegment로 묶어서 관계화소로 삼을 수 있다고 하였다. 이제 피차 80고개를 넘고 있으니 적당한 기회에 나의 견해에 대하여 소견을 피력하여 그 얽혔던 악연을 해소하여 주시기 바라는 바이다. (2016. 1. 20)

(『막간의 회상』(김진우 교수 팔순기념 문집), 한국문화사, 2016. 3)

『직녀성』의 교정에 대하여

- 오양호 교수의 정년에 부쳐 -

오양호 교수가 정년을 한다고 한다. 나는 오 교수를 산행 동료인 조동일 교수로 인연하여 알게 되었고 등산도 같이 다니고 외국 여행도 동행한 적이 많다. 조 교수와 오 교수는 영남대학교 대학원 시절의 사제간이다. 조 교수는 오 교수의 경북고등학교 3년 선배인데 오 교수는 조 교수의 학점을 따느라고 한번도 형이라 불러볼 수가 없었다고 여러 번 회한에 잠기는 것을 들었다.

그 정도 나이 차이라면 벗해도 좋을 처지인데 사제로 맺어진 관계이니만큼 그 사이가 강을 사이에 둔 것처럼 어렵게 느껴졌다고 생각한다. 배우는 데 나이가 무슨 상관이 있으랴마는 같은 고교의 동문이니 누군들 그런 생각을 안 가질 수 없을 것이다. 오 교수의 전공은 계몽 소설을 중심으로 한 민족주의 문학이다. 오늘 이 자리에서는 오 교수가 관심을 가져온 근대 한국소설사의 문헌적 측면에 관련된 숨은 이야기 한 토막을 소개함으로써 오 교수의 정년을 기념하는 표적으로 삼고한다.

1962, 3년경 내가 서대문의 한성고등학교에 근무하였을 때이다. 나는 퇴근 시에는 아현동 일대의 고서점을 들르는 일이 많았다. 당시 한성고등학교에는 근대 서지학의 대가이신 돌아가신 하동호 선생 (전 공주사대 교수)이 계셔서 책 수집에 대하여 많은 교시를 받았다. 하루는 경기공업고등학교 옆 골목에 늘어서 있는 고서점에 들르니 심훈의 『직녀성』*織女星 권

---

* 내가 소장하고 있던 『織女星』은 뒤에 '심훈 문학관'에 기증하였음을 밝혀 둔다.

하下가 눈에 띄어 부르는 대로 값을 치르고 구입하였다. 이 작품은 고등학교 1학년 때 서점에서 빌려 밤새워 읽은 기억이 있어 헤어졌던 옛 벗을 다시 만난 듯 즐거움을 감출 수 없었다.

내가 고교 시절에 읽은 것은 1953년에 나온 한성 도서 주식회사의 중판본이었다. 그런데 이 책은 일제 강점기인 1937년 (소화 12년)에 한성 도서 주식회사에서 기획 · 출판한 『현대조선장편소설전집』現代朝鮮長篇小說全集의 제10권이었다. 『직녀성』은 염상섭의 『삼대』三代와 함께 당시 우리 사회의 봉건 제도의 몰락 과정과 근대화 과정을 잘 묘사하고 있어서 20세기 전반기의 존비법 (흔히 상대높임법)과 서법 체계의 실상을 파악하는 데 도움되는 바가 많았다.

나는 위의 두 책으로 인연하여 참다운 서울말에 접한 수 있었다. 두 작가는 모두 서울 출신으로서 그들의 작품에서 서울말을 구김 없이 구사하는 것을 실감할 수 있었다.

그런데 위의 책의 머리에 「大燮 靈前에」라는 머리말이 붙어 있다. 글 쓴 사람은 '仲兄 雪松'으로 되어 있다. '대섭'은 심훈의 본명이고 '설송'은 심훈의 둘째형 '明燮'을 가리킨다. 심훈은 삼형제의 막내였다. 그러니까 1934년에 朝鮮中央日報에 연재된 『직녀성』이 계씨 심대섭 (심훈)이 작고한 지 2년 후에 한성 도서의 〈현대조선장편소설전집〉의 한 권으로 상재上梓됨에 즈음하여 중씨인 심명섭이 고인을 대신하여 머리말을 쓰게 된 것으로 보인다.

그런데 여기에 흥미로운 문제가 있다. 내가 아현동 고서점에서 구입한 1937년본은 검열용 원고에서 일제 당국에 의하여 삭제된 부분을 만년필로 보충한 것이다. 1937년본의 「大燮 靈前에」가 '검열고'라면 심명섭이 만년필로 보충한 것은 '초고'이며 동시에 '교정고'이다. 그런데 보충된 교정고는 1953본에 그대로 반영되어 있다. 따라서 1953년본의 「大燮 靈前에」는 '결정고'라 부를 수 있다. 1937년본에는 '曉薰藏書'라는 장서인이 찍혀 있다. '효훈'이란 장서가가 1953년본 편집자에게 앞의 심명섭의 교정고가 들어 있는 초판을 주어 재판에 반영한 것으로 보인다. 그리고 그 책은 고서점가로 흘러 나온 것으로 보인다.

1953년본은 다시 조판하였으며 그러는 과정에서 표기법은 물론 어려운 표현을 쉽게 고친 것이 많다. 그런데 1966년에 나온 『심훈문학전집』 沈熏文學全集 (전3권) (탐구당)에는 재판까지 머리에 얹혀 있었던, 심명섭의 「大變靈前에」를 삭제하여 버렸다. 보충된 부분의 내용은 다음과 같다.

> (1) 本鄕樂園에 도라간 너를 그리워하는 우리들 나그네 (旅人) 風雲에 시달려 꿈자리 뒤숭숭하니 어리석음인가 自歎한다.
> (2) 네가 塵世를 떠난後 이따에 松竹은 버들로 變하려 하고 常綠樹 시들기 始作하니 다시 와서 북돗고 새기운 부려주려무나.

'심훈 전집'이 다시 나오게 되면 심명섭의 「大變 靈前에」를 다시 붙여 『직녀성』 독자나 연구가에게 『직녀성』의 성립 과정을 알려 주는 것이 옳지 않을까 한다.

우리의 신문학도 이제 100년에 가까운 연륜을 기록하고 있다. 신문이나 잡지 연재본, 검열본, 후쇄본에 대한 표현, 표기에 대한 정밀한 대교를 통하여 정본을 확립하는 작업이 요망된다. 이를테면 『심훈 상록수』 (조남현 해설 · 역주, 서울대학교 출판부, 1996)와 같은 작업이나, 과거 민중서관에서 기획 · 출판한 『한국고전문학대계』와 같은 교감본을 가리킨다. 이 글이 심훈의 『상록수』 정본 확립에 조금이라도 도움이 되었으면 더 이상의 기쁨이 없겠다.

(『동곡의 글과 만난 사람들』, 국학자료원, 2007)

나의 저작권 침해의 한 사례

벌써 40여 년 전의 일이다. 친구의 누이 동생이 〈세계문학전집〉을 한 질을 가져와서 사기를 부탁하기에 월부로 구입한 일이 있다. 편집위원이 외국 문학계의 유명 인사이신 C 교수가 들어 있어 나는 그 분의 존함만 믿고 선뜻 구입하였으며 이 책은 우리집 아이들이 크면서 잘 읽은 것으로 기억한다. 그 뒤에 나는 C 교수를 만나 어느 출판사의 〈세계문학전집〉의 편집에 참여한 일이 있느냐고 문의하였으나 그런 일이 없다고 하였다.

한 30년 전의 일이다. 저녁 9시경에 종로 3가 거리를 지나다가 〈한국단편 문학전집〉이라는 이름이 붙은 책을 거리에 놓고 헐 값으로 파는 것을 보고 편집 위원이 누군가 하여 자세히 보니 ××대학교 인문대학 문학평론가 '이재성'이었다. '이재성'이라는 문학 평론가가 그 대학에는 없는데 이런 책이 야시장에 나돌고 있음을 보고 우리나라의 출판 문화의 후진성을 절실하게 느낀 일이 있다. 편자도 모르는 책이 월부 장사들의 손에서 돌아다니고 있고 유령 인물을 내 세워 전집물을 헐값에 파는 것이 3, 40년 전의 우리의 출판물의 소통 과정이었다. 그러는가 하면 외국의 학술서적을 무단 복사하여 이른바 해적판을 내어 헐값으로 팔다가 외국의 관련 출판사의 단속에 걸려 문을 닫은 출판사도 있다.

모두 3, 40년 전 우리가 살기 어려울 때의 일이다. 지금은 외국 책의 해적판을 내는 일은 볼 수 없지만 우리의 책을 무단 복제하여 파는 행위를 직접 경험하였다. 나는 2008년 서울대학교 국어교육과에 봉직하는 구본관 교수와 함께 수년에 걸쳐 고급용 국어문법 교재를 개발하여 출판한 적이 있다. 이 책은 나오자마자 베스트셀러가 되어 불과 2년 동안에 만부가 팔리는 해프닝이 벌어졌다. 필자는 오래전에 중세국어문법에 관한 책을 내기도 하였다. 위의 두 책은 내용의 좋고 나쁨과는 관계없이 중등학교 임용 고사 필독서로 자리를 굳히고 있었다.

그런데 하루는 출판사에서 서울시내의 한 복사 업소에서 두 책에 대한 무단 복제물을 발견하였다고 통고해 왔다. 우리 저자들은 이내 〈한국문예학술 저작권협회〉에 그 사실을 제보하였다. 저작권 협회에서는 저작물의 적발 경위서와 증거물을 확보하여 저작권 침해 중지 및 시정을 촉구하는 내용 증명을 발송하였으나 사업장이 폐쇄되어 내용 증명이 반송되었다. 협회에서 그 업체를 검찰청에 형사 고소를 하게 됨에 따라 당사자들이 협회를 방문하여 선처를 요망하였고 저자들도 업체의 어려운 사정을 고려하여 형사 고소를 취하하는 방향으로 해결의 실마리를 찾았다.

또 하나의 경험이 있다. 나는 어느날 대학 도서관에서 필자가 후학들과 함께 2002년에 정년 기념으로 출간한 책이 전자책으로 나온 것을 보고 깜짝 놀랐다. 저자에게 하등의 연락도 없이 전자책으로 출간할 수 있을까 하여 관련 출판사에 문의하였던바, 계약서에 전자적 매체에 의한 제작, 인터넷 등 정보망을 이용하여 전송할 수 있는 권리 등에 대하여 출판사가 독점적인 권리를 갖는다고 되어 있다는 점을 들어 조금도 계약서를 위반한 것이 아니며 단 사전에 편자들에게 연락을 하지 않은 것은 출판사의 책임이라고 하였다.

사실 많은 저자들은 출판 계약서를 제대로 읽지 않고 계약하는 일이 많으며 경우에 따라서는 계약서를 분실하여 법적 문제가 발생할 때, 그냥 손해를 보는 일도 적지 않다고 생각한다. 이제 〈저작권 협회〉도 생기고 하였으니 우리 저자들은 계약서의 내용을 숙지하고 이를 잘 챙겨 만일의 경우에 대비하는 자세를 지닐 필요가 있다고 생각한다. 지적 재산은 물적 재산 이상의 가치를 지니고 있다. 우리의 지적 재산권을 행사하고 보호하는 일에 소홀히 해서는 안 된다는 교훈을 깊이 새겨 두어야 한다고 믿는다.

최근에 와서 전자 책 (e-book) 발간이 늘어가고 있다. 전자 책은 생산비가 적게 드는 관계로 인세를 정가의 40 내지 50%를 받아야 한다는 것이 전문가들의 견해라는 것을 덧붙여 둔다.

(한국문예학술저작권 협회 소식지『저작인』(著作人) 84,
2011 여름)

교수 임용 쿼터제에 바란다

보도에 의하면 (교수신문 8. 23일자) 그 동안 입법화 과정에서 우여곡절을 겪던 교수임용 쿼터 제도가 일단락돼 올 9월부터 실시된다고 한다. 처음에는 특정 대학의 학부 출신이 40%를 넘어서지 못한다고 하였으나, 다시 50%로, 최종 단계에서는 2/3선을 넘어서지 못하는 것으로 낙착되었다. 이번의 개정안에는 특정 대학교 학부 출신이라고 해도 전공 분야가 다를 경우에는 적용을 받지 않는다는 단서를 붙이었다. 당국에 의하면 갑이라는 대학교의 법학과 (학사)를 졸업한 사람이 외국에 가서 경영학으로 박사를 얻은 경우는 같은 대학의 경영학과의 교수 모집에 응모할 수 있다는 유권 해석을 내렸다. 이 단서는, 이를테면 어문 학과와, 어문 교육학과 등의 유사학과 사이에도 적용되어야 한다고 생각하는데 당국의 분명한 해석이 요망된다.

한국의 경우는 같은 대학의 학부보다는 학과가 문제이다. 이를테면 같은 대학교 특정 학과에서 석사나 박사 학위를 받았더라도 같은 학과의 학사가 아니면 아무리 자질이 우수해도 임용 대상으로 삼지 않으며, 출신 학과나 대학이 다르면 여러 가지로 불이익을 받는 일이 많다.

이번 개정안은 지난 해의 입법 예고안에 비하여 많이 후퇴하기는 했지만 학과끼리의 장벽을 허물어 버릴 수 있다는 점에서 긍정적인 측면이 적지 않다고 본다. 초임 금지의 조항이 빠진 점 등 보완의 여지가 적지 않지만 우선 이 정도라도 임용 규정을 입법화했다는 것은 한국의 대학 발전을 다그치는 조처라 생각한다.

사실 1970년대 중반부터 공개 채용 제도가 도입됐지만 몇몇 학과를 제외하고는 모두 사전에 사람을 정해 놓고 분야를 결정하는 일이 많았다. 몇 년 전에 탄생한 '교공임' (교수공정임용을 위한 모임)도 이런 시대적 흐름의 산물이었다.

사람을 뽑을 때에는 전공 영역이 명확히 구분되는 '대학원 과정'의 교과 과정이 우선 중심이 되어야 하고 학문의 시대적 변천, 논문 지도 등을 두루 고려하는 관점에서 채용 분야를 결정해야 하는데 현실은 그렇지 않다. 특정 분야는 자기 학과 출신이 없다는 이유를 내세워 모집을 보류하는 일도 있고, 자기 학과 출신만 생각하다 보니 특정인을 뒤에 놓고 다수가 담합하여 (짜서) 분야를 정하는 경우가 적지 않다.

이런 풍토에서는 이른바 '주고받기'식 인사가 될 수밖에 없으니 아무리 유능한 사람이라고 하더라도 같은 학과 출신이 아니면 응모할 생각도 하지 못하고 응모를 해도 소용이 없다. 사람을 우선하게 되니 전공이 중복되어 맡을 과목이 없어지는 일도 생기고 학생들도 특정 분야의 전공을 기피하여 학문의 균형 있는 발전을 저해하는 일이 적지 않다.

한 사회의 학문이 균형 있게 발전하려면 출신 학교와는 관계없이 능력과 업적을 위주로 하여 사람을 평가하는 풍토가 조성되어야 한다. 사실 같은 학과 출신끼리 모여 있으면 인간적 유대가 강화되는 점이 없지 않으나 이는 학문 발전에 오히려 방해가 된다. 이른바 동종 번식 현상이 일어난다. 근친혼의 폐해와 무엇이 다르겠는가. 사실 동창회라는 것도 동종 번식을 부채질하는 압력 단체의 역할을 하는 일이 많다.

그 사이 우리의 학계에는 많은 분야에 걸쳐 수많은 인재가 배출되었기 때문에 어떤 분야건 간에 사람들이 많이 대기하고 있다. 그 가운데는 외국에서 고등학교에서부터 대학원에 이르기까지 모든 과정을 골고루 밟은 사람들도 있고 한국의 학부와는 다른 분야를 전공한 사람도 많다. 국내도 학부와는 다른 방면으로 전공을 택하는 일이 해마다 늘어가고 있다. 여러 전공을 거친 이런 인재를 끌어안는 데는 이번의 개정안이 상당한 효과를 거둘 것으로 본다. 단계적으로 같은 대학의 학부 출신과 같은 대학원 출신에 대해서도 임용을 제한하는 조처를 취해야 할 것이다. 학과와 학부가 달라도 대학원 과정이 같은 경우도 있을 수 있으니 이는 궁극적으로 동종 번식의 테두리를 벗어나지 못한다.

학문은 다양성 속에서 서로 경쟁을 하는 가운데서 발전된다. 지금 한국 사회에는 명문이라는 간판만 보고 대학 (원)에 진학하는 일이 뿌리 박혀 있다. 이런 일이 하루 아침에 시정되지는 않겠지만 장기적으로는 교수와 학과 중심에 초점을 맞추는 특성화의 방향으로 밀고 나가야 한다. 이번의 법률 개정을 계기로 하여 대학은 대학대로 자정自淨의 노력을 기울여야 할 것이고 당국은 교수 임용법의 준수 여부를 철저히 감독해야 한다. 대학끼리 주고받기를 하다가 결국은 자기 출신을 데려온다거나 주변 영역을 다른 학과 출신이나 다른 대학의 학부 출신에게 주는 행태가 벌어진다면 이는 오히려 개악을 불러일으킨다는 점을 명심해야 한다.

(1999. 10. 18, 교수신문)

고 향

보통 자기가 태어나 자란 곳을 '고향'이라 이른다. 내 고향은 경전선 철도가 마주 보이는, 진주와 마산의 어름에 자리 잡고 있는 한적한 농촌이다. 우리 마을 앞으로는 또 마산과 진주를 이어 주는 국도가 지나가고 있다. 지금은 남해안 고속도로가 생겨서 대부분의 차들이 그리로 다니지만 그 전에는 마산 (현재의 창원시)에서 서부 경남으로 가는 가장 중요한 길목이었다. 농촌이라고 하지만 나는 태어날 때부터 기적 소리와 자동차 경적 소리를 들으며 어린 시설을 보내었다.

우리 마을의 자리도 여느 농촌과 다름없다. 뒤에는 경사가 느린 높지 않은 산이 솟아 있고 앞에는 허리가 잘록한 야트막한 동산이 바람을 막아주고 있으며 그 앞에는 맑은 냇물이 흐르고 있다. 그리고 들 가운데는 수백 년 묵은 느티나무가 서 있어서 여름철이면 모심기군의 점심식사 장소로 이용되었고 특히 단오절이나 추석 때는 동네 처녀들의 그네터로 활용되었다. 뒷산 꼭대기에는 성터가 있다. 거기에는 아름드리 돌배나무가 서 있었고 지형 지물을 교묘하게 이용하여 만든 성이 계단식으로 축조되어 있었다. 지금은 옛 모습이 많이 사라졌지만 해방 전만 해도 허물어진 성벽을 더러 볼 수가 있었다. 들려오는 이야기에 의하면 임진왜란 때에 한 장수가 마을앞 느티나무 밑에서 산성을 배경으로 하여 왜적을 물리쳤다고 한다.

우리 마을의 큰 자랑거리라 할 수 있는 느티나무와 그 자리 터는 지난 70년대의 농지 정리 때 자취도 없이 사라졌다. 나는 그 때 그 소식을 듣고 얼마나 동네 어른들을 원망했는지 모른다. 나무가 워낙 오래되어 고사枯死 상태에 이르렀으니 베어 내지 않을 수 없었다는 것이다. 사실 이 느티나무는 어렸을 때는 나의 꿈의 동산이었고 커서는 독서와 사색의 마당이었다. 사립문만 나서면 버티고 서 있는 그 웅대한 모습은 어린 나에게 온갖 어려움에도 굽히지 않는 강인한 혼을 불어 넣어 주었다.

한여름 동무들과 절벽 아래 냇물에서 멱을 감고 느티나무 그늘에서 낮잠을 즐긴 일도 한두 번이 아니다. 동무들과 이곳에서 멱살을 잡고 싸우다가 코피를 흘려 밤낮 남에게 얻어맞기만 한다고 어머니로부터 꾸중을 듣던 일이 어제런듯 새롭다. 청소년 시절, 특히 여름 방학에는 이 느티나무 그늘 아래에서 많은 시간을 보냈었다. 고금의 명편들을 읽으며 생각을 가다듬고 어렸을 때의 꿈을 되살려 보고 싶어 추억에 잠기곤 하던 나의 꿈의 동산, 그 느티나무 동산이 없어졌으니 나는 이제 고향을 잃은 심정에 놓여 있다.

나는 1년에 한두 번씩 고향을 찾는다. 최근에는 사정이 있어 2년 동안 고향에 가지 못하다가 달포 전에 한번 다녀왔다. 갈 때마다 고향 모습이 달라진다. 느티나무가 없어진 것은 오래전 일이요 살던 집이 폐가가 되는 것도 어제 오늘의 일이 아니다. 요즈음은 자연이 바뀐다. 고갯길이 없어지고 평탄한 자동차길이 생기는가 하면 강물과 냇물의 줄기도 바꾸어 놓는다.

옛 사람은 "산천은 의구하되 인걸은 간데 없네"라고 읊었지만 요즘은 산천도 바뀌고 있다. 고향을 찾아가도 그것은 내가 살던 땅이 아니다. 산업 사회로 접어드는 과정에서 필연적으로 겪어야 할 아픔이라고도 할 수 있겠으나 우리만이 산업 사회를 지향하는 것은 아니다. 옛것을 보존하면서도 새것을 추구하는 지혜의 창출이 필요하다. 어쩌면 모순되어 보이기도 하겠지만 그렇게만은 볼 수 없다. 느티나무의 경우만 하여도 잘 돌보고 계속 가꾸겠다는 배려가 진작부터 있었더라면 그렇게 가벼이 베어 버리지는 않았을 것이다. 터를 없앰으로써 논이 수백 평 생기는 이득은 있었을 것이다. 그런 이득보다도 옛것을 잘 살려 보존하고 거기에 얽힌 전설을 찾아내는 일이 마을을 더 빛내게 하는 길이 아닐까?

지금 우리나라의 곳곳에는 산성과 같은 크고 작은 유적들이 많다. 이들의 사실史實을 면밀히 고증하여 원형대로 복구시켜야 한다. 그리고 쓰다남은 옛 가구나 도구도 많다. 이런 것을 한데 모아 "마을 박물관"을 만들 수 있다.

농촌도 도시에 못지않게 변형이 심하다. 자칫 잘못하면 우리의 유형·무형문화재와 천연 기념물이 손상을 입어 자취를 감추어 버릴 수도 있다. 조상들의 손때가 묻고 숨결을 느낄 수 있는 유물·유적이 어느 정도 보존되고 가꾸어지는 그런 마을에서만 참된 고향의 모습을 찾을 수 있지 않을까! 나는 고향을 찾을 때마다 내가 자꾸 실향민이 되어 가는 것이 아닌가 하는 착각에 사로잡힐 때가 많다.

(『월간 대학연구』 창간호, 1989. 8. /『진양 문화』 2, 1992. 9.)

[붙임]

옛 동무들 다시 만나니*

- 이반성초등학교 제19회 만남의 노래 -

대동아 전쟁
한창이던 1944년
4월초 어느날
벚꽃이 망울지던

지금은 화원으로
변해 버린
밤실 앞
운동장에서

코흘리개들 모여
입학식 올리고
신단에 먼저 정중하게
절하고

훈화단에 오른
교초 센세이 따라
아사노 지카이를
웨쳐대던 그날

---

* 이 시는 2008년 5월 19일 이반성초등학교 19회 동창회 모임을 앞두고 지은 것인데 초등학교 교장을 지낸 강경중 동문이 창원시 진전면 창포 금장 횟집에서 나를 대신하여 낭독한 것이다.

아! 벌써
64년전의 옛 일
농사철 되면
낫 들고 보리 베고

집에 가면
짐승도 안먹는
콩깨묵으로
주린 배를 채웠다.

방학이 되면
간솔가지 한 자루씩
짊어지고 가던
1945년 여름

비행기 소리 나면
비 29 아닌가 싶어
방공호속으로
피신하던 그때

일본은
드디어 손 들고 말았다.
작은 섬나라가
대국을 상대하였으니.

철부지들은
일본 항복을 아쉬워 하였다.
황국신민이 되라고
교육 받았으니.

반성 장날이면
과자 사 먹던 전지 점빵
기모노 입고 꿇어 앉아 있던
그 일본 여자.

상기도 눈에 선한
그 모습
피살되었다는
소문도 들렸다.

어영부영 우리는
한글을 배우면서
비로소 해방의
참뜻을 깨달았다.

태극기 들고
이 마을 저 마을
돌며 신탁통치 절대반대
웨치던 그 시절

호열자 극심하여
딴 동네를 갈라치면
입구에는
금줄 쳐 놓고

사람 왕래 막던 그 정경
전쟁이 끝나면
으레 극성 부리는
전염병

간솔 기름 가마솥
즐비했던 메실 입구
헐꺼시*가 나온다던
그곳을 지나치면

머리가 쭈빗하여
모두 도망하듯
뛰어 가던
머슴아 가수나

---

* 헐꺼시: 도깨비의 경남방언

일본에서 만주에서
귀환동포 밀려 오고
오죽하였으면 우환동포라
불렀던 것일까

각반 치고 국방색
유니폼 입고
병정 갔던 젊은이도
집 찾아 돌아왔다.

집집마다 몇 가구씩
꽁보리밥이라도
나누어 먹던 그 시절에
우리는 학교를 다녔다.

1950년 5월 2일
5월의 햇볕이
따사롭던 그날
졸업장을 들었다.

그리고 2년 후
첫 동창회
그리고 40여년 후
창원, 서울에서 모이고

10년이 훨씬 지나고서
백발을 머리에 이고
오늘 다시
모교에 모였다.

옛날로 돌아가
손잡고 내도 건너고
어깨동무하면서
재미있게 놀자꾸나.

인제는 저승에서나
만날까
아니다. 구십, 백살까지
장수하는 시대

옛 동무들
다시 만나니
옛날로 돌아가는 듯
늙은 줄 모르고.

(2008. 5. 6)

졸업 예순돌을 맞으면서

올 2016년은 진주고등학교 26회가 졸업한 지 60주년을 맞는 해이다. 우리 26회 졸업생은 한국 전쟁이 막바지에 달하던 1953년 4월에 입학하여 1956년 3월 15일에 졸업하였다. 마침 어느 동문이 당시의 〈졸업생 일람〉을 보관하여 있다가 공개한 것이 있어 졸업 당시의 상황을 자세히 들여다 볼 수 있었다. 5개 반에 걸쳐 337명이 졸업장을 받은 것으로 적혀 있다.

당시의 교장은 일제 강점기에 경도제국대학에서 고고학을 전공하시고 곧 진주고등보통학교에 부임하시어 동양사를 가르친 바 있는 이영순 선생이셨다. 이 선생은 광복 후 6년제 진주중학교 교장으로 봉직하신 바 있으며 마산, 부산 등지의 중등학교에서 교장으로 근무하시다가 1955년에 다시 진주고등학교 (3년제)로 오셨다.

우리가 입학하였을 때의 교장 선생님은 동경고등사범을 졸업하고 한국 전쟁 전에는 경복고등학교 교장을 지내신 바 있으며 우리가 2학년으로 올라갈 무렵에 부산사범학교 교장으로 옮겨 가신 강정룡 선생이셨다. 교감 선생님은 뒤에 부산고등학교 교장을 지내신 노은식 선생이셨고 나중에는 수학을 가르치던 정원수 선생이 그 뒤를 이으셨다. 당시는 임시수도 부산에서 서울로 환도하던 시기여서 능력 있고 경력이 많은 교사들이 부산이나 대구 등지로 전근을 가는 일이 많아 학생들의 불만이 여간 아니었다. 실력 있는 교사를 놓친다고 하여 재학생들 간에 교장 배척 기운이 움트기도 하였었다.

우리가 입학할 당시는 인문고등학교에 대한 선호도가 높아 서부 경남의 중학교는 물론, 진주사범병설중학교와 진주남중학교에서도 진주고등학교로 많이 진학하였으며 멀리 부산이나 마산에서 진주고등학교로 찾아오는 일을 더러 볼 수 있었다. 군청 소재지는 대부분 농업고등학교였었고 인문고등학교는 서부 경남에서는 진주고등학교 하나밖에 없어 무슨 모임에서든지 '서부 경남의 유일무이唯一無二한 인문고등학교'라는 캐치프레이즈를 내거는 것이 보통이었다. 이에 걸맞게 진주고등학교는 매년 한번씩『飛鳳』이라는 교지를 발행하여 학생들의 문예 창작열을 북돋우는가 하면『年輪』이라는 프린트판 동인지를 내어 시, 창작, 평론을 싣기도 하였다. 그리고 개천절을 맞아서는 영남 예술제의 백일장에 참가하여 문명文名을 떨치는 사람들도 적지 않았다. 그 대표적인 사람이 현역 시인 허유 동문이었다. 1학년 때 국어를 가르쳤고 "비봉산 높이 솟아 … "로 시작하는 진주고등학교 교가를 작사하신 박두석 선생님 발의로 학급 문집을 만들어 강당에서 전교생에게 전시까지 한 일도 있었다. 62년 전의 옛 일이다.

26회 재경 동문들은 춘추로 한 해에 두 번씩 만나 회포를 푼다. 그러는가 하면 비봉 산악회 등의 모임과 화요 · 수요 · 목요 모임 등 크고 작은 모임을 통하여 건강을 챙기고 우의友誼를 다지고 있다. 우리 26회 동문은 2000년 가을에는 진주 · 부산 · 서울 동문들이 대전 광역시 유성 온천에서 하룻밤을 같이 자면서 묵은 이야기를 주고 받은 일이 있고 지난 4월 23일에는 모교의 비봉 축제를 계기로 하여 역시 진주, 부산, 서울의 동문들이 모여 시계탑을 모교에 기증하는가 하면 한올 컨설팅 김병태 대표의 장학금 전달행사도 가졌었다. 이 모임에는 교장, 교감은 물론, 진주 시장, 국회 의원 등 저명 인사들이 모두 진고 출신이어서 분위기를 한층 돋보이게 하였다. 참으로 뜻깊은 하루였다. (2016. 5. 3일 밤)

(진고 동창회지『비봉』(飛鳳), 2016, 봄)

나의 고교 시절

내가 진주고등학교를 1953년에 입학하여 1956년에 졸업하였으니 입학 연도를 기준으로 하면 벌써 42년의 세월이 흐른 셈이다. 6 · 25 사변이 나던 해 마산상업중학교 (뒤에 마산동중학교와 마산상업고등학교로 분리됨)에 입학하였으며 고등학교는 고향과 거리가 비교적 가까운 진주로 옮겨왔다. 그 해는 다른 해와는 달리 인문고등학교에 대한 선호도가 높아 진주 시내의 사범병설중학교와 남중학교는 물론 마산이나 다른 이웃 도시에서 진주고등학교로 진학을 많이 하였었다.

나는 2학년까지는 반성역에서 기차를 타고 다니며 학교를 다녔었다. 우리 마을은 반성역에서도 3킬로나 떨어져 있었다. 요즈음은 도로가 잘 정비되어 있어 우리 동네에서 진주까지 버스 통학이 가능하다고 하지만 그 당시는 버스 통학이란 꿈에도 생각할 수 없었다. 모두 십리 이상의 먼 길을 걸어다니며 기차 통학을 하였었고 토요일이 되면 기차에서 내려 수십 리 길을 걸어 고향을 찾았으며 그 이튿날이면 다시 쌀자루를 짊어지고 기차역까지 걸어와 도시로 나아가는 풍경을 예사로 볼 수 있었다.

당시의 학생 통학 열차는 말이 기차이지 문도 제대로 달리지 않은 화물차였고 그나마도 증기 기관차였기 때문에 터널 속을 통과할 때면 석탄 가루를 뒤집어쓰는 일이 보통이었으며 고갯길을 올라갈 때는 힘에 부쳐서 평지까지 되돌아 왔다가 다시 힘을 얻어 올라가는 일이 적지 않았다. 특히 겨울철에는 기차가 연착하는 일이 잦아 기차 통학생은 지각생의 대명사처럼 여겨졌었다. 이러는 가운데서도 기차 안에서 영어 콘사이스를 통째로 외우는 열성파들이 적지 않았으며 나 자신도 학교앞 고서점에서 빌린 소설책을 오가는 기차 안에서 읽은 일이 많았다.

기차 통학을 하면서 지금도 내 기억에서 지워지지 않는 일이 있다. 추운 겨울 아침이었던 것으로 기억난다. 기차가 연착이 되어 통학생 대여섯 명이 선로반 앞에서 장작불을 피워 몸을 녹이고 있는데 그때 마침 기차가 도착하여 같이 불을 쬐던 학생들은 모두 플랫폼으로 달려갔다. 장작불을 그대로 두었다가는 선로반 목조 건물에 불이 옮겨 붙을 매우 위험한 순간이었다. 나는 무슨 생각에서였는지 불부터 먼저 끄고 폼으로 달려가려고 하였다.

그런데 그 순간 나는 선로 반원에게 손목을 잡히고 말았다. 아무리 사정을 이야기해도 소용이 없었다. 이 통에 나는 기차를 놓쳐 결석을 하고 말았다. 직원은 나를 '워붐쟁이' (불 놓은 장본인의 우리 지방 사투리)로 지목하여 역장 앞으로 데리고 갔다. 나는 역장님에게 전후 사정을 이야기하였더니 나의 행위를 오히려 가상하게 여기며 집으로 돌려 보내 주었다. 40여 년 전의 아득한 기억, 그 기억을 되살리며 나는 지나온 세월을 다시금 되씹어본다.

(『진고 동창회 회보』 12, 1995. 4)

사마귀와 가지*

나는 10대 후반에 손에 사마귀가 많이 나서 고생을 많이 하였다. 어떤 어른으로부터 타성집 남새밭에서 가지를 몰래 따서 사마귀 부위를 문지르면 사마귀가 없어진다는 속설을 들었다. 민간 요법인지 모르겠다. 타성받이가 들어 있는 것을 보면 미신 같기도 하다. 우리 동네, 특히 울담 [상촌]은 타성은 단 한 집밖에 없는 고씨 집성 마을이었다. 그 집은 심씨댁이었다. 그 집은 골목을 사이에 두고 우리집과 이웃하고 있었다. 아들 3형제에 나와 동갑내기 딸이 있었고 술도가를 하는 소실댁 자녀들도 더러 드나들었다. 그댁 아주머니는 어머니와 동갑으로 양가가 친하게 지내었으며 막내 아들은 형님과 초등학교 동창으로 초등학교에 같이 근무한 일도 있다.

심씨가는 안채와 사랑채가 있고 뒤에는 대밭이 있었으며 그 뒤에 남새밭이 있었다. 하루는 점심을 먹은 다음, 심씨 남새밭을 침범하였다. 남새밭은 가시로 촘촘히 울타리를 하여 여간 모험을 하지 않으면 들어갈 수 없었다. 나는 사마귀가 없어진다는 속설을 믿고 가시에 찔리는 줄도 모르고 남새밭에 뛰어 들어 가지를 하나 따서 반쯤 베어 먹다가 손등의 사마귀를 문지르고 있었는데 그때 바로 심씨댁 고명딸이 남새밭으로 들어오는 것이 아닌가. 나는 질겁을 하며 가시에 찔리는 줄도 모르고 밖으로 뛰쳐나왔다. 그후 얼마 안 되어 손등의 사마귀는 씻은 듯이 가셔졌다. 우리가 어렸을 때에는 의료시설이 없어 미신 같은 민간요법을 믿는 일이 많았다.

심씨댁 고명딸은 나의 어렸을 때 다정한 동무였다. 이름은 행순이었다. 반주깨미 [소꼽장난]도 같이 살며 애기부부 행세도 많이 하였다. 오죽하였으면 동네 사람들이 커서 신랑각시가 되라고 하였을까. 밥만 먹으면 서로 불러 내어 어린 시절을 다정하게 보내었다. 그러다가 내가 한 삼년 지우니라는 곳에 살다가 돌아오니 행순이는 제법 성숙해 있었다. 우리집에 조카를 업고 놀러 와도 전처럼 말을 주고받지는 않았지만 눈인사를 주고받았다. 그녀는 살기가 그리 어렵지 않았는데 학교를 다녔다는 기억이 없다. 우리 동네에서 같은 해 초등학교를 간 사람은 나를 포함하여 셋밖에 없었다. 여자들은 2, 3년 선배들은 더러 초등학교를 다녔지만 우리 또래는 아무도 다니지 않았다. 그만큼 초등학교 가기가 어려운 시절이었다.

나이를 차차 먹어 가니 길에서 마주치면 내외를 한다고 특히 처녀들은 고개를 숙이고 다녔다. 요즘 같으면 말도 서로 놓고 팔짱도 끼련마는 당시는 '남녀칠세부동석'男女七歲不同席이라는 유교적 계율에 매어 얼굴도 제대로 보지 못하였다. 행순이는 나중에 알고 보니 내가 외지에 나가 있는 동안 시집을 갔다. 나는 그 사이 군에 입대하였고 한번은 휴가차 집에 오니 행순이는 아들을 업고 우리집에 놀러 와 있었다. 내가 대문 안에 들어서니 행순이는 부끄러운 표정을 짓고 얼굴 을 붉힌 채 종종 걸음을 쳤다. 요새 무슨 내외가 있느냐는 어머니의 말씀을 뒤로 한 채 …

타성바지 남새밭에 들어가 가지를 따 먹다가 어렸을 때 소꼽친구였던 행순이와 부딪혀서 무안을 당하였지만 그러나 그 일로 나를 애먹이던 사마귀를 없앨 수 있었으니 하늘이 두 사람의 어렸을 때의 인연을 생각하여 사마귀를 없애 주지 않았는지? 50년 전의 옛 일, 행순이도 이제 70고개를 훨씬 넘은 할머니가 되었을 것이다. 나이가 드니 어렸을 때 동무들이 자꾸 보고 싶어지는 것은 나 혼자만의 심정은 아니리라. (2008. 7. 30)

(『서울대학교 명예교수회보』 10호, 2014)

* 이 글을 읽은 약학대학 명예교수 김낙두 선생은 '가지'에 사마귀를 퇴치하는 성분이 있다는 말씀을 하셨다. 이를 통해서 보면 우리 선조들의 민간요법이 과학적 근거 위에 이루어진 것임을 알 수 있다.

옛날 길과 지금 길

독문학자이자 수필가였던 김진섭 선생은 〈窓〉이라는 수필에서 창은 우리에게 광명을 가져다주는 태양이라고 하였다. 창을 통하여 광명을 찾듯이 우리는 길을 통하여 새로운 세계를 경험한다. 어릴 때 사립문을 나서면 아래 동네와 위 동네를 가는 길이 우리집 앞에 나 있었다. 주말이면 고성 방면의 진주 · 마산 유학생들이 쌀자루를 짊어지고 기차를 타러 반성역으로 걸음을 재촉하는 길이기도 하였다. 고성에는 기차가 지나가지 않기 때문에 고개를 넘어 수십 리를 걸어와서 기차를 이용하였다.

앞에는 들판으로 벋어 나간 논길이 있었고 소를 몰고 잔데이 (작당산성)로 올라가면 성안으로 올라가는 길이 있었다. 새터로 가는 길을 따라가면 큰 저수지가 있고 한골 재 너머 산길을 올라가면 고성 땅으로 접어든다. 자동차 다니는 한길 [신작로]을 따라 가수개를 거쳐 논길을 지나 고개를 넘어 한창 걸으면 나의 모교인 이반성초등학교가 나온다.

어렸을 때 내가 걷던 길은 나에게 많은 것을 가르쳐 주었다. 한여름철 논길을 따라가면 논두렁에 콩이 무더기로 자라고 있었다. 논길 옆 도랑에는 밤이면 통발을 대고 미꾸라지를 잡는 풍경도 예사로 볼 수 있었다. 아버지는 해마다 나락이 한창 자랄 때면 한밤중에 간조기 한 손과 밥을 지어 나를 데리고 논두렁에서 농신제를 지내곤 하셨다. 그해 농사가 잘되라는 뜻으로 농신에게 고사告祀를 지내는 것이다.

논길을 따라 구석진 곳으로 가면 웅덩이를 만난다. 가물 때에는 웅덩이에서 물을 퍼서 논에 물을 대었다. 나도 형들을 따라 물을 푼 기억이 있다. 그러던 웅덩이도 저수지가 생기면서 논으로 변하였다. 농촌의 낭만이 서려 있던 논길도 지금은 농로로 바뀌어 트랙터가 오고간다.

산길을 따라가면 특히 가을철이면 빨갛게 물든 망개며 굴밤 [도토리]이며 뽈똥이며 온갖 산 과일이 지천으로 널려 있었다. 뽈똥 [보리수나무]은 내가 예닐곱살 때 시사 (시제)를 지내러 발리치산 선산으로 오를 때, 익을대로 익은 뽈똥을 따 먹은 기억이 생생하다. 다년생 나무에 열리는 붉게 익은 뽈똥 열매를 입에 넣으면 시금털털한 액이 온 입안을 상큼하게 적셨다. 고려가요의 〈동동〉에 나오는 'ᄇᆞᄅᆺ'이 이 뽈똥을 가리키는지, 표준말의 '보리수나무'이다. 성안에는 돌배가 주렁주렁 열려 있어 따 먹으면 어찌그리 떫었던지. 작년 시제 때 올라가보니 옛 모습은 자취도 없이 사라지고 이름 모를 무덤 한 쌍이 그 자리를 지키고 있었다.

나에게 새로운 세계를 알려 준 그 많은 길들은 이제 자취도 없이 사라지고 있다. 어머니의 손을 잡고 외갓집으로 갈 때 걷던 발산재 너머 그 길은 수풀로 뒤덮여 있으며 그 대신 진주 – 마산 간 4차선 산업도로가 선산 중허리를 뚫고 지나가고 있다. 옛날 걸어 다니던 길들은 모두 묻혀 버리고 논길은 농로로, 한길은 산업도로 아니면 고속도로, 고속화도로가 그 자리를 메꾸고 있다.

산길 또한 흔적도 없이 사라져 가고 있으며 예전에 없던 '林道'가 새로 생겨 산불 퍼지는 것을 막는 역할도 하고 자동차로 목재를 운반하기도 하는 세상으로 변모하였다. '林道'에 해당하는 고유어는 없다. 이에 대응됨직한 '숲길'은 있어도 지칭개념이 다르다. '숲길'은 숲속에 난 길을 가리키는데 모두 산책로로 바뀌고 있으니 이 또한 조만간 폐어가 되지 않을까.

내 어렸을 적의 산은 삶의 터전이었다. 나무꾼들은 지게를 지고 산길을 따라 나무를 한 짐 해 와서 땔나무를 마련하거나 5일장에 지고 가서 팔아 생계를 꾸려 나갔다. 봄철이면 아낙네들은 깊은 산중에 가서 '현잎' (홋닢, 화살나무)을 훑거나 산나물을 뜯어 춘궁기를 넘겼다. 험한 산중을 헤매면서 채취하던 산먹을거리를 지금은 양식장에서 조달한다.

옛날의 산길은 등산로로 모습이 바뀌어 가고 있다. 작년 준봉 [고경명 선조의 장남] 묘소에 가서 어렸을 다니던 산길을 찾으니 역시 자취도 없어지고 그 대신 등산로가 나 있었다. 길은 길이로되 내 어렸을 적의 산길은 등산로라는 용도가 다른 길로 변하여 있었다. 옛날 길은 삶의 터전이었지만 지금 길은 건강의 터전으로 바뀌어 가고 있다. 산길이든 등산로든 길은 우리에게 새로운 세계를 경험하게 하는 창구의 역할을 한다. 옛날에는 산길을 통하여 삶의 터전을 일구었고 지금은 등산로를 통하여 건강을 누리고 있으니. (2008. 7. 27, 저녁 8시 넘어)

(『서울대학교 명예교수회보』 8, 2012)

졸업생들에게 주는 당부의 말

1961년 9월 말에 졸업을 하였으니 벌써 40년의 세월이 흘렀다. 지금은 3월과 9월이 학기의 시작이지만 50년대 중반까지는 4월과 10월에 학기가 시작되었다. 당시는 대학 재학생이 입대를 하면 '귀휴'歸休라 하여 복무기간을 1년 6개월로 단축해 주는 제도가 있었다. 1956년에 입학하였으니 제대로 학업을 계속하였더라면 1960년 봄에 졸업을 하였을 것이다.

졸업 무렵에는 5·16혁명으로 빈 자리가 많이 생겨 운좋게 졸업도 하기 전에 고등학교 국어 교사로 취직이 되었다. 이어 대학원에 진학하여 교사 생활을 하면서 학업을 계속하였다. 요즈음처럼 대학원이 정상적으로 운영되는 시대였더라면 공부는 꿈에도 생각하지 못하였을 것이다. 60년대 초까지만 하여도 한국 전쟁의 상흔傷痕이 여기저기 널려 있어서 서울에 연고가 있지 않은 시골 출신의 사람들에게는 일자리를 구하는 것만도 큰 행운이었다. 낮에는 어린 청소년들과 씨름을 하고 밤이 되어서야 시간을 내어 책을 잡을 수 있었다. 그러니 옳은 공부가 될 수 없었다.

석사 과정을 마치고 보니 건강을 해쳐 한동안 병마에 시달린 적도 있었다. 그런 생활의 소용돌이 속에서도 나는 중학교 시절에 배운 공자의 삼계도三計圖를 나의 좌우명座右銘으로 삼아 왔다. "한 평생의 계획은 어릴 때[幼] 있고 1년의 계획은 봄 [春]에 있고 하루의 계획은 새벽 [寅]에 있으니 어려서 배우지 않으면 나이 들어 아는 것이 없고 봄에 만약 밭을 갈지 않으면 가을에 얻을 것이 없고 새벽에 일찍 일어나지 않으면 그날 할 일을 모른다."와 같은 뜻이다.

여러분들은 대학 4년을 마치고 각자의 취향에 따라 직장을 갖는 사람도 있을 것이고 대학원에 진학하여 학문적 포부를 펼칠 사람도 있을 것이다. 어떤 길을 걷더라도 지금이 인생을 설계하는 시작 단계라는 것을 명심하고 원대한 계획을 세워 차근차근 실천해 나가기를 바란다. 어떤 일에 종사하더라도 십년을 외곬으로 정진하면 반드시 큰 열매를 따게 된다. 공들여 쌓은 탑은 결코 무너지는 법이 없다.

우리 주위에는 젊었을 시절 뚜렷한 방향 설정 없이 동가식東家食 서가숙西家宿하다가 만년에 자신의 상표 (?)를 붙이지 못하는 사람을 많이 본다. 화전민火田民이 되어서는 안 된다. 한 우물을 쉬지 않고 깊이 파라는 뜻이다. 졸업은 배움의 끝이기는 하나 긴 인생으로 보면 시작의 단계이다.

공자 삼계도에 나오는 '幼'와 '春'와 '寅'의 단계임을 명심하라. 눈을 크게 뜨고 앞을 내다보되 외곬으로 나아가면 머지않은 장래에 누구도 무너뜨리지 못하는 튼튼한 탑을 쌓을 수 있다.

(서울대학교 〈대학신문〉 2000. 8. 22)

제3부

영결사 · 추모사
치사 · 답사
하서

I. 영결사 · 추모사

주시경연구소 설립 취지문

1987년 12월 22일은 국어학 연구의 창건자이자 애국계몽 사상가이기도 하였던 한힌샘 주시경 선생이 태어나신 지 백열한 돌 (111주년)이 되는 날이다. 한힌샘의 탄생일 하루를 앞두고 〈주시경연구소〉를 설립함에 즈음하여 그분의 생애와 업적 및 활동을 더듬어 보고 이러한 일을 벌이게 된 경위를 진술하고자 한다.

한힌샘은 개항이 되던 1876년에 태어나서 일본에게 주권을 빼앗긴 지 4년이 되던 1914년에 이승을 떠났다. 한힌샘은 배운 것이 특별히 많지 않았다. 어렸을 때는 남들과 같이 서당에서 한문을 익혔고 철이 들면서는 당시의 신교육 기관이었던 〈배재학당〉에 들어가 영어와 만국지지를 공부한 것이 전부였다. 그는 향학열이 매우 강하여 국어를 연구하는 도중에도 항해술과 측량술을 익혔으며 나중에는 수리학도 공부하였다.

한힌샘이 우리말에 대한 관찰을 시작한 것은 15세 때였고 우리말 연구에 뜻을 굳힌 것은 17세 때였다. 영문 자모를 익히면서 국문 자모를 분석하기 시작한 것이었다. 스물한 살 때 서재필 선생의 부름을 받아 〈독립신문〉을 만들고 있을 때 〈국문동식회〉를 조직하여 맞춤법의 정리에 손을 대었고 이어 문법 연구와 사전 편찬의 필요성을 주장하였다. 한힌샘은 열여덟 살 때부터 『국어문법』을 짓기 시작하여 스물세 살 때 이를 끝마쳤다고 한다. 이 뒤로부터 한힌샘은 자신의 연구 결과를 각종 교육 기관을 통하여 보급하기 시작하였다. 영국 선교사의 우리말 교사로 초빙을 받는가 하면 지석영 선생과 교분을 맺으면서 국어 · 국문 연구에 힘을 기울였다. 한힌샘의 활동이 본격화된 것은 1906년부터이다. 이때는 을사보호조약이 맺어진 바로 뒤여서 나라의 앞날을 헤아리기가 매우 어려웠다. 한힌샘은 1906년 6월에 낸 『대한국어문법』을 통하여 말과 글이 사회 경영의 '기관' 임을 전제하고 이를 갈고 닦아 보급하는 것만이 독립자존을 이룩하는 지름길임을 설파하였다.

1907년에는 당시 학부 (지금의 문교부)에 설치되었던 〈국문연구소〉의 주임 위원으로 임명되어 여러 차례 보고서를 제출하였다. 특히 1909년의 최종 보고서 『국문연구』는 위원들의 친필로 되어 있는데 한힌샘의 것이 가장 정성껏 작성되었다. 한 자 한 획도 소홀히 한 구석이 없어 그의 국어·국문에 대한 태도가 거의 신앙에 가까운 경지에 이르러 있음을 알 수 있다. 한힌샘은 서울의 보성·이화·휘문·중앙 학교 등에서 국어·역사·지리·산술을 맡아 가르쳤고 1907년부터는 〈하기국어강습소〉를 열어 당시의 지식인들에게 "자국사상"自國思想을 불어넣어 주었다.

1908년에는 졸업생들과 손을 잡고 〈국어연구학회〉를 창립하였는데 이는 우리나라 최초의 국어 연구 단체였다. 이 학회의 산하에 〈국어강습소〉를 두어 연구 단체와 교육 기관이 유기적으로 운영되도록 하였다. 한편, 한힌샘은 저술에도 게을리 하지 않아 1908년에는 『국어문전음학』을, 1910년에는 『국어문법』을 간행하였다. 특히 『국어문법』은 한힌샘이 열여덟 살 때부터 짓기 시작한 책으로서 그의 문법 이론의 전모가 드러나 있으며 당대나 작고 이후는 물론이려니와 현대의 문법 연구에까지 계속 영향을 미치고 있는 국어 문법서의 가장 값진 고전이다. 한힌샘은 국어·국문에 대한 연구뿐만 아니라 역사·지리에 대해서도 일가견을 가지고 있었다.

나아가 한힌샘은 양계초의 『월남망국사』를 우리말로 번역하여 당시의 지식인들에게 독립 정신을 불어넣는 데 큰 역할을 하였고, 조혼 폐지, 위생, 미신 타파, 부녀 교육, 음악 보급 등 사회 개혁에 대하여도 깊은 관심을 기울였다. 한힌샘은 국권 상실 후에도 그전에 구축했던 연구 단체와 교육 기관의 이원적 체제를 굳히면서 우리말의 연구와 보급에 온갖 노력을 다하였다. 〈조선어강습원〉의 원칙은 물론, 〈조선언문회〉의 회칙까지도 스스로 만들었다. 한힌샘은 제자들의 추대를 받아 〈조선언문회〉 (한글모)의 회장으로 피선되는 영광을 얻었다. 한편 한힌샘은 제자들과 함께 『말모이』라고 부르는 최초의 국어 사전을 만들었고 『국어문법』을 두 번이나 손질하여 『조선어문법』이라는 이름으로 발간하였다. 작고하기 3개월 전에는 『말의 소리』를 자필로 써서 석판으로 간행하는 정성도 보이었다.

한힌샘 주시경 선생은 개화기가 낳은 위대한 사상가요, 애국자요, 국어학자요, 교육가였다. 그는 어문 민족주의를 등에 짊어지고 국어 · 국문을 연구하고 보급하는 일에 온 생애를 바쳤다. 그가 남긴 저술은 30종류가 넘고 논설만 하여도 20종류 이상이 되며 일기와 자필 이력서도 전하고 있다. 지난 1981년에는 한힌샘의 제자였던, 이규영 선생이 엮은 것으로 짐작되는 『한글모 죽 보기』 (조선언문회일람)란 책이 발견되어 한힌샘을 중심으로 한 개화기의 국어 연구와 국문 보급의 양상이 분명히 드러났다. 지금도 한힌샘의 저술이 나타나고 있으며 앞으로도 그럴 가능성이 충분하다고 믿는다.

개화기 이후의 인물치고 한힌샘만큼 계속 추앙을 받는 사람이 달리 있다고 생각하지 않는다. 이미 일제 강점기에는 여러 번 추모 행사가 있었다. 1927년에는 서거 13주기 추모 행사가 있었고 1929년 잡지 『신생』은 15주기 기념 특집을 마련하였다. 1936년에는 『한글』이 회갑기념 특집호를 내었고 후배 제자들이 회갑 기념식을 거행하기도 하였다. 작고한 사람의 회갑을 기념한다는 것은 매우 드문 일인데 이를 통해서도 한힌샘의 생전의 감화와 작고 후의 영향력이 얼마나 컸던가를 짐작할 수 있다. 1933년에는 한힌샘의 제자였던 신명균 선생의 손으로 『주시경선생유고』가 간행되었다. 해방 이듬해 1946년에는 한힌샘의 아드님 주왕산 선생이 유고집을 간행하기도 하였다.

한힌샘에 대한 평가는 1976년 탄생 100주년을 맞이하면서 제 자리를 잡는다. 이전은 한힌샘의 제자들에 의한 추모의 수준에서 크게 벗어나지 못하였는데 탄생 100주년을 계기로 본격적 연구 · 평가가 가능해졌다. 1976년에 나온 이기문 교수의 『주시경전집』은 흩어져 있던 한힌샘의 저술을 한 군데 모아 놓음으로써 한힌샘을 종합적으로 연구할 수 있는 터전을 마련한 것이다. 1977년에 나온 김민수 교수의 『주시경연구』는 성실한 문헌적 바탕위에 저술된, 한힌샘 연구의 가장 권위있는 업적으로 평가되고 있다. 1976년 겨울에는 국어학회와 한글학회에서 각각 기념 발표회 및 기념 강연회를 가졌다. 신용하 교수는 이때 주시경을 "애국계몽사상가"로 규정하기도 하였다.

탄생 106주년 (1981) 때는 한힌샘 묘소를 국립 묘지의 국가 유공자 묘역으로 옮겼다. 또 이때 국어학회에서는 한힌샘의 업적을 세밀하게 평가하는 모임을 가졌다. 이 자리에서는 한힌샘의 문법 이론이 기호학을 바탕으로 형성되어 있음이 드러났다. 탄생 110주년인 작년 (1986)에는 김민수 교수의 『주시경연구』 (증보판)가 나왔는데 지난 10년 동안에 발굴된 주시경 업적에 대한 연구를 추가한 것이다. 고영근 · 이현희 교수가 교감한 『주시경, 국어문법』도 110주년을 기념하여 나왔다.

한국언어학회에서는 『국어문법』에 대한 특강 행사를 가지기도 하였다. 한글학회에서는 〈한힌샘 연구모임〉이란 단체를 발족시켜 사업을 벌이고 있다. 현재 김민수 교수는 새로운 형태의 『주시경전서』 6권을 준비하고 있다. 탄생 100주년을 전후하여 지난 10여 년 동안 한힌샘에 대한 크고 작은 논문들이 수십 편 발표되었다.

이곳에서 덧붙일 것은 북한의 한힌샘 추모 행사이다. 1956년 탄생 80주년 때 북한 과학원에서는 『주시경유고집』을 간행하였고 이를 발판으로 주시경 학문에 대한 총체적 평가를 시도하였다. 탄생 85주년 (1961)과 90주년 (1966)때는 각 분야를 대표하는 인사들이 모여 성대한 잔치를 베풀었다. 그때마다 북한 학자들은 그들 나름대로 한힌샘의 업적을 평가하였다. 한

흰샘 연구는 남북한뿐만 아니라 해외의 한국학자들까지 관심을 두고 있다.

한힌샘 연구는 탄생 100주년을 계기로 하여 새로운 단계로 접어들었다고 할 수 있으나 이 상태로는 한힌샘의 학문과 사상을 올바로 계승·발전시킬 수 없다고 생각한다.

한힌샘의 업적 가운데서 가장 큰 것은 우리말과 우리글의 과학적 연구와 보급이다. 한힌샘은 어문 민족주의를 바탕으로 우리의 전통적인 언어 연구의 경험과 서양의 언어 연구 이론을 적절히 통합하여 현대적 의미의 국어학을 창건하였다. 한힌샘은 〈독립신문사〉의 교보원을 지내었고 독립협회 회원이기도 하였다. 사회학자들은 한힌샘을 "애국계몽사상가"로 규정하기도 한다. 그는 각급 학교와 강습 기관을 통하여 수많은 제자를 길러냈다. 그의 문법 이론은 통보 이론과 기호학의 지식이 없이는 이해할 수 없게 구성되어 있고 구조 언어학이나 변형 생성 문법의 모형을 연상하게 하는 측면이 상당하다.

그를 보는 각도를 달리할 때는 보다 높은 단계의 사상체계를 지니고 있지 않았겠느냐 하는 물음도 던질 수 있다. 이렇게 본다면 한힌샘은 종합적으로 연구될 필요가 있다. 우리가 알고 있는 좁은 의미의 언어학 지식으로는 한힌샘의 사상은 물론, 그의 학문 세계를 옳게 파악할 수 없다. 기호학, 사회학, 심리학, 역사·지리학, 철학, 종교학, 수리학 등 인접 학문과의 상호 접촉을 통해서만 "한힌샘학"의 넓이와 깊이를 헤아릴 수 있다고 생각한다.

한힌샘의 사회 활동은 정치사, 사회사, 교육사의 측면에서도 깊이 구명될 수 있다. 이를 위하여는 〈주시경 연구소〉의 설립이 불가피하다. 연구소 설립의 첫째 목적은 한힌샘을 연구함으로써 우리말에 뿌리를 둔 한국의 언어학 발전에 이바지하는 것이다. 다음으로는 한힌샘을 연구하는 것이 개화기나 일제 강점기의 인문 사회 현상의 전반을 연구하는 길로 이어질 수 있다는 것이다. 한힌샘은 많은 저술을 남겼다. 『국어문법』 같은 책은 끊임없이 교감 작업이 시도되어야 하고 다른 저술들도 주석과 현대역이 이루어져 독자층을 넓게 확보해야 한다.

내일부터 태어나는 〈주시경연구소〉는 우선 흩어져 있는 한힌샘 자료를 수집 · 발굴하고 이를 풀이하는 문헌적 연구에 중점을 두어야 한다고 생각한다. 이러한 성과를 포함하여 우리는 주시경의 학문 사상과 직접 · 간접으로 관련되는 내용의 연구 성과를 모아 정기적으로『주시경학보』를 발간하려고 한다.

외국에서는 위대한 사상가나 철학자의 이름을 딴 연구소 내지 문서 보관소 (Archiv)가 설립되어 이를 중심으로 그의 저술과 관계 문헌을 한 자리에 모아놓고 사상을 체계적으로 연구하는 일이 많다. 우리 학문의 역사도 결코 짧지는 않다. 커다란 발자취를 남긴 학자나 사상가의 이름이나 아호를 붙인 연구소가 많이 설립되어 우리의 학문이 건전한 전통의 토대 위에 서게 되기를 바랄 뿐이다.

1987년 12월 21일

주시경연구소 준비위원회

주시경 추모追慕 일지日誌*

- 1914. 7. 28. 朝鮮語講院 및 友人 柳瑾 등의 명의로 된 부고가 「每日新聞」 2643號 二面에 실림.
- 1914. 7. 29. "朝鮮語學界의 不幸"이란 기사가 「每日新報」 2644號 二面에 보도됨.
- 1914. 7. 31. 한힌샘의 장례식이 7월 31일 (5일장) 상오 9시에 京城 尙洞 예배당에서 300여 명의 조객이 참석한 가운데 열림.
- 1914. 8. 8. 한힌샘의 추도회가 舊馬山禮拜堂에서 한결 金允經을 비롯한 선생과 학생 50여 명이 참석한 가운데 열림.
- 1914. 9. 3. 在美僑民國報 「新韓民報」 337號 4面에 '國語霸王長逝'(국어패왕장서)란 제목으로 한힌샘의 서거 소식이 보도됨.
- 1914. 11. 1. 한샘 崔南善의 추모시 "한힌샘 스승을 울음"이 『靑春』 2, 100而에 발표됨.
- 1926. 11. 1. 『別乾坤』 창간호에 한힌샘의 유족을 찾아 근황을 살피고 유업을 추모한 기사 실음.
- 1927. 7. 18. 『한글』 동인들은 한힌샘 13周忌를 맞아 「한글」 (동인지) 第一卷 第五號에 眞影과 略傳을 붙이고 추모의 뜻을 표시함.
- 1929. 9. 1. 新生社는 『新生』 第二卷 第九號 (通卷 第十一號)의 표지에 "周時經先生의 十五朞紀念號"라 붙이고 첫 장에서 유업을 추모한 다

* 이 일지에는 한힌샘에 대한 부고, 서거 기사, 추모 · 추념 행사, 추모 · 추념 특집, 추모 출판, 추모시 등을 포함시켰다. 개별적인 추모 · 추념의 글은 주시경학보 창간호 (1988)에 실린 "주시경 연구의 어제와 오늘" 및 "주시경 연구 논저 목록"을 보기 바란다.

음, '周時經先生十五周朞紀念特輯' (3-13面)을 마련함. 權悳奎, 李秉岐, 외솔, 白南奎, 鄭烈模, 申明均, 李能和의 글 실려 있음.

• 1929. 9. 1. 『新生』 사는 「新生」 第二巻 第九號 7面에 외솔 崔鉉培의 추모 시조를 실음.

• 1932. 7. 19. 조선어학회는 한힌샘의 十八周朞를 맞아 「한글」 第一巻 第三號의 첫머리를 "周時經先生紀念"이라 적고 18周朞를 맞아 추모의 뜻을 표하였으며 (머리말: 이윤재), 가람 李秉岐, 감뫼 崔鉉培의 글 실음.

• 1932. 7. 19. 조선어학회는 가람 李秉岐 추모시조 〈한힌샘 스승님〉을 「한글」 第一巻 第三號에 실음.

• 1935. 1. 1. 『東亞日報』 (其五)는 "建設 途上의 거룩한 礎石, 祭物로 自任한 開拓者의 全生涯"란 특집에서 "한글 · 周時經氏"란 제목을 붙이고 한힌샘의 생애와 업적을 더듬어 봄.

• 1936. 11. 1. 조선어학회는 『한글』 第四巻 第十號를 "追慕! 周時經先生"이라 하여 회갑기념 특집호로 삼음. 한힌샘 전기 (지은이 안 밝힘)와 崔奎東, 申瑛澈의 글 실음.

• 1936. 11. 17. 11월 7일로 맞은 '周時經先生回甲紀念式'을 배재고등학교 강당에서 가짐. 참석자: 崔奎東, 金鎭浩, 辛鳳祚, 申明均, 李秉岐, 崔鉉培, 周白山 (한힌샘의 둘째 아들) 등 40여 명.

• 1937. 5. 1. 『朝光』 第三巻 第五號에 한힌샘의 후손을 찾아 근황을 살피고 유업을 추모하는 글 실음.

• 1946. 4. 해방을 맞아 한힌샘의 셋째 아들 周王山은 어버이를 추모하는 뜻으로 장지영의 '서문'을 붙여 『朝鮮語文法』—周時經先生遺稿—을 正音社에서 간행함.

• 1949. 국문운동의 선각자 주시경 선생의 생애와 업적, 『조선어 연구』 1권 4~5호.

- 1957. 10. 30. 조선민주주의 인민공화국 언어문학연구소는 한힌샘 탄생 80주년 (1956.12.22.)을 맞아 주시경 유고집을 간행함.
- 1960. 10. 1. "고 주시경 선생 이장 추진위원회"는 한힌샘의 무덤을 수색 고택굴 공동묘지 (현재의 은평구 신사동)에서 경기도 남양주군 진접면 장현리로 옮기고 묘비 제막식을 가짐.
- 1961. 12. 21. 조선민주주의 인민공화국 과학원은 평양 문화회관에서 한힌샘 탄생 85주년 기념행사 가짐. 정렬모 (사회), 김병제 (사업보고).
- 1966. 12. 21. 조선민주주의 인민공화국 과학원은 한힌샘 탄생 90주년 기념행사를 가짐. 김병제, 홍기문, 이극로, 이기영 등 언어학자, 과학자, 교육자, 문화인 등 참석함.
- 1971. 9. 23. 외솔회는『나라사랑』4를〈한힌샘 주시경 선생 특집호〉로 간행함.
- 1974. 7. 27. 한글학회, 민족문화협회, 세종대왕기념사업회와 공동으로 한힌샘 서거 60주기 추모식, 흉상 제막식, 강연회를 가짐.
- 1976. 11. 7. 한글학회는 한힌샘 탄생 100돌을 맞아 기념행사를 가짐. 강연회 연사: 이은상, 신용하.
- 1976. 12. 5. 한글학회는『한글새소식』52를〈주시경 선생 나신 100돌 특집〉으로 꾸밈.
- 1976. 12. 19~21. 국어학회는 제3회 공동연구회에서 주시경선생 100돌 기념강연회를 가짐. 연사: 김민수, 이기문.
- 1976. 12. 30. 한힌샘 탄생 100돌을 기념하여 李基文 (編),『周時經全集』(上·下), 亞細亞文化社에서 간행됨.
- 1977. 1. 4. 한힌샘 탄생 100돌을 맞아 蘇聯 관영 모스크바 방송은 특별 프로를 마련하고 어문학자로서 애국지사로서 한힌샘의 공적을 기림.
- 1977. 8. 10. 한힌샘 탄생 100주년을 맞아 金敏洙,『周時經研究』, 塔出版社에서 간행됨.

• 1981. 12. 11~13. 국어학회는 한힌샘 탄생 105 주년을 맞아 제8회 공동연구회에서 공동 토론회 '周時經의 國語研究'를 가짐. 주제 발표자: 이기문, 고영근.

• 1981. 12. 12. 광복회와 한글학회가 주관하여 한힌샘의 무덤을 은평구 신사동에서 국립묘지 국가 유공자 제2묘역으로 옮김.

• 1981. 12. 16. 한글학회가 주관하여 서재필, 주시경 등 18위의 스승을 위한 합동 추모제전을 YWCA에서 가짐.

• 1982. 1. 5. 한글학회는 이은상의 추모시, 〈한힌샘 옮겨 장례 모시며 드리는 시〉를 「한글새소식」 113에 실음.

• 1983. 12. 5. 한힌샘 서거 69 주기를 맞아 高永根, 『國語文法의 研究』, 塔出版社에서 간행됨.

• 1986. 10. 9. 한글학회는 「한글새소식」 160을 〈한힌샘 주시경 선생 추모 특집〉으로 꾸밈.

• 1986. 10. 9. 한힌샘 탄생 110 주년을 맞아 高根根 · 李賢熙 (校註), 『周時經, 國語文法』, 塔出版社에서 간행됨.

• 1986. 10. 9. 한힌샘 탄생 110주년을 맞아 金敏洙, 『周時經研究』 (增補版), 塔出版社에서 간행함.

• 1986. 10. 9. 한글학회는 충남 천원군 독립기념관 뜰에 한힌샘의 말씀비 [語錄碑]를 세움.

• 1986. 12. 20. 「朝鮮日報」 (제 20221 호, 6면)는 한힌샘 탄신 110주년을 맞아 '한글 中始祖 周時經先生'이라는 제목으로 특집 기사 실음.

• 1986. 12. 22. 한글학회는 한한샘 탄신 110주년을 맞아 한글학회 안에 〈한힌샘 연구 모임〉 (대표: 허웅) 만듦.

• 1987. 2. 16~22. 한국언어학회 (회장: 이승환)는 한힌샘의 탄생 110주년을 맞아 겨울연구회에서 〈국어문법의 전통 - 주시경, 「國語文法」〉 특강행사 (연사: 서울대 고영근 교수)를 가짐.

• 1987. 12. 22. 한힌샘 탄생 111주년을 맞아 도서출판 塔出版社 안에 '周時經研究所'를 세움. (소장: 김민수)

• 1987. 12. 22. 한글학회는 한힌샘 탄신 111주년을 맞아『주시경 선생에 대한 연구논문 모음 1』을 간행함.

1988년 5월 13일 자정을 지나며, 後學 高永根 삼가 엮음

(『周時經學報』 창간호, 1988. 7)

1988년 이후의 추모 일지

1988년 이후의 추모 일지를 졸저『한국의 언어 연구』(역락, 2001)와 기타 자료를 중심으로 간단히 엮기로 함.

• 1991. 10. 19. '한힌샘 주시경 선생의 사상과 학문' (주시경연구소 주관, 문화부 후원).

• 1991. 10. 9.「주시경 선생 어록」, 세종대왕기념사업회.

• 1991. 10.「주시경 선생 추념문 모음」, (『새국어생활』 1권 4호 소수, 1991. 12. 30), 국립국어연구원.

• 1993. 10. 9일부터 한글학회에서 "주시경 학술상"을 제정하여 그 첫 수상자로 허웅 교수가 받음.

• 2010. 4. 주시경『국어문법』간행의 100주년 기념 출판.

고영근 · 이용 · 최형용 (공동교감), 주시경,『국어문법의 교감과 현대화』, 박이정, 2010.

• 2011. 4. 고영근 · 이용 · 최형용,『현대어로 풀어쓴 주시경의 '국어문법'』, 박이정.

一石 스승님을 생각하며

선생님께서는 스물도 되기 전에 주시경 선생이 손수 찍어낸 『소리갈』(1912?)을 동네 친구로부터 얻어 보고 우리말 연구에 뜻을 세우셨다고 말씀하셨습니다. 국어 연구의 기초 학문이 "언어학"임을 아신 선생님께서는 갖은 어려움을 이겨 내시고 드디어 京城帝國大學에 들어가셔서 우리나라 최초의 '國語學 學士'가 되셨습니다. 경성제국대학은 일본 사람의 손으로 설립 · 운영되기는 하였으나 설립 취지가 우리 문화를 중심으로 한 동양 문화의 연구를 표방하고 있었기 때문에 우리말과 우리 문학을 연구 · 교수하는 기능을 그런 대로 수행할 수 있었습니다. 말하자면 國語學과 國文學이 학문으로서 자리를 잡게 된 것입니다.

선생님과 함께 우리 語文의 연구와 그 보급에 몸 바친 대부분의 학자들이 대학 교육을 받지 못하였거나 받았다고 하더라도 그 분야가 언어학과는 거리가 멀었습니다. 또 선생님께서는 東京帝國大學에서 한 해 동안 언어학을 연구하셨습니다. 선생님께서 누구보다 먼저 국어학 연구의 科學化를 성취하신 것도 이런 학문적 바탕이 있었기 때문입니다. 선생님께서는 도남 조윤제 선생 등 조선어문학과 졸업생과 손을 잡고 "朝鮮語文學會"를 창립하여 국어학 연구의 이론적 측면을 연마하셨습니다. 한편 "조선어학회"에 가입하셔서 맞춤법의 제정을 비롯하여 우리 어문의 표준화에 중추적 역할을 하셨으며 조선어학회의 간사장도 맡으셨고 나중에는 왜경에 붙들려서 영어囹圄의 몸이 되시기도 하셨습니다.

선생님께서는 시작詩作에도 뜻을 두셨고 우리의 고전문학에 대해서도 값있는 업적을 남기셨습니다. 선생님께서는 이런 일을 외도라고 말씀하셨지만 반드시 그렇지는 않습니다. 이런 업적이 있었기 때문에 국어학에 미학적 측면이 접목될 수 있었고 국어학과 국문학이 자연스럽게 이어질 수 있었습니다.

선생님은 우리말과 우리글을 연구하는 데만 그치지 않고 그것을 보급하는 데도 큰 발자취를 남기셨습니다. 해방 후 지금까지 중·고등학교의 국어 교과서에서 선생님의 글이 한 번도 빠진 적이 없습니다. 말과 글에 대한 내용 밖에 수필과 시조도 실려 있습니다. 〈청추수제〉같은 작품은 한 번도 거른 일이 없습니다.

1963년에 학교 문법이 통일된 것도 선생님의 인고忍苦와 노력이 크게 작용하였습니다. 『국어학개설』은 대표적 국어학 입문서로서 아직도 이 책을 넘어서는 저작이 나오지 않고 있습니다. 그 사이 두 번에 걸쳐 나온『국어대사전』은 선생님의 해박하신 국어 어휘에 대한 식견이 결집된 국어사전의 결정판입니다.

선생님께서 1987년에 그 어려운 미국 언어학회의 명예회원으로 추대되신 것도 그 사이 쌓으신 업적과 활동이 국제적으로 인정을 받았기 때문입니다.

선생님! 선생님을 잃은 저희 국어학계, 아니 이 나라의 지성계는 온통 흐느낌과 슬픔에 잠겨 있습니다. 저희 후학, 제자들은 선생님께서 걸어오신 길을 부지런히 닦고 넓혀 나갈 것을 다짐하는 바입니다.

부디 편히 잠드소서.

〈1989. 11. 28〉

(『語文研究』 23. 3, 1994)

영결의 말씀

- 안병희 선생의 연결식전에서 -

국어학자 안병희 선생의 영결 식전에서 즈음하여 조사를 읽게 되니 만감이 교차합니다. 본인은 고등학교 1학년 시절에 당시 문리과대학에 다니던 고인을 절친한 벗이었던, 바로 이 자리에 앉아 계시는 계씨 병규형의 주선으로 여름방학 때 향리의 사랑채에서 밤 늦게까지 가르침을 받은 인연을 맺었습니다. 그리고 대학에 입학하고 학문의 길에 선 뒤로부터 우리는 같은 직장에서 때로는 친형제처럼 때로는 사제지간처럼 50여 년을 허물 없이 지내왔습니다. 이런 분을 영결하게 되니 본인은 친혈육을 여읜 것이나 다름없는 슬픔에 잠깁니다. 지난 목요일 이 자리에 계시는 이병건 선생과 함께 병원으로 문병을 갔을 때 갓난 아기가 엄마의 젖을 배불리 먹고 단잠을 자는 것이나 다름없이 깊이 잠들어 있는 것을 보고 이내 쾌차하겠거니 하였는데 이 무슨 청천의 벽력인지 심신을 가눌 수 없었습니다.

고인은 아시다시피 석사 논문에서는 기술적 언어 분석의 틀을 응용하여 난마와 같이 얽혀 있던 중세 국어의 어간 구조체의 질서를 밝힘으로써 국어학 연구를 몇 단계 끌어올리는 성과를 거두었으며 박사 논문에서는 중세 국어의 구결 체계를 확인함으로써 국어사 연구의 기반을 닦기도 하였습니다. 이밖에도 중세 국어의 의문법, 공손법, 존칭 속격은 국어학의 고전으로서 자리를 굳히고 있습니다. 고인의 업적중 가장 큰 것은 국어사 연구의 자료 정리입니다. 회갑을 맞아 출판한 『국어사자료연구』가 20세기 우리나라의 국어학 연구를 대표하는 명저로 선성이 된 것만 보아도 고인이 남긴 업적의 출중함을 짐작할 수 있습니다.

지난 세기 50년대 전반 본인이 고등학교에 재학하고 있을 무렵, 진주 지방에는 당시 문리과대학에 출강하시던 양주동 선생이 자신이 풀지 못한 고어를 고인이 해석하여 놀라게 하였다는 이야기가 신화처럼 전해지고 있었습니다. 양주동 선생은 향가를 거의 완벽에 가깝게 해독하여 30년대 중반부터 우리나라 고어학의 권위자로 군림하고 있었습니다. 본인은 나중에 양 선생이 고려가요의 '動動'에 나오는 '滿春돌욋곳'을 처음에는 '늦은 봄 달의 오얏꽃이여'로 풀었다가 50년대 후반에는 이전의 '오얏꽃'을 '진달래'로 해석한 고인의 견해 ('安秉禧君 所說')를 인용하면서 자신의 해독을 수정한 일이 있습니다. 자신이 세운 학설의 일자일획도 바꿀 없다는 양 선생이 이런 말을 하였다는 것은 예사로운 일이 아닙니다.

그 뒤에 본인은 고인에게 그런 사실이 있느냐고 여쭈었으나 전혀 모르는 일이라고 하면서 오히려 화를 내기까지 하였습니다. 보통 사람 같으면 그런 일이 있었다고 자랑을 하겠지만 고인은 그런 내색을 조금도 보이지 않았습니다. 자신의 일을 남에게 발뵈지 않으려는 성품이 단적으로 드러난 예입니다. 양 선생의 이 글은 90년대 중반에 전집에 실리기도 하였으나 전집 편찬자는 무슨 의도에서인지 '안병희 군 소설'이라는 부분을 삭제해 버렸습니다. 본인이 고교 시절에 들은 한 편의 신화는 바로 양주동 선생의 증언과 관련시켜 보면 신화가 아닌 사실담이라고 하겠습니다.

확실한 연대는 기억할 수 없지만 80년대 후반이 아닌가 합니다. 본인은 당시 유럽과 미주를 둘러보고 일본에 잠깐 들러 동경외국대학 간노 히로유미 교수와 환담할 기회가 있었습니다. 당시 간노 교수는 일본의 대중 언어학 잡지 월간『言語』편집부가 기획한 세계의 언어학자편에 한국을 대표하는 언어학자로 고인을 들고 생애와 업적을 조명하였다는 정보를 본인에게 제공하였습니다. 고인보다도 명성이 더 높은 선배학자들도 많은데 당시 50대 중반에 있었던 고인을 한국의 대표적인 언어학자로 선정한 간노 교수의 용기를 높이 산 적이 있습니다. 본인은 동료나 후배들에게 고인은 타고난 어학자라는 점을 늘 강조하여 왔습니다. 이는 노력으로 되는 것이 아니라고 생각합니다. 천부의 재능이 없이는 논문 한편 한편이 그렇게 완벽을 기할 수 없습니다. 태어날 때 누구로부터 모종의 계시를 받은 것이 아닌가 하는 생각이 들 정도입니다.

고인이 지난 10여 년에 발표하신 글을 차례로 읽어 보면 숙제로 남겨 둔 과제가 적지 않다는 것을 느낍니다. 인생은 유한하지만 학문의 길은 무한합니다. 양주동 선생이 자신의 아호를 '無涯'라 지은 것은 『장자』莊子 「양생주」養生主에 나오는 "우리의 삶은 유한하지마는 앎은 끝이 없다" 곧 "知也無涯"에서 따왔습니다. 생전에 못다 이루신 국어학의 제과제는 그 사이 직접 간접으로 영향을 받은 수많은 후학들의 손으로 계승될 것입니다. 크고 작은 업적은 전집의 형태로 편집하여 조만간 영전에 바칠 것을 약속 드립니다. 근심 걱정 다 떨어 버리시고 피안의 길로 훨훨 날아 가시기를 기원합니다.

부디 부디 안면하소서.

학계를 대표하여

2006년 10월 26일

후학 고영근 삼가 올림

안병희 선생의 1주기週忌에 즈음하여

우리의 영원한 스승이신 안병희 선생이 서거逝去하신 지 어느덧 한 해가 다가왔습니다. 세월이 유수流水 같다는 말이 이런 경우를 두고 하는 표현일 시 분명합니다. 그 사이 선생의 문하생들의 노력으로 고인이 생전에 내고 싶어하시던 두 권의 책『訓民正音研究』와『崔世珍研究』를 영전에 바치게 되었으니 더욱 감회가 새롭습니다. 오늘 이 자리에서는 고인이 30대에『言語 · 文學史』(韓國文化史大系 V)의「文法史」(1967)의 집필을 전후하여 남긴 문법사 내지 문법론 분야의 업적을 되새겨 봄으로써 후학들에게 지워진 과제가 무엇인가를 생각하게 하는 계기로 삼고자 합니다.

고인의 자전적 수상隨想「나의 책 나의 학문」(새국어생활 10-2, 2000)을 읽어 보면 고인이 우리말의 연구에 뜻을 두게 된 동기의 하나는 일제 강점기에 조선어학회의 실질적 대표였던 이극로 박사의 영향이 컸다고 합니다. 해방 직후 진주농업중학교에는 소설가였던 趙眞大 선생,『智異山』의 작가 李炳注 선생이 국어교사로 계셨고 특히 조진대 선생은 1950년도 초반에 본인이 다닌 진주고등학교에 오셔서 고문古文을 가르쳤습니다. 조진대 선생은 조선어학회가 일제 강점기에 존속되어 온 것은 이극로 박사의 힘이라는 것을 여러 번 말씀하신 것을 기억하고 있습니다. 고인이 이극로 박사를 직접 뵌 적이 있는지는 모르지만 아마도 조진대 선생이나 이병주 선생과 같은 분을 통하여 이극로 박사에 대하여 들은 것이 아닌가 합니다.

본인은 작년 봄에「이극로의 사회사상과 어문운동」이라는 장편의 논문을 써서『韓國人物史研究』5 (2006)에 기고한 바 있습니다.『韓國人物史

硏究』는 고려대학교의 柳承宙 교수가 편집하는 한국 인물사 연구의 학술지입니다. 유 교수는 오래 전부터 본인에게 이극로에 대한 역사적 평가를 부탁한 바 있습니다. 유 교수는 수년전에 작고한 북한의 국어학자 柳烈 선생의 족제族弟되는 분입니다. 본인이 기고한 논문은 그 내용의 일부가 〈조선일보〉에 보도되기도 하였습니다. 전부터 이극로 박사에 대한 연구의 필요성을 강조하시던 고인은 본인이 보내 드린 논문과 신문 기사를 보시고 차분한 음성으로 큰 일을 하였다고 몹시 기뻐하셨다는 것을 말씀 드려 둡니다. 사실 본인도 초등학교 시절 담임 교사였던 고 김광주 선생과 당시 초등학교 교사였던 가형家兄을 통하여 이극로 박사에 대한 이야기를 많이 들었고 경남 의령 출신의 친구들로부터는 이 박사가 짚신을 신고 축지법을 써서 시베리아를 걸어서 독일 유학을 갔다는 신화 같은 이야기를 듣기도 하였습니다.

고인은 1958년에 있었던 제1회 국어국문학 대회에서 중세어의 부정어 '아니'가 명사임을 주장하면서 'ㄹ'과 반모음 'j', 지정사, 추측법 '-(으)리-' 밑에서 'ㄱ'이 탈락 내지 약화되는 'ㅇ'계 어미에 대하여 'ㄱ'계 어미의 형태론적 조건에 의한 이형태임을 밝혔고 뒤이어 유창돈의 선생이 『李朝國語史硏究』(1964)에서 고인의 견해를 더 발전시켜 그 교체의 조건을 비교적 자세하게 지적한 바 있습니다. 최근의 형태론 이론에 의하면 이는 '형태음운론적 교체'라고 함이 옳겠습니다. 그럼에도 불구하고 아직도 그에 대한 이해가 부족해 '음운론적 제약에 의한 교체'라 하는 등 사실과 동떨어진 이야기를 하는 것을 보면 후학들이 선학들의 연구를 얼마나 수박 겉핥기 식으로 이해하고 있는가 하는 것을 알 수 있습니다.

중세어의 존경의 선어말 어미 '-시-'와 '-샤-'가 음성적 제약에 의한 이형태의 관계에 있다는 것은 고인의 「ᄌᆞ갸語攷」(1963)의 각주에서 간단히 언급되었는데 그 깊은 바닥을 알려고 하지 않은 채, 길을 에둘러 지난

30년 동안 얼마나 많은 지면을 허비하였는지 모두 반성할 필요가 있습니다. 그 중에는 문헌 자료를 잘못 읽어 반증의 자료로 삼는 일도 있었습니다. 중세어의 ᄒᆞ쇼셔, ᄒᆞ야쎠체의 의문형 'ᄒᆞᄂᆞ니잇가, ᄒᆞᄂᆞ닛가'를 고인은 'ᄒᆞ+ᄂᆞ+니+잇+가, ᄒᆞ+ᄂᆞ+니+ㅅ+가'로 분석하였는데 학계에서는 대부분 고인의 견해를 따르지 않고 'ㅅ'을 뒤에 붙여 'ᄒᆞ+ᄂᆞ+니+이+ᄭᅡ' 등으로 분석해 왔습니다. 이는 중세어의 형태 구조에 대한 식견의 부족으로 말미암은 잘못입니다. 불연속 형태를 세우면 고인의 분석이 타당하다는 것을 누구든지 긍정할 수 있습니다. 이른바 존칭 속격에 대하여도 그 사이 많은 반론이 제기되었지만 이 역시 고인의 문법 이론의 진수를 파악하지 못한 사실과 관련이 있지 않나 합니다. '존경'의 자질이란 화자에 의하여 부여되며 따라서 같은 단어라도 상황에 따라 존칭형과 평칭형을 수의로 선택할 수 있습니다. 예외의 성격을 잘 알아야 합니다.

고인은 분량은 얼마 안 되지마는 중세어의 중요한 국면은 거의 다 밝혀 놓았습니다. 석사 논문과 중세어의 의문법 연구는 중세어 연구를 몇 단계 끌어 올린 성과였습니다. 특히 의문법 연구는 그 뒤의 허웅 선생의 『옛말본』(1969)를 『우리옛말본』(1985)로 개편하는 데 절대적인 기여를 하였습니다. 두 책의 의문법 체계를 비교하면 잘 알 수 있습니다. 이는 학계에 잘 알려져 있지 않지만 사실은 허 선생이 고인으로부터 기증 받은 별쇄본에 근거하여 인증 없이 논문으로 발표하고 이를 『우리 옛말본』에 반영한 것입니다.

다 고인이 된 마당에 이제는 진실을 밝혀도 좋다고 생각하여 이 자리에서 공개하는 것입니다. 그래도 고인은 허 선생을 원망하지 않고 오히려 웃음으로 넘기셨습니다. 이는 당신이 성취하신 일을 남에게 발뵈지 않으려는 인품이 그대로 드러난 것이라고 하겠습니다. 남의 논문은 인용하지 않으면서 남이 자기 논문을 인용하지 않으면 드러내 놓고 훤전喧傳하는 세상 인심을 생각하면 일세의 사표師表가 됨에 부족함이 없으리라고 생각합니다.

고인이 체계화한 중세어의 겸양법과 공손법 체계는 이희승 선생의 공대법 (존경법 및 겸손법) 체계와 함께 현행 학교 문법의 '높임법' 체계를 근본적으로 바꾸어 놓을 수 있는 메타이론의 역할을 할 수 있다고 확신합니다. 「文法史」에서 얼굴을 내민 중세어의 감동법 체계는 고려 시대의 구결 자료에 의하여 그 타당성이 실증되고 있습니다. 그리고 『국어학개론』(1965)에서 독립 품사로 설정된 '後置詞'는 작년에 얼굴을 내민 유시욱의 『朝鮮文典』(1947)과 북한의 『조선어문법』(1949), 김병하 · 황윤준의 『조선어문법』(1954)의 '조사'와 직접 연결된다는 점에서 학설사적 가치와 현대적 수용 문제를 진지하게 검토할 필요가 있어 보인다. 이곳의 '부속어' 및 '조사'는 현행 학교 문법의 '보조사'에 가깝습니다.

본인이 오늘 이야기한 것은 생각 나는 대로 적어 본 수상에 지나지 않습니다. 앞으로 문법사를 비롯하여 문헌사, 문자사, 어학사, 어문 정책론 등 고인의 관심 분야를 객관적으로 평가를 가하여 수용 문제를 진지하게 생각할 필요가 있습니다. 이상 간단하나마 안병희 선생의 1주기에 즈음한 추모의 말씀을 대신하겠습니다.

丁亥 (2007) 10월 20일

향 (香)을 사르며

後學　高 永 根 再拜

고故 S형의 영전靈前에*

명도冥途의 S형, 지난 삼월 초순 어느날, 형이 불의의 재액災厄으로 생명을 잃었다는 비보悲報를 듣고 너무도 뜻 밖의 일이라 반신반의半信半疑해 하며 정확한 소식을 알아 보려고 하던 차에 아우 B군으로부터 재명在命의 희보喜報를 접하고 곧 병원으로 달려 갔던 것입니다. 그러나 형은 차생此生의 인人이라고는 도저히 믿을 수 없으리만큼 사세는 급박急迫해 있었습니다.

입원 이후 전혀 인사人事를 살피지 못하고 미음米飮으로 연명, 게다가 후부喉部 절개切開하며 또 척추脊椎에 돋아난 수많은 욕창褥瘡은 뼈와 가죽만 남은 처절한 경지에 이르러 있었습니다. 더욱이 아우들로부터 의사의 힘으로서는 어찌할 수 없다는 말을 들었을 때의 나의 가슴은 너무도 쓰리고 아파 백씨의 손목을 잡고 인생의 무상함을 개탄하였습니다.

얼마 뒤 다시 병원 문을 두드렸을 때는 형의 육신은 찾아 볼 수 없었고 낯선 환자들만이 눈에 띄었습니다. 이미 그 때는, 형의 육체는 무덤도 남김 없이 진애塵埃되어 산산이 흩어져 버린 뒤였던 것입니다.

개화開化의 보람도 맺지 못하고 허무하게 쓰러진 형의 넋이여! 반백半百에 절반도 못살고 죽어간 서러운 청춘이여! 형이 만일 법과를 택하지 않고 다른 길을 걸었더라면 오늘의 이런 변고變故가 있었으리라고 생각조차나 하겠습니까? 모든 것을 운명의 소관所管이라고 할 수 있을지 모르겠으나 형의 경우는 진정코 비운이요, 비명인 것 같습니다.

형이 항시 일러 마지 않던 외조모님과 외숙부님에 대한 보은은 어찌하

---

* 이곳의 'S'는 1956년 서울대학교 법과대학에 수석으로 합격한 '송병일'이라는 분입니다. (저자)

며 그리고 형을 태산처럼 믿고 살아오신 형님 한 분과 셋이나 되는 아우들의 장래는 어쩌자고 말 한 마디 남김 없이 명목瞑目하셨습니까? 중학교에 드던 해에 어머님을 잃었다구요. 다시 6·25 동란 때 납북되신 아버님의 소식은 아직도 묘연하고 조물주의 탓으로 돌려야 할지, 악마의 저주라 해야 할지, 집안 식구들은 망연茫然한 심사를 가누지 못하고 있습니다.

우리가 얼굴을 맞대고 관포管鮑의 교분을 맺은 지 어언 십여 년의 세월이 흘렀습니다. 형이 난을 피하여 마산상업중학교에 의탁의 신세를 지고 있었을 때, 우리의 숙소가 가까웠던 것, 그리고 같은 반 같은 짝이었다는 사실 때문에 우리는 남달리 사귈 수 있는 사이를 이루었던 것입니다. 신마산新馬山 월영대月影臺에서 용마산龍馬山 기슭의 가교사까지는 걸어서 한 시간, 버스를 이용하는 적도 있었습니다만 살을 깎아 내는 듯한 한겨울 해풍을 쏘이면서 통학하던 일 …….

그후 3학년이 되자 형은 부산으로 피난해 온 본교로 찾아 가고 나는 거기를 졸업하여 진주로 오며, 형은 다시 환도를 하고, 이러는 동안에 우리의 사이는 잠시 적조積阻해 있었습니다. 환도 직후부터 구의舊誼가 소생하여 고등학교 3학년 동안에 수십 통의 편지가 오고 가고 이리하여 우리들의 사귐은 문경刎頸의 경지에 다다르게 되었습니다.

국문법 체계의 난맥상을 통탄해 하며 국어학자가 되겠다고 담론談論이 충천하더니, 또 영문학을 하겠다고 필세가 대단하게 소망을 벌여 놓던 형이 기어이 법과를 택하고 말았던 당시의 포부는 원대하였던 것입니다. 그리하여 형은 제제濟濟한 총준聰俊이 모여 든다는 법과대학에 수석 합격이라는 영광을 차지할 수 있었고 이어 공영업功令業에 전념, 그러나 등제登第에의 길은 순탄치 못했습니다. 초지일관初志一貫하며 낙후전업落後轉業치 않고 분발하여 명일에의 성업에 만전을 기하느라고 고투하던 형의 기개는 장壯하고 요要를 얻지 않음이 없었습니다. 얼굴 한 군데 이지러진 네 없었으며 눈에는 항시 이글거리는 불꽃처럼 정기가 가시는 적이 없었던 것이었습니다.

형은 결코 구두범설口頭汎說의 수재가 아니었습니다. 법과대학의 장원 급제는 형의 재화才華가 범상치 아니함을 보여 줄 수 있는 과긍誇矜된 기회였습니다.

형의 형제 자매분들과 우리 동료들은 형의 끼치신 바 덕행을 저버림 없이 받들어 잇고 키워 나갈 것이오니 못다 산 인생을 서러 마시고 선복仙福을 누리시어 정토淨土에 안주安住하옵소서.

신축 (辛丑) 10월

분향 (焚香)을 대신하며

고영근 올림

(한성중고등학교 교지 『漢城』 75, 1961)

명예 교수실의 지킴이

- 이병건 교수의 일주기一周忌에 즈음하여 -

오는 4월 18일은 서울대학교 영어영문학과 명예교수 이병건李秉建 선생이 타계하신 지 1주기周忌가 되는 날이다. 이 선생은 경남 진양군 (현재 진주시) 진성면에서 태어나셨으며 향리에서 초등학교를 마치고 해방 직후에는 경남의 수재들이 모인다는 진주사범학교를 거쳐 본교 영어과에서 수학하셨다. 수년간 경기고등학교에서 봉직하시다가 미국 인디아나대학에 유학하시어 언어학 박사 학위를 취득하셨다. 9년 전에 돌아가신 국문학과의 안병희 교수와는 초등학교 동기 동창으로서 한 평생 문경刎頸의 교분을 나누셨다. 본인은 두 분 선배의 향리에서 20여리 떨어진 같은 군의 다른 면에서 생장하였으며 같이 서울대학교에 봉직하는 동안 친동기 이상의 사랑을 받아 왔다.

이 선생의 전공은 음운론이었다. 인디애나 대학의 학위 논문은 『한국어 음운론에 있어서 기저 분절음』 (Underlying Segments in Korean Phonology)이었으며 이는 1976년 일지사에서 『현대한국어의 생성음운론』이라는 이름으로 출판되었다. 이 선생은 그 이후 표준생성음운론에 기반을 두고 당대의 우리말의 음운 현상과 음운사, 이를테면 모음조화, 구개음화, 음소 배열 제약 등 한국어 음운론의 크고 작은 문제들을 다루셨다. 그리고 지난 세기 80년대부터는 자립분절 음운론에 관심을 기울이셨으며 정년 후에는 15년 동안 '자연성 이론' (natural phonology)에 근거를 둔 *Natural Derivational Phonology*의 집필에 착수하시었다. 선생은 먼저 8권의 원고 형태 (mimeo)의 책자를 내고 이를 묶어서 2013년에는 *Natural*

Derivational Phonology (약칭 NDP)를 서울대학교 출판부에서 내시었으며 이는 이내 2014년도 문화관광부 우수 도서로 선정되기까지 하였다.

이 선생은 위의 책을 원래 2권으로 낼 계획이었는데 1권으로 축약하는 과정에서 지병을 얻으셔서 작년 4월에 유명을 달리하셨다. 이 선생의 NDP는 규칙 기반 이론의 순차적 파생과 최적성 이론 (Optimality, 약칭 OP)의 제약 및 최적화의 요소를 결합함으로써 순차적 파생에 있어 유한수의 '보편 위계 원칙' (Universal Ranking Principle)을 제안하여 자의적 부분을 최소화하셨다. 이 선생은 해외의 이론을 다른 외국 어문학자들과 같이 보세 가공식으로 적용한 것이 아니라 독자적 이론을 제안하였다는 평가를 받고 있다. 이 선생의 저술은 조혜선 교수 (단국대)의 서평 (어학전문 국제학술지『형태론』15권 2호, 284-300)을 통하여 그 가치가 평가되었음을 덧붙여 둔다.

이 선생은 자신의 이론을 우리의 언어 생활을 개선하는 방향에 응용하기도 하였다.『확실히와 학실이』(한줄기, 1993)라는 조그만 책자가 그것이다. 지난해 작고하신 김영삼 전 대통령의 경상도 발음과 억양이 재임 중에 화제가 되어 폭소를 터뜨린 일이 많았다. '확실히'를 '학실이'로 발음한다든지 '관통, 관광'을 '간통, 강간'으로 발음하는 것이 그 한 예였다. 이 선생은 위와 같은 발음이 경상도 사투리의 음운 체계와 관련된 것이지 결코 한 개인의 부주의한 발음이 아니라는 것을 자신이 쌓아온 음운이론에 의하여 분석하셨다. 경상도 사투리는 결코 이상한 나라의 괴상한 언어가 아니라는 사실을 명쾌하게 밝히고 있다.

우리나라의 어문학도들은 외국으로 유학을 가게 되면 거기에서 배운 이론을 우리말과 우리 문학에 적용하는 논문을 써서 학위를 받아 오는 경우가 많다. 외국 어문학도의 이런 수학 태도에 대하여 비판의 눈초리로 보는 일이 없지 않다. 사실 외국 유학을 하면 지도 교수가 우리의 어문학 자료를 잘 모르니 자신들의 연구를 위하여 우리 것을 소재로 하여 논문을 쓰기를 권유하는 일이 많다. 우리나라에 유학 오는 사람들에 대하여도 그런 식으로 지도를 하는 것이 보통이다. 예로부터 외국어 문학을 하는 것은 궁극적으로 자국어 문학에 기여하기 위한 것이란 사실이 불문율처럼 인식되어 있었다. 번역을 해도 그렇고 이론을 수용해도 결국 우리의 어문학을 새로운 안목으로 통찰하기 위한 발판으로 삼도록 해야 한다. 그런 점에서 이 선생의 우리말을 대상으로 한 외래 이론의 적용은 외국 어문학도의 진로를 제시하는 한 모범 사례였다고 평가할 수 있다.

이병건 교수는 명예교수동이 들어선 2000년부터 10여 년을 아침 8시가 되면 어김없이 출근하시어 저술에 몰두하셨으며 오후 3시만 되면 시계추와 같이 퇴근하시어 주위 분들로부터 1층 명예교수실의 '지킴이'라는 별칭을 들으셨다. 점심 시간에는 나종일, 고 안병희, 고 임선욱, 김용직, 신태호, 심헌섭, 진교훈, 황동규, 황수익 등 여러 명예 교수들과 환담을 나누는 데 있어서 늘 화제를 이끌어 나가곤 하시었다.

이 선생의 저술을 보면 우리말을 비롯한 개별 언어의 음운 현상을 통찰할 수 있는 이론 개발의 주춧돌을 놓고 있음을 짐작할 수 있다. 이 선생이 쌓아 놓은 이론적 정초는 이재영 (서울대), 한은주 (서울여대) 교수를 비롯한 많은 문하생들과 그 후계 제자들이 계승 · 발전시켜 나가리라 믿으면서 1주기를 맞는 정표旌表로 갈음할까 한다. 참고를 위하여 '부록'으로 이 선생의 논저 목록을 제시하였다 (2016. 1. 8).

[부록]

논저 목록

논문

1973, *Underlying Segments In Korean Phonology*, 미국 Indiana 대학 박사학위논문.

1974, 「음운론에 있어서의 추상성 조건 (1) -현대 한국어의 모음을 증거로 하여」, 『어학연구』 10-2, 서울대학교 어학연구소.
1976, 『현대 한국어의 생성 음운론』, 일지사.
1976, 「음운론의 전체 규칙 - 중세 한국어에서의 증거 -」, 『한불연구』 3, 연세대학교 한불문화연구소 [이병건 1994 소수].
1978, 「한국어의 음운 변천」, 『언어학』 3, 한국 언어학회(사) [이병건 1994 소수]
1979, 「이른바 거꾸로 먹이기 순서」, 『언어』 4.1, 한국 언어학회 [이병건 1994 소수].
1980. 「현대 한국어의 구개음화 규칙과 그 이론적 함축」, 『성곡 논총』 15 [이병건 1994 소수].
1981, 「중세 한국어에 있어서의 하나의 음소배열 제약」, 『어학 교육』 12, 전남대학교 어학연구소 [이병건 1994 소수].
1985, 「모음 조화의 특성, 『인문논총』 15, 서울대학교 인문과학연구소 [이병건 1994 소수].
1986, 「한국어의 성조-자립분절음 음운론-, 『어학연구』 22-3, 서울대학교 어학연구소 [이병건 1994 소수].
1990, 「한국어의 모음 조화-자립 분절음 음운론의 수정이론을 위해서」, 『신익성교수정년퇴임기념논문집』 [이병건 1994 소수].

저서

1993, 『확실히와 학실이 - 이병건 교수의 말소리 이야기 -』, 도서출판 한줄기.
1995, 『음운론 논문집』, 한신문화사.
2008, *Natural Derivational Phonology*, mimeo.
2008, *Augmentation Of Prosodic Words In Natural Derivational Phonology*,

mimeo.

2008, *Phase Alternation In Rotuman In Natural Derivational Phonology*, mimeo.

2008, "Dealing With Recalcitrant Cases," In, *Natural Derivational Phonology*, mimeo.

2008, "Stress Assignment," In, *Mohawk In Natural Derivational Phonology*, mimeo.

2008, *Compensatory Lengthening In Natural Derivational Phonology*, mimeo.

2008, *Natural Derivational Phonology and Phonological Opacity*, mimeo.

2008, *Natural Derivational Phonology and The Elsewhere Condition*, mimeo.

2013, *Natural Derivational Phonology*, 서울대학교 출판문화원 [서평, 조혜선, 『형태론』 15-2, 2015].

(『서울대학교 명예교수 회보』 11, 2015)

송재정 교수의 서거逝去에 즈음하여*

몇 주일 전에 어느 동료로부터 송재정 교수의 서거 소식을 들었다. 나는 지난 4월 15일 송 교수와 메일을 주고받았는데 며칠 사이에 세상을 떠났다니 믿을 수 없었다. 그리하여 송 교수 밑에서 학위를 하고 돌아왔다는 이지은 박사와 뉴질랜드 남섬에 자리잡고 있는 오타고대학 영문학과 학과장 Shef Rogers 교수와 연결되어 잠자리에서 조용히 눈을 감았다는 소식을 접하고 송 교수의 죽음이 현실이었음을 실감하였다.

내가 송 교수의 이름을 들은 것은 2004년 여름 독일 라이프치히 소재 〈막스플랑크진화 인류학연구소〉의 언어학 부장 B. Comrie 교수를 통하여서였다. 송 교수는 나보다 먼저 이 연구소의 객원 교수로 다녀갔다는 것도 알았다. 그리고 방문 교수 및 연구원들의 책상 위에는 송 교수의 *Linguistic Typology* (2001)가 군데군데 놓여 있는 것을 보고 국제 무대에서 활약하는 한국학자가 있음을 보고 나도 모르게 어깨가 으슥하였다. 나는 귀국하면서 후학들과 함께 송 교수의 위의 책을 읽었다. 내가 대한 유형론 저서 중에서 가장 인상 깊었던 책이었다. 이 책은 2011년에 작고한 경희대학의 김기혁 교수에 의하여 번역되어 (보고사 발행) 널리 읽히고 있다.

송 교수는 2006년 6월에 한국언어학회 (사) 창립 30주년 행사에 초청을 받아 서울대학교에 와서 강연을 한 일도 있다. 당시 행사에는 목발을 짚고 참석하였기에 물었더니 어렸을 때 소아마비를 앓았다는 것이었다. 1994년경에 나에게 편지를 하기도 하였다는데 전혀 기억이 나지 않았다.

---

* 이 글은 한국언어학회 (사)의 홈페이지에 공개한 것인데 『한글새소식』 539 (2017. 7)에 내용을 줄여 발표하기도 하였다.

더욱이 송 교수는 나의『국어문법의 연구』(1983)을 가지고 국어문법에 대한 이해를 넓혔다고 하였다.

나는 새 천년에 들어서면서 숙망의 저술인『우리말 문법-그 총체적 모습』(임시 제목)의 집필의 기초 연구에 속력을 내었다. 훔볼트 재단과 집문당의 재정적 뒷받침을 받아 유럽의 Berlin, Bonn, Bochum, Würzburg, Konstanz, Wien, Budapest, Bucuresti, 미주의 Hawaii, MIT, Havard, Ohio, Indiana, Illinois 대학을 방문하면서 전문가들과 만나 언어 유형론에 기반을 둔 문법 서술의 제문제를 논의하였다. 우리말의 문법을 유형적 관점에서 조명하려면 송재정 교수를 만나는 것이 최선의 길임을 깨닫고 드디어 뉴질랜드행을 결심하였다. 인천서 Otago까지는 두 번 환승으로 18시간이 걸렸다. 송 교수는 온전치 못한 몸으로 차를 몰고 공항까지 마중을 나왔다. 2006년에 한국을 방문을 하였을 때에는 소아마비였는데 육신을 가누지 못할 정도로 전신이 오그라져 있어 휠체어에 몸을 의지하고 있었다. 한국에 다녀온 뒤에 길을 걷다가 넘어져 불상사를 당하였다고 하였다. Otago 대학당국에서는 송 교수의 출퇴근에 지장이 없도록 하기 위하여 엘리베이터를 따로 설치해 주고 강의 시설도 따로 마련해 주었다고 한다.

송 교수는 고등학교 졸업 후, 수년간 은행에서 근무하다가 주위 사람들의 권유로 호주로 유학 가서 Monash 대학에서 학부를 마치고 바로 박사과정에 진입하여 학위를 취득하였으며 얼마후 Otago대학 영문과 언어학 교수의 자리를 얻었다. 나는 며칠 동안 오타고에 머물면서 나의 저서의 총목차를 검토하고 유형론적 지식을 활용하는 방안을 토론하였다.

마지막으로 받은 앞의 메일에서 송 교수는 신작이 내년 1월에 Oxford 출판사에서 나온다고 하였는데 그 전에 송 교수가 불귀의 객이 되고 말았으니 천도가 이렇게 무심할 수 있겠는가. 송 교수는 국제적으로 이름이 나 있는 한국이 낳은 몇 안 되는 언어학자 중의 한 사람이라는 것을 끝으로 말해 둔다. 송 교수의 이력서와 논저 목록을 한국언어학회 홈페이지에 올려 놓을 것이니 한국언어학회 회원들은 송 교수가 끼친 학문의 발자취를 되새겨 주기를 바라는 바이다.

Ⅱ. 치사 · 답사

李崇寧 先生의 論著目錄*

- 八旬에 즈음하여 -

國語가 科學的 研究 對象으로 된 것은 歷史가 그리 오래지 않다. 甲午更張 이후 한글이 公用文字로 채택되고 국어가 各級 學校에서 필수 교과목으로 교수되면서 부터 國語·國文이 本格的으로 研究되기 시작한 것이다. 이러한 과업은 周時經 등 愛國啓蒙思想에 기울어져 있었던 사람들에 의하여 先導되었다. 그러나 이들은 주로 正書法 制定을 위한 音韻, 文法이나 辭典編纂을 위한 語彙의 蒐集·研究에 치중한 나머지 국어의 構造나 歷史를 科學的으로 分析하는 일에 專念할 틈이 없었다. 이 점 日帝强占期에도 마찬가지였다. 正書法制定과 사전 편찬을 위한 基礎的인 音聲研究와 文法研究의 테두리를 크게 벗어나지 못하였다.

국어에 대한 科學的 研究方法論은 日帝强占期에 京城帝國大學에서 言語學을 研磨한 一群의 韓國人 語學徒들에 의해 자리를 잡았다. 國語學專攻의 李熙昇·李崇寧·方鍾鉉 등은 1931년 趙潤濟·金在喆·李在郁 등의 國文學 專政의 朝鮮語文學科 卒業生 및 在學生과 힘을 합쳐 〈朝鮮語文學會〉를 創立하고 그 會報를 냄으로써 국어국문학의 科學化를 위하여 새로운 出發을 시도하였다. 이들 會員 가운데에서 心岳 李崇寧 先生은 대학 시절에 익힌 歷史言語學의 바탕 위에서 國語史, 특히 音韻史에 관련된 주제를 集中的으로 연구하셨다. 대학 졸업 논문인「국어의 히아투스

* 원래의 제목은「李崇寧 先生의 論著目錄」-이숭녕선생의 八旬紀念에 즈음하여-임.

(Hiatus) 현상」을 비롯하여 '類推, 움라우트 (Umlaut), 異化作用, ᄋ音의 音價 등의 一連의 論攷는 이전의 연구에서는 볼 수 없었던, 科學性을 띤 업적이었다.

李崇寧 선생은 解放 후에도 國語音韻論 분야에 관련된 업적을 계속 내시어 국어학의 科學化에 크게 寄與하셨고 後學들에게 많은 영향을 미치셨다. 오늘날의 國語學 專攻者로서 선생의 謦咳에 접하지 않은 사람이 없을 정도로 선생의 영향은 至大하였다. 李崇寧 선생은 그 후 國語史, 古代 및 中世의 文法, 方言文法, 語彙論, 알타이語 比較文法으로 관심을 확산시켰으며 최근에는 自然保護에 관련된 논문도 발표하고 계시다. 八旬이 된 지금까지 學術論文 130여 편이라는 韓國 現代學問史上 가장 편수가 많은 업적을 내시게 되었다. 선생은 전문적인 학술논문뿐만 아니라 雜誌나 新聞에 論說·隨筆도 많이 발표하셨다.

李崇寧 선생은 해방이 되던 1945년부터 1973년 停年 退任時까지 서울大學校 國語國文學科에서 後進을 양성하셨다. 八旬을 맞은 지금도 大學院 博士課程에서 젊은 후학들에게 國語學을 講義하고 계시다. 이에 우리 學科에서는 선생의 學德을 기린다는 뜻에서 學科 研究誌인『冠嶽語文研究』第 11 輯을 '八旬紀念論著目錄特輯號'로 계획을 세우고 論著目錄集編纂委員에 高永根, 沈在箕, 李秉根 (가나다)을 選任하였다. 우리들 편집위원은 선생의 論著를 單行本, 論文, 書評·論戰, 序文·祝辭·刊行辭·監修辭, 雜記의 5個 分野로 나누어 간행 사항을 자세히 밝혔다.

外國에서 나온 논저 목록을 보면 親知나 후배, 동료, 제자에게 써 보낸 편지까지도 포함시키는 일이 있으며 大學에서 맡았던 講義題目까지 넣는 일이 있다. 이 점 後日을 기하여 보충할 생각이려니와 우리나라에서 最初로 刊行되는 이 論書目錄集은 그런대로 우리의 學問史에 새로운 紀元을 그을 것이 틀림없으리라 믿는다. 이것이 계기가 되어 앞으로 큰 業績을 남긴 학자들에 대하여 이런 사업이 줄기차게 추진되기를 바란다.

끝으로 이 論著目錄集을 만드는 과정에서 有益한 助言을 주신 李基文, 安秉禧 교수를 비롯한 서울大學校 國語國文學科 교수 여러분과 原稿 整理 및 校正에 힘쓴 李浩權, 高晟煥, 金星奎 君 등 서울대학교 국어국문학과 後學들에게 충심으로 고마운 인사를 드리는 바이다.

1987年 2月

서울大學校 人文大學

國語國文學科長

高永根 삼가 적음

(『冠嶽語文硏究』 11, 1987)

책머리에

- 而凡 崔鶴根 교수의 停年에 즈음하여 -

而凡 崔鶴根 교수가 1988年 2月末로 자리를 물러나신다. 而凡 선생은 1956年 서울大學校 農科大學 專任講師로 부임하시어 교수로 승진하셨다가 1970年에는 서울大學校 教養課程部로 자리를 옮기셨으며 1975年부터는 서울대학교의 기구 개편으로 人文大學 國語國文學科에 소속되어 지금까지 後進養成과 國語學研究에 精進해 오셨다. 서울大學校에 勤續한 햇수가 33年이나 되니 거의 한 평생을 서울大學校를 위하여 몸바쳐 왔다고 말할 수 있다.

而凡 선생은 1987年 12月3日 停年을 기념하는 告別講演 모임에서 農科大學 재직 시절에 담당과목인 國語 이외에 文化史, 心理學, 심지어는 농학원서 강독까지 맡았던 경험을 술회하신 일이 있다. 지금과 같이 자리가 잡혀진 상황으로서는 선뜻 이해가 가지 않는다고 하겠으나 초창기의 우리 大學이 겪었던 어려운 歷史의 한 斷面을 증언하는 것 같아서 듣는이로 하여금 깊은 감회를 자아내게 하였다.

而凡 선생의 專攻은 국어학 가운데서도 方言學과 系統論이다. 쉽게 말해 국어사가 전공인 것이다. 學窓時節부터 一貫된 이론과 方法으로 이 분야만을 외곬으로 정진해 오셨다고 말할 수 있다. 전공 분야를 일정하게 지켜 나가는 일이 쉽지 않다는 사실을 想起해 보면 而凡 선생의 學究 態度는 우리 學界에 커다란 모범을 보여 주었다고 할 만하다.

서울大學校 國語國文學科는 지금까지 一石 李熙昇, 心岳 李崇寧, 白史 全光鏞, 城山 張德順 선생에 이어 而凡 崔鶴根 선생을 합하여 다섯 분의

停年退任教授를 맞이한다. 그 사이 봉직 도중 자리를 옮기거나 유명을 달리하신 분도 없지 않으나 이렇게 많은 스승들이 정년으로 물러 나셨다는 것은 그 만큼 우리 學科의 기초가 튼튼하게 다져져 있음을 뜻한다. 앞으로 우리 學科는 停年을 맞이하는 등의 기념할 일이 있으면『冠嶽語文研究』를 紀念特輯號로 꾸미기로 합의하였다. 而凡 선생이 정년기념 특집호의 첫 머리를 장식하게 된 것이다.『冠嶽語文研究』7집을 선생의 華甲紀念特輯號로 삼았기 때문에 이번 호에서는 사진, 年譜, 著作 目錄은 싣지 않았다. 이번의 기념 행사를 계기로 하여 물러나가시는 스승을 길이 되새기는 아름다운 學風이 지속되기를 바라마지 않는다.

끝으로 물러나시는 而凡 선생의 건강하심과 학문의 더욱 융성하심을 빌어 마지않으며 특집호에 원고를 주신 동료 교수와 後學 여러 분들께 진심으로 고마운 인사를 드리는 바이다.

1987 年 12月 28 日

서울大學校 人文大學
國語國文學科長

高 永 根 삼가 적음

수상 소감

- 일석 국어학상을 받고서 -

'財團法人 一石學術財團'에서 수여하는 '一石國語學賞'을 받게 된 것을 무한한 영광으로 생각합니다.

오늘 일석 국어학상을 받고 보니 감회가 새롭습니다. 본인은 중고등학교 시절 국어교과서에 실린 「청추수제」淸秋數題, 「시조감상 (時調)의 일수一首」 등의 글을 통하여 일석 선생을 알게 되었지만 직접 뵌 것은 문리과대학 입학시험 때의 구술 고사장이었습니다. 1956년 2월이었습니다. 지금은 자취도 없이 사라졌지만 그곳은 문리과대학 붉은 벽돌 건물 앞에 자리잡은 학생휴게실이었습니다. 양쪽에 일석과 심악 두 선생이 앉으셔서 면접을 하였습니다. 본인은 일석 선생 쪽으로 배당이 되어 있었는데 차례가 되었을 때 일석 선생은 잠깐 자리를 비우시고 대신 거구의 젊은 분이 그 자리에 앉아 면접을 대신하였습니다. 나중에 알고 보니 그분은 15년 전에 작고하신 국문학자이며 연세대 교수를 지내신 김동욱 선생이었습니다.

지금 돌이켜 보니 본인은 당시의 누구보다도 일석 선생의 강의를 많이 들은 것 같습니다. 학부에서 7강좌, 대학원에서 2강좌를 수강하였습니다. 학부 시절의 수강 과목은 〈국어학개설, 람스테트의 한국어문법 강독, 훈민정음 강독, 유희의 언문지 강독, 송강가사 강독, 국어문법론, 관음경언해 강독〉이었습니다. 본인이 학부를 다닐 때에는 학장직도 맡으셨는데 지금 기억으로는 한 학기에 4강좌까지 하시는 것을 보았습니다. 당시의 한 강좌는 100분이었습니다. 대학원에서는 첫 학기에는 국어형태론, 둘째 학기에는 국어통사론을 수강하였습니다. 그 다음에는 동아일보 사장으로 가시게 되어 강의를 맡으시지 않은 것으로 알고 있습니다.

제가 대학원에 들어갔을 때는 문학 전공자는 한 사람도 없었고 작년에 서울시립대학에서 정년 퇴임한 성기철 교수와 본인 둘뿐이었습니다. 그나마 성 교수는 이내 군에 입대하여 서울대학교 학생으로는 본인밖에 없었습니다. 그러나 김태준 교수 등의 동국대학생과 정영렴 여사 등 이화여자대학교 학생 몇 명이 자리를 메워 강의가 형성된 것으로 기억합니다.

대학원에 입학하면서는 현대문법을 공부하기로 작정하고 있었던 터에 현대문법 중심의 일석 선생의 강의는 여러 모로 도움이 많았습니다. 일석 선생은 국어형태론의 주제로 조사, 어미, 형식 명사, 접미사를 들고 이 네 문법 현상을 올바로 밝혀야 국어형태론의 진수를 파악할 수 있다고 하셨습니다. 본인은 그때 선생의 가르침을 따라 아무 생각없이 일석 선생의 저서와 강의 노트를 비롯하여 외솔 최현배, 한결 김윤경, 건재 정인승 등 여러분들의 문법서, 그리고 한글학회의 『큰사전』을 대상으로 이론적 측면을 비교하고 자료 수집을 하였던바 2년 동안에 30여 권의 노트가 쌓였습니다.

사실 60년대 중반부터 70년대 중반까지 본인은 대학원 시절에 닦아 놓았던 국어형태론에 대한 자료와 분석 결과를 이용하여 어미, 조사, 접미사, 형식 명사에 관련된 논문을 여러 편 썼으며 1989년 여름에는 이를 모아 『국어형태론연구』라는 600여 면에 달하는 단행본을 낸 바 있습니다. 당시 본인은 머리말에서

> 저자가 오늘 이 정도의 책자를 내게 된 것은 오직 恩師, 先輩, 同僚들의 가르침과 채찍의 덕택이다. 특히 一石 선생께서는 젊은 시절에 國語形態論研究의 理論的 定礎를 마련해 주셨다. 선생님께 이 책을 바침으로써 謝恩에 대신하고자 한다.

와 같이 적고 그 끝에 "1989년 6월 8일 一石 李熙昇 선생의 93회 生辰을 맞아"라는 사족蛇足을 붙인 일이 있습니다. 며칠후 이 책을 선생께 한 권 갖다 드렸고 그리고 그해 연말에 돌아가신 것으로 기억하고 있습니다.

본인은 지난 40여 년에 걸쳐 국어문법론, 특히 형태론을 비중 있게 공부해 왔습니다. 최근에는 국어학과 국문학을 통합한다는 목표를 세우고 텍스트과학의 토착화를 위한 이론 정립에 힘을 기울여 왔습니다. 본인은 일석 선생이 「시조감상의 일수」에서 세우신 '문학작품감상이론'과 주시경 선생의 '의미해석이론'을 바탕으로 하여 동양과 한국의 텍스트 자료에 근거를 둔 텍스트 이론을 전개하기도 하였습니다. 사실 선생의 이론은 언어와 문학을 통합하는 메타 이론으로서 현대의 텍스트 이론과 접맥되는 측면이 많았습니다.

그러면서도 본인은 국어 형태론에 대한 관심을 조금도 늦추지 않았습니다. 그 가운데서도 어미에 관한 관심은 학부 졸업 논문을 작성할 때부터 지금까지 지속되어 왔습니다. 본인의 어미 체계는 사실 일석 선생의 '결어법' 체계에서 출발한 것입니다. 본인은 새로운 길을 열기보다는 선생이 열어 놓으신 길이 묻혀서는 안 되겠다는 심정으로 공부에 임해 왔습니다. 오늘 본인이 받는 '一石國語學賞'은 선생이 열어 놓은 길을 뒤좇아왔다는 대가代價로 베풀어지는 것이라고 생각합니다.

앞으로 일석국어학상이 권위를 잃지 않으려면 범 한국어학계를 대상으로 학맥, 연령, 지역, 이념에 관계 없이 뛰어난 성과를 거둔 사람들을 널리 발굴하여 시상施賞하여야 한다고 생각합니다. 줄서기식 시상을 하면 권위를 지켜 나가기가 어렵습니다. 지금 우리말은 세계 방방곡곡에서 비중 있는 외국어로 자리를 잡아가고 있습니다. 우리말을 연구하고 그 발전과 보급을 촉진하는 데 있어서 一石國語學賞이 견인차牽引車 역할을 수행하기를 기대합니다. 끝으로 본인에게 수상의 영예를 안겨 주신 一石學術財團의 李敎雄 이사장님과 관련 인사들에게 고마운 인사를 드리는 바입니다.

2004. 6. 9

高永根

인사말씀

- 이극로박사 기념사업회 회장 선임에 즈음하여 -

여러 가지로 부족한 본인을, 〈이극로박사기념사업회〉 회장으로 선임하여 주신 데 대하여 고마운 인사를 표합니다. 김종택 한글학회 이사장과 이종수 사무국장으로부터 회장 취임에 관한 교섭이 있었을 때, 본인은 여러 가지로 적격자가 아님을 들어 사양한 바 있으나 끝내 호의를 꺾지 못하였습니다. 본인은 수년 전에 발표한 「이극로의 사회사상과 어문운동」에서 이극로 박사의 행적과 면모를 복원하여 역사의 전면에 부각시켜야 한다는 것을 제안한 바 있습니다. 오늘 이 영광스런 자리를 차지한 것도 본인의 소망이 가시화하는 한 계기로 여기고 이 박사의 기념 사업을 이끌어 나갈 것을 다짐하는 바입니다.

여기서 제가 어렸을 때 고향에서 들은 일화 하나를 소개하려고 합니다. 의령군 칠곡면 출신의 이상찬李相讚 군 (전 대우 엔지니어링 이사)은 고등학교 시절 절친한 벗이었습니다. 이군은 의령군의 세 인재로 이극로, 안호상, 신성모 세 사람을 들었으며 특히 이극로 박사에 대하여는 집신을 신고 축지법을 쓰면서 걸어서 시베리아를 거쳐 독일 유학을 갔다는 이야기를 자랑삼아 하는 이야기를 들은 기억이 생생합니다. 이런 신화 같은 이야기가 퍼진 것은 『苦鬪 四十年』과 같은 자전적 기록과 해방 후의 행적이 상승 작용을 일으켜 생겨난 것으로 보입니다.

그 사이 이극로 박사의 기념 사업의 활성화를 위하여 애써 주신 한글학회 회장 김종택 교수와 기념사업회를 활성화하는 데 견인차 역할을 해 주신 김승곤 전 한글학회 회장님에게 고마운 인사를 표합니다. 기념사업회가 탄생하기까지 물심양면으로 노력해 주신 이극로 박사의 종손자이신 이종수 님에게도 고마운 인사를 표합니다.

감사합니다.

2011년 5월 26일

고 영 근

퇴임사

- 2002년도 서울대학교 정년퇴임식전에서 -

23명의 퇴임 교수를 대표하여 답사를 하게 된 것을 우선 큰 영광으로 생각합니다. 교무처에서 교육 경력이 가장 길어서 퇴임사를 부탁한다고 하니 거절할 도리가 없었습니다. 총장 선생께서 서면으로 송별사를 하실 줄 알고 본인도 몇 적어 온 것을 읽으려고 합니다.

우선 30여 년 이상을 같은 학교에서 일할 수 있도록 배려하여 준 학교 당국에 대한 고마운 뜻을 표합니다. 우리와 비슷한 시기에 부임한 교수 중에는 이미 유명을 달리한 분도 없지 않은데 모두 건강한 모습으로 정년을 맞이할 수 있다는 것은 여간 큰 행운이 아닙니다. 우리들 앞을 거쳐 나가신 선배 교수들과 관악산 산신의 음우陰佑의 덕이라고 믿고 싶습니다. 사실 서울대학교는 하고 싶은 공부를 마음대로 할 수 있는 더 없는 조건을 갖추고 있습니다. 학문이란 이런 분위기 속에서 발전하는 것이 아닌가도 생각되지만 그러나 반드시 그렇지도 않은 것 같습니다. 너무 방임 상태에 안주하다 보면 그속에서 독버섯이 움튼다는 것도 알아야 합니다. 그리고 연구비를 잘못 쓰면 연구의 풍토를 해치는 부정적인 면도 있다는 점을 새겨 둘 필요가 있습니다. 양보다는 질을 우선하는 연구 분위기를 조성하는 방향으로 나아갈 필요가 있습니다.

올해 들어 서울대학교에 대한 사회의 평가가 전 같지 못하다는 말이 자주 나옵니다. 대학이 발전하려면 학생과 교수가 우수해야 하겠지만 그보다는 경쟁의 상대가 있어야 합니다. 그런데 현재 우리나라에는 서울대학교와 경쟁을 할 수 있는 대학이 없습니다. 이런 상황에서 발전을 기약한다는 것은 연목구어緣木求魚나 다름이 없습니다. 학교를 떠나가는 마당에서 하고 싶은 말은 서울대학교의 교수와 학생 모두가 과거 어느 때보다 겸허한 자세를 지닐 필요가 있다는 것입니다. 이를테면 서울대학교 문턱을 디뎌 본 일이 없는 타교 출신의 인재를 국내외적으로 과감하게 교수로 채용하면 우선 동종번식을 막을 수 있으니 필연적으로 경쟁의 학풍이 조성될 것입니다.

그리고 서울대학교가 모든 분야에서 일등을 하겠다는 생각을 버려야 합니다. 서울대학교가 모든 분야에서 일등을 해 버리면 다른 대학은 그야말로 들러리 역할밖에는 못합니다. 이런 풍토 아래에서는 대학끼리 경쟁은 말할 것도 없고 협동연구 같은 것은 꿈에도 생각할 수 없습니다. 본인은 본교 출신의 비율을 낮출 대로 낮추어야 서울대학교가 발전한다는 것을 주장합니다. 서울대학교가 바른 절차를 밟아 타교 출신 한 사람을 받아들이면 10배의 효과를 거둘 수 있다고 생각합니다. 지금 우리 대학교에서 학위를 받고도 취업을 못하는 박사들이 얼마나 많습니까. 겸허한 자세를 지녀야 한다는 것이 바로 이런 뜻에서 한 이야기입니다.

나는 작년의 교직원 수첩의 구조 조정 사건을 보고 이번의 정년 퇴임 행사도 개편된 수첩의 구조를 따라 가나다 순서를 지키리라고 생각했는데 이번의 퇴임 교수 명단을 보니 옛날과 같이 인문 · 사회 · 자연의 기본 3개 대학을 먼저 배치하고 나머지 대학은 따로 가나다 순서로 배열되어 있었습니다. 이는 작년의 수첩 사건을 거울로 삼아 2002년도 신학기부터는 수첩의 기관별 배치를 2001년 이전으로 되돌린다는 의미로 해석됩니다. 곧 배포될 교직원 수첩을 눈여겨 보려고 합니다. 사람이 법 위에 군림해서는 그 사회는 조만간 병들게 됩니다.

끝으로 화려한 퇴임식을 준비하여 주신 학교 당국에 대하여 고마움을 표합니다. 그러나 교수들 가운데는 지금까지 계속되어 온 총장 주재의 퇴임식은 총장을 위한 행사가 아니냐는 비판의 목소리도 들려옵니다. 퇴임 교수의 대표로서 귓결에 들은 말을 전할 따름입니다.

감사합니다.

2002년 2월 28일 퇴임 교수를 대표하여

고영근 읽음

답사*

- 정년논문집 봉정식상에서 -

* 저는 말주변이 없어서 대중 앞에서는 항상 원고를 보고 읽는 것이 버릇이 되어 있습니다. 이러저러한 이야기를 쓰다 보니 분량이 너무 많아 줄일까도 생각해 보았으나 원고를 읽은 한 후배가 이런 기회가 다시 오기 힘들 것이니 시간이 걸리더라도 읽는 것이 좋겠다고 하여 그냥 원고를 읽겠습니다.

취직을 하는 것도 어렵지만 정년을 맞아 오래 근무하던 직장을 그만 두는 것이 더 어렵고 번거롭다는 것을 실감하고 있습니다. 지난 월말 서울대학교 총장 주재의 퇴임식이 있던 날 저 뒤에 앉아 있는 우리 손자놈이 할아버지 퇴임이 큰 사건이라고 말하는 것을 듣고 앞뒤를 헤아려 보니 지난 연말의 고별 강연으로부터 오늘의 행사에 이르기까지 다섯 차례의 행사를 치르는 것이었습니다. 신문에도 보도가 되었으니 아이들 눈에도 사건으로 보일 만하다고 생각합니다.

저는 대학 졸업 후 직장을 세 번이나 옮겼지만 가족들밖에는 아는 사람이 없었는데 그만 두는 마당에서는 이렇게 호된 시련을 겪고 있으니 아직도 할 일이 많은 이 사람의 발목을 묶어 두겠다는 것인지 분간이 가지 않습니다. 환갑 때는 기념 행사를 하겠다는 후학들의 권유를 뿌리쳤지만 정년하는 마당에서도 사양하는 것이 도리가 아닌 것 같아 이런 행사를 갖게 되었습니다.

돌이켜보면 제가 밟아온 길은 가시밭 투성이었습니다. 능력도 모자라는 사람이 분에 넘치게 서울 유학, 그것도 서울대학교 진학을 꿈꾸게 된 것부터 커다란 모험이었습니다. 사실 저는 서울대학교 문리과대학에 입학하는 것이 어렸을 때의 큰 꿈이었습니다. 제가 서울 유학을 결심하고 그것도 문리과대학의 국어국문학과를 택하게 된 이면에는 팔순의 나이에도 이 자리에 참석해 주신 서울교육대학 명예교수 조문제 선생, 이 자리에 앉아 계시는 친구의 형님이신 안병희 선생, 조금 전 축사를 해 주신 차경수 선생, 서울산업대학의 백영근 선생, 피난 시절 마산에서 사귄, 사십여 년 전에 작고한 송병일 형 등 헤아릴 수 없이 많은 분들의 은택이 컸습니다. 특히 조문제 선생은 중학교 1학년 때 단 한 시간의 말본 수업을 통하여 어렵고 성가시게 느껴지던 말본 과목에 흥미를 붙여 주셨습니다.

백영근 형은 저의 고등학교 1년 선배로서 이미 문리과대학에 입학하여 당시 외국문학과로 경도되어 있던 저를 국문과로 방향을 바꾸는 데 결정적인 역할을 하셨습니다. 대학에 입학하여서는 돌아가신 이희승, 이숭녕 선생을 비롯하여 김민수, 이기문, 강신항, 김완진 선생 등 여러분들의 보살핌 아래에서 무사히 학업을 마치고 학문의 길에 매진할 수 있었습니다.

제가 한 사람의 학자로 성장하기까지는 옛 서울대학교 어학연구소의 황찬호 (몸이 불편하셔서 참석하지 못함) 선생과 이계순 선생 (몸이 불편하셔서 참석 못하심), 그리고 저기 앉아 계시는 장석진 선생, 그리고 언어학과의 허웅 선생, 돌아가신 신익성, 김방한 선생의 보살핌도 적지 않았습니다.

저는 대학을 마칠 무렵에는 중세국어의 형태론에 심취하였고 대학원 석사과정에서는 현대국어의 형태론 연구에 힘을 쏟았습니다. 선학들이 남긴 문법책을 하나하나 읽어 가면서 이론상의 차이점을 정리하고 문법 형태를 색출하여 그 기능을 비교하는 것이 고되고 따분한 일이었습니다만 지금 생각해 보면 그것이 오늘의 저를 있게 한 밑거름이었습니다. 한 3년 사이에 노트가 수십 권이나 쌓였습니다. 지금도 이 노트들을 보면 젊었을 적의 제 분신이라는 생각이 듭니다. 한참 뒤에 안 사실이었습니다만 우리 선인들의 문법적 인식이 당시 많은 학자들이 신봉해 마지않던 외국학자들의 인식을 훨씬 앞서고 있었습니다.

70년대 후반부터는 10년 동안 김민수 선생, 돌아가신 하동호 선생과 함께『역대한국문법대계』(102책)를 편찬하였습니다. 숨어 있던 한국의 문법적 저술을 찾아 이를 골라 한 줄에 꿰매는 작업은 구슬을 실에 꿰어 보배로 만드는 작업 바로 그것이었습니다. 전 영남대학교 교수 강복수 선생이『석보상절』권 11의 영인본의 출간에 즈음하여 쓰신 글에서 '자료 없는 연구는 개념의 공전'일 뿐이라고 한 말이 피부에 와 닿아 지난 수십 년을 자료의 수집과 정리에 힘을 적지 않게 쏟았습니다.

80년대를 넘어서면서는 학부 시절부터 관심을 기울여 오던 중세 국어의 형태 · 통사적 특징을 구명하는 방면으로 시야를 넓혔고 90년대를 전후하여서는 우연한 일로 북한의 국어 연구에 손을 대어 자료를 수집하는 한편, 북한의 국어학과 어문 정책의 특수성을 구명하기 시작하였습니다. 북한의 국어 연구 자료를 수집하는 데 소요된 품은 역대 한국 문법 자료의 탐색에 비할 바가 아니었습니다. 그러나 제 손으로 발굴한 북한 관계의 자료가 현재 많은 사람들에게 값지게 이용되고 있다는 것을 생각하면 큰 보람을 느낍니다.

그리고 80년대 중반부터 10여 년에 걸쳐서는 남기심 선생 (오늘 수술이 있어 참석하지 못하였음)과 함께 여기 앉아 계시는 강신항 선생을 모시고 학교 문법의 통일과 그 보급에 견인차 역할도 해 보았습니다. 90년대에 접어들면서는 음운론과 자소론, 그리고 통보화용부를 문법체계 안에 끌어들이고 현대어, 중세어, 문헌어, 지역 방언 및 북한어를 총체서술하는 모형을 세워 보기도 하였습니다.

1999년에는 그 사이 몇 번 독일을 드나들면서 배운 텍스트과학 (흔히 텍스트언어학)을 발판으로 삼아 어학과 문학을 접합시키는 텍스트이론을 세워보기도 하였습니다. 어문학이 결코 둘이 되어서는 안 된다는 메타이론을 세워 보았습니다.

국어연구에 바친 지난 40여 년 동안 편저서와 논문을 합하여 남에게 뒤지지 않는 업적을 쌓은 것으로 논저목록에 나와 있지만 대부분의 편서와 저서는 서울대학교라는 자리에 있었기 때문에 나온 이른바 타의에 의한 산물이지 저 자신의 자발적인 산물이라고 하기가 어렵습니다. 서울대학교가 겉보기에는 좋아 보이지만 사실은 한 가지 일에 몰두하는 것을 방해하는 면이 적지 않았다고 생각합니다. 차라리 무명 시골대학에 있었더라면 하고 싶은 일을 마음대로 하지 않았겠느냐는 생각도 해 봅니다. 자질구레한 타의에 의한 책 종류를 빼면 제 자신의 얼굴을 대표하는 책은 4, 5종류에 지나지 못합니다. 그것도 지금 보면 모두 오류 투성이입니다. 특히 이론을 정립하거나 해석을 가하는 면으로 들어가면 모두 잘못되지 않았나 합니다.

작년 8월에 퇴임한 김윤식 선생 (김 선생은 저의 마산동중학교 1년 선배이고 저와 함께 조문제 선생의 문하생이기도 함)은 고별 강연에서 해석은 다 틀리고 남은 것은 자료 정리밖에 없다고 겸손의 말을 남겨 장내를 숙연케 한 바 있는데 저는 자료 정리도 올바로 하지 못하였으니 김 선생과는 비교가 되지 않습니다. 노력을 기울인다고 하였지만 천성이 밝지 못하여 오히려 선학들의 업적에 흠집을 내지 않았는지 두려운 바가 많습니다. 특히 학교 문법의 통일화 과정에서는 능력 부족으로 실수를 거듭한 것이 적지 않으리라고 생각합니다. 늘 역사의 죄인으로 치부하고 자숙하고 있습니다.

제가 1968년 서울대학교에 처음 발령을 받았을 때에는 재일교포의 모국어 교육을 주관하였습니다. 교사는 지금의 방송통신대학 구내 (옛 법과대학구내)에 있던 목조 건물이었습니다. 그때 어학연구소는 모두 영어학 전공으로 교수진이 구성되어 있었는데 재일 교포의 모국어 교육을 강화하여야 한다는 여망에 따라 당시 소장이시던 황찬호 선생의 배려로 제가 전임으로 발탁되어 사무원 1명, 조교 1명 (현재 정광 고려대 교수)과 함께 예비교육 과정을 운영하였습니다. 이렇게 된 것은 그 전 해 일본의 조총련에서 운영하는 조선대학교가 합법적인 고등 교육 기관으로 인가를 받게 되자 대한민국으로서도 상응하는 조치를 취하지 않을 수 없어 서울대학교에 '재외교포예비과정부'를 두게 된 것입니다.

당시 모국어 교육은 어학연구소에서, 학생 지도는 학생지도연구소에서 맡아 교육이 이원화되어 있어서 학생들의 운신이 매우 어려웠습니다. 그런데 하루는 출근을 해 보니 〈재일교포예비교육과정부〉라는 간판이 행방을 감추어 버렸습니다. 이 사건은 이내 황찬호 소장에게 보고를 드렸고 곧 당시의 최문환 총장에게도 알려졌습니다. 이 사건이 빌미가 되었는지 모르지만 예비교육과정부는 교양과정부로 넘어갔고 몇 년 후에는 독자성을 갖춘 기구로 발전되어 갔습니다. 지금은 다 잊어버린 숨은 이야기이지만 서울대학교에 근무하면서 겪었던 한 토막의 비화를 소개하는 것입니다.

저는 학창시절까지 합치면 40여 년 동안 서울대학교에 몸을 담아 왔는데 서울대학교의 본체를 아직도 잘 모르고 있습니다. 저는 위의 사건을 통하여 문제점은 갈등 속에서 배태되고 그 갈등이 잘만 극복되면 오히려 역사를 바른 방향으로 이끈다는 교훈을 얻었습니다. 당시 예비교육을 받은 몇 사람이 이 자리에 참석해 있습니다.

1969년부터 저는 조교였던 서울대의 이상억 교수와 서울 산업대의 김경훈 교수의 도움을 입어 1975년 관악 캠퍼스로 이전하기까지 외국 유학생 한국어 교육을 주관하였습니다. 지금 해외 한국학과의 중진, 원로 교수들이 당시 한국어 과정을 거쳐 나간 사람들이었습니다.

70년대 중반 이후 해외 여행을 할 때마다 이들 유학생의 환대를 적지 않게 받았습니다. 이 자리에 참석한 독일 함부르크대학의 삿세 교수와 휜들링크 박사가 당시에 유학한 외국인 학생들입니다. 지금 외국어로서의 한국어 교육이 번창일로를 걷고 있는 것을 보면 큰 보람을 느낍니다.

사실 이번의 기념논문집은 기획에서부터 원고 수합에 이르기까지 제가 직접 관여하였습니다. 이런 자질구레한 일로 젊은 사람들의 시간을 뺏고 싶지 않았고 분량 위주로 내는 기념 논문집의 타성을 시정하려면 제가 소매를 걷어붙이는 수밖에 없다고 생각하였기 때문이었습니다. 원고 청탁도 저와 학문적으로 인연이 깊은 사람에 한정하였고 분량도 분야에 따라 정하였습니다. 원래는 5, 600쪽 사이를 오가는 작은 책을 내려고 하였는데 800쪽이나 되는 책을 내게 된 점 기획자의 역부족이었음을 실토하지 않을 수 없습니다. 그래도 최근에 나온 책들과 비교하여 보면 제일 분량이 작아 위안도 되기는 하나 앞으로는 분량 많은 남의 기념논문집을 비방하지 말아야 하겠다는 생각도 해 봅니다. 실제로 조동일 선생으로부터 따끔한 질책을 받기도 하였습니다.

저는 1994년에 세 번째로 독일방문을 하였을 때 보훔대학교 독문학과 하르베크 교수의 환갑 잔치에 초대를 받아 간 적이 있습니다. 장장 3시간에 걸쳐 주인공의 학문을 평가하는 문하생들의 강연이 계속되었고 끝난 뒤에는 각자가 마련해 온 포도주를 들이키면서 간단한 다과회를 열었습니다. 우리처럼 회비를 받는 사람은 물론 없었고 논문집은 한 권만 탁자 위에 놓고 구경하도록 하였으며 학생들에게 한하여 비서가 할인권을 나누어 주는 것을 보았습니다. 사진은 한국 유학생이 유일하게 찍었습니다.

저는 독일의 교수 환갑 풍속도를 보고 많은 것을 느꼈습니다. 사실 이번의 본인의 퇴임연도 독일을 본떠 간소하게 치를 생각도 해 보았으나 아직은 한국적인 풍속도를 거역할 수가 없어서 논문집에 한하여 출판부에서 할인가로 희망하는 사람들에게 판매하도록 하였습니다. 초대장에 논문집 목차를 넣은 것이 실수요자만이 책을 구입하도록 한다는 제 자신의 생각이 담긴 것입니다.

제가 퇴임 때까지 완결하고자 했던 것은 『우리말문법통론』(임시이름)을 집필하는 것이었는데 얼개만 잡아 놓고 물러나게 되었습니다. 그렇게 된 이면에는 이런 종류의 책이 이미 몇 권 나왔다는 사실과도 무관하지 않지만 남북의 문학 작품을 대상으로 한 『우리말문법통론』을 쓰는 쪽으로 제 생각이 바뀌었기 때문입니다.

저는 문법 연구를 시작하던 지난 세기 60년대 초부터 문학작품 속의 우리말에 초점을 맞추어 자료 수집을 하여 왔는데 말뭉치에 입각한 우리말 연구의 최근 동향과 관련시킬 때 문학 작품의 자료를 활용하는 방면의 문법서 저술이 필요함을 더욱 느끼게 되었습니다. 물론 지난 99년에 창간한 『형태론』의 지속적인 간행에도 계속 힘을 기울일 것이고 제가 개발한 텍스트 과학의 보급에도 고삐를 늦추지 않을 것입니다. 문제는 어느 정도 건강이 이를 뒷받침해 줄 수 있을지 의문입니다. 천지신명의 도움만 기다릴 뿐입니다.

저는 비록 제 자신의 얼굴이라고 자부할 수 있는 업적은 아직 내 놓지 못하였지만 이 정도의 업적을 내 놓기까지는 앞서 든 선생님들과 선배님들 밖에 많은 사람들의 도움을 입었습니다. 제가 근무하였던 한성고등학교와 보성고등학교 학생들과의 접촉은 우리말에 대한 통찰력을 키우는 밑바탕을 제공하였습니다. (오늘 이 자리에는 한성고등학교와 보성고등학교 졸업생이 몇 사람 참석하였습니다). 그리고 서울대학교 어학연구소 시절의 재일교포유학생과 외국유학생들과의 만남은 범상한 우리말 가운데서 오히려 우리말의 큰 문법질서를 발견할 수 있다는 교훈을 남겨 주었습니다.

해마다 갈아드는 서울대학교 전계열 학생들과의 대화는 한국의 텍스트 자료에 대한 해석을 심화시키는 데 큰 도움을 입었습니다. 서울대학교 학부 과정과 대학원 과정에 설강되어 있었던 각종 국어학 강좌에서는 국어문법의 모형을 정립하고 한국 텍스트 과학의 체계를 세우는 데 역시 적지 않은 도움을 입었습니다. 그 가운데서도 책밖에는 아무것도 모르는 남편의 학문 성취를 위하여 아이들을 키우며 한 평생을 헌신해 준 내자에 대하여는 그저 고맙다는 말밖에는 나오지 않습니다.

오늘 이 자리에는 그 사이 오랫동안 찾아뵙지 못하던 은사님과 선배님들도 와 계시고 제가 관여해 온 국어연구회, 국어학회, 어문교육연구회,

한글학회, 구결학회, 한국텍스트언어학회, 한국기호학회, 한국훔볼트회 관계자들도 와 계십니다. 축하의 말씀을 하여 주신 여러 선생님들과 본인의 정년퇴임을 축하하러 경향 각지에서 왕림해 주신 선배, 동학, 친지 여러분께 고마운 인사를 드리는 바입니다. 그리고 국내외에서 전보, 편지, 메일을 통하여 저의 정년을 축하하여 준 여러분들께 심심한 사의를 표합니다. 감사합니다.

2001년 3월 15일

제50회 삼일 문화상 답사

우선 수상자를 대표하여 답사를 드리게 된 것을 무한한 영광으로 생각합니다. 이 자리에는 삼일문화재단 이사장을 비롯한 재단관련 인사들과 심사위원 여러분이 앉아 계시고 수상자들의 가족, 친지 여러분들이 자리를 메우고 있습니다. 더욱이 이 자리에는 본인이 재임할 당시 총장이셨던 권이혁 선생도 와 계십니다. 재단에서 본인에게 답사를 부탁하였을 때 수상자 중에는 본인보다 연세도 높고 업적이 탁월한 분들도 많다고 사양하였으나 전통적으로 인문·사회계 수상자가 답사를 맡았다고 하여 어쩔 수 없이 이 자리에 서게 되었다는 것을 말씀 드려둡니다.

오늘은 우리 민족이 90년 전 일본 제국주의에 항거하여 독립운동의 횃불을 올린 삼일절입니다. 아시다시피 '삼일 문화상'은 대한양회주식회사 이정림 대표이사에 의하여 1959년에 제정되었습니다. 이정림 회장은 삼일 정신을 계승하여 민족 문화의 향상 발전과 산업 발전에 이바지할 목적으로 재단을 설립하여 지난 50년에 걸쳐 사회 각계 각층에 종사하는 지도자급 인사 210여 명에게 시상하여 왔습니다. 본인이 알기로는 삼일 문화상은 대한민국 학술원상 다음으로 역사가 오래되었다고 생각합니다. 수상자의 면면을 보면 삼일 문화상이 우리의 학계, 문화계, 산업계에 차지하는 비중이 어느 정도인가를 알 수 있습니다.

우리나라에는 그 사이 상이 많이 생겼습니다. 가장 많은 것은 문학상일 것입니다. 상금도 우리의 경제 발전을 반영하듯 해가 갈수록 오르고 있어

상금 올리기 경합 대회를 한다는 느낌을 받기도 합니다. 수십 년 동안 독일에서 교수 생활을 하던 어떤 선배 한 분은 수년 전에 독일에는 상이 많아 상의 권위가 떨어지고 있다고 하면서 우리나라도 조만간 그리되지 않겠느냐고 우려하는 것을 들었습니다. 지원자는 관련 기관장이나 지명 인사의 추천을 받아 관련 기관이나 재단에 서류를 제출하면 수상 기관에서는 일정한 절차를 밟아 수상 여부를 결정합니다.

본인도 그 사이 두어 차례 상을 받았습니다. 한번은 선배의 권고로 서류를 만들어 요행히 수상자로 선발되었으며 한번은 본인도 모르게 수상을 하였습니다. 관련 재단의 이사들이 그 사이의 업적을 평가하여 본인을 수상자로 결정하였다고 들었습니다. '상'이란 것은 본인 모르게 결정되어야 합니다. 각급 학교 졸업식 때의 수상자가 자신이 신청하여 상을 받는 것이 아니지 않습니까.

얼마 전 어느 출판사에서 작고한 어떤 시인을 기리는 문화상을 제정하여 수상자를 결정하는 과정을 지켜 본 일이 있습니다. 수상 기관에서 심사위원 몇 사람에게 조사비를 주어 어느 분야에 어떤 사람이 탁월한 업적을 남겼는가를 조사하여 이를 기초로 수상자를 결정하였다고 들었습니다. 수상자 본인은 수상식 수일 전에야 수상 통고를 받았다고 합니다. 번거롭기는 하여도 이 제도가 비교적 공정한 선발 방식이 아닌가 생각합니다.

올해는 인문 · 사회 과학의 어느 분야에 시상한다는 원칙을 세우고 그 방면 학회장의 추천을 받거나 아니면 자연과학처럼 인용 지수를 조사하여 수상자를 선발할 수도 있습니다. 인문 · 사회 과학도 이제 자연과학과 같이 인용 지수에 의한 우수 연구자의 선정이 가능한 단계에 와 있습니다. 본인이 이런 말씀을 드리는 것은 지금까지의 삼일 문화상 수상자의 선정이 잘못되었다는 것이 아닙니다. 역대 수상자를 보면 어떤 해는 수상자가 없는 분야도 있었습니다. 이를 통해서도 지금까지 삼일 문화상이 얼마만큼 투명하게 운영되어 왔다는 것을 알 수 있습니다.

상을 타는 것도 어렵지만 상을 주기가 더 어렵다고 생각합니다. 상의 권위란 상금의 다과에 있는 것이 아니고 심사를 어느 정도 공정하게 수행하는가에 달려 있습니다. 오늘 네 사람의 수상자를 결정하기까지 심사위원들의 노고가 이만저만이 아니었다고 믿습니다. 수상자를 대표하여 문인구 이사장님을 비롯하여 심사위원 여러분들에게 고맙다는 인사를 드리며 답사에 대신하겠습니다.

2009년 3월 1일
제50회 삼일 문화상
수상자를 대표하여
고영근 읽음

2002년도 한국언어학회 조직위원장 인사말씀

- 한국언어학회 겨울연구회에 즈음하여 -

2002년도 한국언어학회 겨울연구회를 서울대학교에서 개최함에 즈음하여 조직위원장으로서 인사를 드리게 된 것을 큰 기쁨으로 생각하는 바입니다. 본인에게 이런 영광된 자리가 주어진 것은 한국언어학회가 창립될 때 산파역을 하였고 뒤에 부회장이라는 직함을 띤 일이 있다는 사실과 무관하지 않아 보입니다. 본인은 이제 정년이 20여 일밖에 남지 않았습니다. 다시는 회원들 앞에 서게 될 날이 없을 것 같아 한국언어학회 창립에 얽힌 뒷 이야기 (이면사 내지 측면사로 불러도 좋습니다)를 몇 마디 남겨 볼까 합니다.

한국언어학회는 1975년 여름 바로 이 강의실에 탄생하였습니다. 그러니까 벌써 26년 반 이상의 세월이 흘러갔습니다. 한국언어학회 이전에도 언어학자의 모임이 전혀 없지 않았습니다. 서울대학교 어학연구소가 1967년부터 해마다 한 번씩 어학연구회를 열어 왔는데 비록 특정 대학의 연구기관이 주관한 행사라 할지라도 전국의 언어학 연구가들이 모이는 회의였다는 점에서 실제적으로는 한국언어학회의 구실을 다할 수 있었습니다.

실제로 본인은 당시의 서울대학교 어학연구소 소장은 한국언어학회 회장의 역할을 한다는 말을 듣기도 하였습니다. 어학연구회를 공통의 마당(광장)으로 삼아 국어학자와 영어학자가 얼굴을 맞대기 시작하였습니다. 아마도 영문과 등의 외국어학도들이 한국어에 관심을 갖기 시작한 것은 외적인 요인이 더 크겠지만 한국 안에 〈어학연구회〉와 같은 공통의 광장이 있었기 때문에 가능해진 것이 아닌가 합니다. 사실 이전에는 국어학도와 외국어학도가 한 자리에 앉아 우리말을 주제로 하여 연구하고 토론한다는 것은 꿈에도 생각하지 못하는 일이었습니다. 외국어학도가 한국어를 주제로 연구를 하면 외국어학의 정체성이 문제가 되기는 하나 한국어의 발전에 여러모로 기여를 많이 할 수 있어 보입니다.

어학연구회와 함께 언어학회의 창립을 가능하게 한 단체로 〈문법연구회〉(처음은 〈신택스연구회〉)가 있었습니다. 1971년 12월 29일에 풀브라이트 사무실에서 회원 10명 (고영근, 남기심, 남풍현, 박순함, 서원임, 서정수, 성광수, 성기철, 이상억, 이홍배)의 작은 규모의 모임을 만들어 매월 한 번씩 발표회 (두 사람)를 갖되 1,000원씩 적립하여 기금을 마련하였습니다. 이전의 이런 모임에서는 발표만 하고 하단하는 것이 보통이었는데 문법연구회에서는 발표 도중이나 발표가 끝난 뒤에 질의와 토론이 활발하여 새로운 집담회 문화를 창출하였다는 자부심을 갖기도 하였습니다.

그 이후『문법연구』라는 기관지를 내었고 회원도 많아지면서 이제는 이런 소규모의 서클로서는 시대적 요구에 부응하는 학문 활동이 어렵다는 것을 느끼기 시작하였습니다. 더욱이 한국언어학회의 탄생에 결정적인 계기가 된 것은 1970년대 중반의 서울대학교의 캠퍼스 이전이 아니었던가 합니다. 1973년 당시 서울대학교 어학연구소 소장이던 돌아가신 김종운 선생 (전 서울대 총장)이 제7회 어학연구회 (서울대학교 어학연구소 창립 10주년 기념)을 맞아 학회 창립의 필요성을 제안하였던 것입니다. 이런저런 사연이 계기가 되어 이태 뒤에 한국언어학회가 탄생되었다는 것을 밝혀 두는 바입니다.

여기에서 하나 분명히 해 두어야 할 것은 남북의 언어학회의 창립 연대와 그 활동에 관한 것입니다.

남쪽에는 위의 1975년의 한국언어학회 창립과 함께 똑같은 이름의 〈한국언어학회〉가 얼굴을 내밀었습니다. 이 학회는 1957년에 창립되었으나 그 이후 활동을 하지 않다가 1975년의 한국언어학회의 창립과 함께 활동을 재개하였다고 주장하였습니다. 1957년의 학회는 앞으로 창립 자료와

학회 실적을 제시하지 않는 한, 1975년의 언어학회보다 먼저 창립되었다는 것을 주장하기가 어렵지 않은가 합니다.

북한에는 1964년 2월에 사회과학원 언어학연구소의 발족과 함께 〈조선언어학회〉를 창립하였습니다. 이극로, 정렬모, 홍기문, 김수경, 김병제, 류렬, 최정후 등 11명의 조선어학자들이 중심이 되어 창립하였으나 현재까지 가시적인 활동을 볼 수 없습니다. 아마도 사회과학원 언어학연구소와 인적 구성 및 사업계획이 중복되는 데 그 까닭이 있지 않나 합니다.

이러 저러한 여러 가지 경위를 살펴볼 때 현재까지 1975년의 한국언어학회가 한반도를 대표하는 정통성 있는 학회가 아닌가 합니다. 이는 이 학회가 올바른 절차를 밟아 창립되었고 임원의 교체에 있어서도 가장 민주적인 절차를 밟고 있으며 업적에 있어서도 현재 통권 26호까지 발행하였고 한 해에 네 번씩의 연구회를 개최하고 있습니다.

더욱이 1981년부터 시작된 〈서울언어학국제회의〉 (SICOL)는 이미 국제적으로 높은 평가를 받고 있습니다. 하나 우려할 것은 한국언어학회의 활동이 지나치게 외국 (미국) 의존적이고 한국 및 동양의 전통적 언어철학이나 언어연구에 눈이 어둡다는 것입니다. 앞으로는 대외의존의 학풍에서 벗어나 한국이나 중국 등의 동양의 전통적인 연구에 뿌리를 댄 연구에 힘을 기울여야만 국제적으로 경쟁력 있는 언어 이론을 창출할 수 있다고 생각합니다. 심기 일전心機一轉하시기 바랍니다.

3일 동안 계속되는 겨울연구회를 맞아 서울대학교는 협조를 아끼지 않으려고 합니다만 부족한 것이 있으면 조직위원회에 말씀하여 주시기 바랍니다. 그 사이 겨울 연구회의 조직과 운영에 힘을 실어 주신 한국언어학회의 박병수 회장, 홍재성 부회장과 조직위원으로 동참해 주신 서울대학교 어학전공 교수들에게 고마운 인사를 드리는 바입니다.

2002. 2. 4

『형태론』 국제 워크숍 만찬사

오늘 이 자리는 내일부터 이틀 동안 열리는 〈형태론 국제 워크숍〉의 전야제입니다. 우선 독일, 영국, 일본에서 오신 발표자 여러분께 고마운 인사를 표합니다. (이 순서는 한국에서 부르는 나라 이름의 한글 가나다 순서입니다. 오해 없으시기 바랍니다). 초청장에서 적혀 있는 바와 같이, 형태론 국제 워크숍은 서울시립대학교 국어국문학과와 『형태론』 편집위원회가 공동으로 개최하는 것입니다. 『형태론』의 편집주간인 서울시립대학교의 김영욱 교수가 노력하여 대부분의 비용을 서울시립대학교에서 부담하였습니다. 시립대학 당국에 대하여 고마운 인사를 표합니다.

어학전문 학술지 『형태론』은 1년에 3월과 9월에 두 번 내며 1999년에 창간하여 2003년 9월까지 모두 10권을 내었습니다. 한국의 대부분의 학술지는 학회의 명의로 나옵니다. 외국에서는 편집위원 단위의 학술지가 많이 나옵니다. 이런 예를 본따서 우리도 『형태론』을 창간하였습니다. 『형태론』의 성격과 체재에 대하여는 미리 나누어 드린 영문자료를 보아 주시기 바랍니다. 현재 편집진은 편집위원 10명, 자문위원 24명, 편집 간사 3명이며 편집위원과 편집자문위원 가운데는 독일, 미국, 영국, 일본, 중국(대만), 캐나다를 대표하는 위원도 있어 명실상부한 국제학술지의 모습을 갖추고 있습니다.

우리의 학술지 『형태론』은 한국어를 중심으로 하는 형태론의 이론정립과 실천적 문제의 해결에 공헌한다는 의도에서 창간되었습니다. 한국의 언어연구는 길게는 1,000년 이상의 역사를 자랑하고 있으며 근대적 의미의 언어연구도 150년 이상의 역사를 기록하고 있습니다. 오늘날 한국어는 지구촌의 방방곡곡坊坊曲曲에서 비중 있는 언어로 자리를 잡아가고 있습니다. 이제는 적어도 한국어에 관한 한, 국내외의 한국 어학도를 위한 토종 학술지를 낼 수 있는 여건이 조성되었다고 보고 원칙적으로 한국어로 된 원고만 받기로 하였습니다. 이는 머지않은 장래에 한국어가 국제 학술어가 될 수 있도록 미리 그 기반을 닦아 두자는 배려에서 비롯된 것입니다. 영어가 국제 학술어가 된 것도 그 역사가 얼마 되지 않습니다. 1935년의 통계에 의하면 국제 학술어는 독일어, 프랑스어, 영어의 순서였습니다.

한국어는 지난 1세기에 걸쳐 애국적 어학자들의 노력으로 학술어로 발전할 수 있는 기초를 충분히 닦아 왔습니다. 앞으로 우리의 『형태론』은 한국어학도뿐만 아니라 다른 어학도와 일반 어학도도 자유롭게 참여할 수 있는 학술지로 모습을 달리할 것을 다짐하면서 이상으로 인사에 대신하겠습니다.

2003. 11. 27
『형태론』 편집대표
고영근

[붙임]

Opening Address

read by Prof. Yeon, SOAS, United Kingdom

Speaking on the eve of the "International Workshop on Morphology", I would like to take this opportunity to extend an especially warm welcome to those presenters attending from Germany, Japan and the United Kingdom. As stated on the original invitation, this workshop is being jointly held under the auspices of the Department of Korean Language and Literature at the University of Seoul and the Editorial

Committee of the journal *Morphology*. I would like to express my thanks to the University of Seoul for their financial backing and to Kim Young-Wook (University of Seoul and Editor-in-Chief of Morphology) for his efforts in securing this support.

Since it's launch in 1993, *Morphology* has been published biannually (every March and September), numbering ten volumes to date. Although the vast majority of academic journals in Korea come under the auspices of academic societies, it is not uncommon in other countries for journals to be produced by editorial committees and *Morphology* was launched with this in mind. For further details regarding the organization structure as well as the philosophy behind *Morphology*, please refer to the English documents that have distributed amongst you. As you can see, the editorial team of *Morphology* consists of ten committee members, an advisory board of twenty-four members and three executive editors. True to its claim to be an international journal, *Morphology* has representatives on its committee and advisory board representing Canada, China (Taiwan), Germany, Japan, the United Kingdom and the United States.

The journal *Morphology* was founded with the intention of furthering research into problems of morphological theory and practical application, taking the Korean language as its focus. Broadly speaking, research into the Korean language has a proud history of over 1000 years. This includes over 150 years of linguistic research in the modern sense of the term. These days, the Korean language is taking a foothold as an important language in all corners of the globe. Now more than ever before the conditions are right for the production of a Korean linguistic journal for international as well as home-based scholars that as a basic principle accepts only articles written in Korean. It is hoped that this will prepare the ground for a not too far off future in which Korean can become a recognized international academic language. On this point, it should be remembered that the history of English as the language of academia is not nearly as long as some might imagine. According to statistics published in 1935, English was back then only the third most commonly used academic language, behind German and French. I believe the efforts of patriotic Korean scholars over the last century have more than paved the way for Korean to develop as a language of academia. I shall thus bring my address to a close with the pledge that *Morphology* shall become a journal that is not only open to scholars of Korean but also to scholars of other languages and, indeed, linguistics in general.

Ko Yong-kun
Morphology Editorial Committee
November 27th 2003

떠나는 말

- 형태론 편집대표를 그만 두면서 -

어학전문 국제학술지『형태론』이 얼굴을 내민 지 어느덧 10년의 세월이 흘렀다. 나는 1990년대 중반 나의 박사과정생 중 형태론을 전공하는 사람들과 함께 독일의 언어학자 부르첼 (W.U.Wurzel)의『굴절형태론과 자연성』(Flexionsmorphologie und Natürlichkeit) (1984)를 비롯하여 우리말과 영어 등의 외국어로 된 형태론 관계의 논저를 읽기 시작하였으며 이와 함께 정렬모의『신편고등국어문법』(1946) 등 고전적 가치를 띤 우리말 문법서를 읽기도 하였다.

당시 우리의 모임에 참여한 사람은 구본관, 김영욱, 김진형, 송원용, 이카라시, 최형용을 비롯하여 김경아, 김천학, 노명희, 이광호, 이진호, 박진호, 신중진, 이용 등이었고 해가 감에 따라 서울 시내의 다른 대학의 대학원생들도 이 연구 모임에 많이 참여하였다. 지난 10여 년에 걸쳐 나와 같이 공부한 대부분의 사람들은 그 사이 박사 학위를 받고 대학의 전임이 되어 연구와 교육에 매진하고 있다.

이 모임이 3, 4년 계속되자 우리의 공동 연구결과를 표적表迹으로 남겨야 하지 않겠느냐는 의견이 많아 1999년 3월에 연 2회 발행의『형태론』을 내기로 하였다. 범 학계를 망라하여 편집위원과 편집자문위원을 구성하고 우리의 어학계에서는 처음으로 편집위원 단위의 학술지를 간행하게 되었다. 2004년 12월에는『형태론』의 방향 설정 및 기금의 관리와 운용에 관한 일을 관장하는 〈운영위원회〉를 두기도 하였다. 일단 모든 원고는 우리말로 된 것만 받기로 하되 국문 요약만 붙이고 영문 요약이나 영문 목차를 붙이지 않기로 하였으며 다음 호에 실리는 논문을 예고하는 장치까지 마련하였었다. 이는 머지않은 장래에 우리말이 국제 학술어가 된다는 목표를 세우고 그 기반을 미리 조성해 두자는 배려를 깔았기 때문이었다. 그리고 논문의 배열도 연령순이나 가나다 순서를 따르지 않고 심사에서 최고의 평가를 받은 논문을 권두에 싣는 등 그 나름의 특징을 견지하였다.

그런데 2000년 이후부터는 대한민국 학술진흥재단에서 학술지 평가제도를 만들어 우리의 『형태론』도 학술진흥재단의 평가 기준을 따르지 않을 수 없어 5권 1호부터는 영문 목차는 물론, 영문 요약도 붙이기로 하였다. 2002년의 1차 평가에서는 등재 후보가 되고 2005년에는 등재지가 되어 『형태론』이 한국 어학계의 대표적인 학술지로 발돋움하였다.

2003년에는 우리 『형태론』 편집위원회는 서울시립대학교 국어국문학과와 공동으로 〈제1회 형태론 국제 워크숍〉을 개최하였으며 2006년에는 워크숍에서 발표된 논문을 모아 『20세기, 형태론형태론 어디로 가는가?』/ Whither Morphology in the New Millenniun? (Morphology Monograph Series 1)을 출간한 바 있다. 편집위원과 자문위원도 10년 단위의 임기를 정하되 2007년 11월에는 편집위원, 편집자문위원을 상대로 무기명 투표를 실시한 결과, 한양대학교의 장경희 교수가 표를 가장 많이 얻어 제2대 편집대표로 선출되었다.

나는 임기 10년 동안에 해마다 두 번, 모두 20권의 『형태론』을 내고 역사의 뒤안길로 사라지게 된다. 감개무량하다. 더욱이 여러 어문학 단체의 대표를 맡아 그 직무를 원만하게 수행한 바 있는 장경희 교수가 2대 편집대표로 선출되었으니 내가 미치지 못한 것을 능히 극복하여 우리나라를 대표하는 어학 학술지로서 손색이 없는 방향으로 『형태론』을 발전시켜 나가리라 믿는다. 지난 10년 동안 나를 도와 편집에 협력하여 준 편집위원과 편집 간사들에게 고마운 인사를 표한다. 편집 자문 위원들께서는 지역과 출신교를 대표하여『형태론』을 우리나라의 대표적인 학술지로 발전시키는 데 적지 않은 노력을 기울였다. 이 자리를 빌려 인사를 드리는 바이다.

2008. 9. 30

편집대표직을 그만 두기 5개월 전

고영근

창 간 사

-『국어학논집』의 창간에 즈음하여 -

우리말을 연구하는 학도의 수가 해마다 늘어 간다. 옛날 같으면 석사과정도 어학 전공은 한두 사람에 그치던 때가 많았고 박사 과정은 띄엄띄엄 적籍을 두었는데 요즈음은 전공에 관계없이 그 수가 몇 배나 늘어났다. 과목에 따라서는 학부보다 수강자가 많은 일도 있다. 우리말 연구의 장래를 위하여 퍽 다행한 일이다. 소수의 정예精銳도 좋지마는 공동 연구나 공동 작업을 수행하려면 일단은 어느 정도의 연구 인원은 확보되어야 한다. 그런데 이들 우리말 연구 지망생들의 욕구를 충족시킬 수 있는 지면紙面은 매우 제한되어 있다. 이런 상황을 둘러볼 때 젊은 국어학도들에게 발표의 마당을 마련해 주는 분위기의 조성이 절실하다는 것을 느낀다. 다행히 수년전부터 PC라고 부르는 문서 작성기가 널리 보급되어 마음만 먹으면 어렵지 않게 책을 만들어 동학同學끼리 돌려 볼 수 있는 세상이 되었다.

지금 얼굴을 내미는 『국어학논집』國語學論集은 본인의 〈중세국어연구 1〉(1992년도 제1학기 박사과정 개설과목)을 수강하고 제출한 15편의 보고서를 묶은 것이다. 지난 해 여름부터 몇 차례의 검토와 수정을 거쳐 논문 형태로 탈바꿈시킨 것이다. 이 과정에서 이현희 교수가 크게 협력하였으며 기술적 조작에 있어서는 배주채 조교의 노고가 컸다. 원고 보완과 편집에 이르기까지 수강생들의 손이 미치지 않은 곳이 없다. 이 책에 실린 글들은 문자 그대로 습작품習作品이다. 그런 만큼 부족한 점도 많고 꾸중을 들을 면도 적지 않으리라 생각한다. 그러나 이런 소품小品을 통한 수련 과정이 없이는 좋은 학위 논문을 쓸 수 없다. 학위 논문을 써 나가는 준비 단계의 글로 여겨 주었으면 하는 마음 간절하다. 아무쪼록 이 논집이 계속 발간되어 우리말 연구가 건전한 학풍 속에 자리 잡기를 바랄 뿐이다.

끝으로 이 논집을 서울대학교 국어국문학과의 이름으로 낼 수 있도록 배려해 주신 학과장 김윤식 교수를 비롯한 관계 교수 여러분과, 원고 검토 및 편집 과정에서 고통을 함께 하여 준 수강생 여러분, 그리고 출판을 맡아 준 도서출판 泰東 대표 박성복 님에 대하여 충심으로 고마운 인사를 표한다.

1993년 1월 19일
서울대학교 인문대학
국어국문학과
고영근 적음

『문법 연구』 창간사

〈문법연구회〉가 발족된 지 벌써 2년여의 세월이 흘렀다. 처음에는 〈신택스 (syntax) 연구회〉라는 이름으로 10여 명의 회원들이 매월 한 번씩 연구발표와 토론을 위한 모임을 가져 왔던 것인데 그동안 회원의 수도 늘고 토론도 활기를 띠고 하여 우리의 모임은 그 나름대로 착실한 성장을 거듭해 왔다.

우리는 국어 문법에 관한 크고 작은 문제들을 서로 토론도 해 보고 때로는 국내외의 중요 논문이나 저서의 내용을 검토해 보는 일도 게을리 하지 않았다. 발표나 토론의 주류적인 경향은 변형·생성문법의 이론을 국어에 적용, 그 토착화土着化 여부를 시험하는 것이었으나 회원들의 취향에 따라 전통 문법이나 구조주의적인 관점에 서는 일도 없지 않았다.

2년여에 걸친 회원들 연구의 첫 결실結實로서 『문법연구』 제1집을 세상에 내 놓는다. 본 연구지는 2부로 구성되어 있다. 제1부는 최근에 각광脚光을 받고 있는 변형·생성문법의 이론을 국어의 예를 들어가며 알기 쉽게 소개·해설하고 또 이 이론을 바탕으로 하여 논의되어 온 국어 문법의 몇 가지 현상, 이를테면 부정법否定法, 이중주어二重主語 문제 등을 종합적으로 개괄하고 있다. 제2부는 회원들의 국어문법에 대한 연구 논문을 모은 것이다.

앞으로 우리 문법연구회는 새로운 문법이론의 해설·소개와 함께 회원들의 참신한 연구 논문을 계속해서 내려고 한다. 강호제현江湖諸賢의 아낌없는 질정과 편달을 바랄 뿐이다. 끝으로 출판계의 불황을 무릅쓰고 이 책이 나올 수 있도록 적극적인 협조를 아끼지 않은 광문사 김병희 사장의 후의에 감사하는 바이다.

1974. 2.

III. 하서

『長興 高氏 派譜』

序言

地上에 存在하는 事物치고 유래가 없는 것이 없다. 땅바닥에 굴러 다니는 조약돌도 따지고 보면 큰 바윗덩어리가 부서져서 生긴 것이 아니겠는가!

사람도 다른 事物과 差異가 없다. 오늘의 『나』(自我)가 있기까지는 于先 『나』를 낳아 길러준 父母가 있고 더 올라가면 祖父 曾祖父 等 血統의 流來를 찾을 수 있다. 『나』의 형과 아우는 같은 父母에서 나왔고 한 촌수 건너 從兄第들과는 祖父로부터 갈라졌으며 再從兄弟들과는 曾祖父가 같다는 사실을 알 수 있다. 世上에서 同姓同本이니 同族이니 同宗이니 하는 말은 모두 같은 祖上에서 分派된 子孫임을 意味한다.

同族의 歷史를 敍述하고 家系의 連續을 實證하기 爲한 册子를 族譜又는 世譜라 하거니와 그 起源은 멀리 新羅時代의 骨品制에까지 거슬러 올라갈 수 있으며 特히 朝鮮時代부터 族譜編纂이 門中마다 盛況을 이루어 왔다.

族譜는 同族의 歷史를 敍述하기 때문에 우리는 거기에 담긴 祖上님들의 行績을 익힘으로써 行動規範을 배울 수 있다. 또 族譜는 同族關係나 同族間의 昭穆의 序 또는 寸數의 區別등을 明確히 해주기 때문에 同族의 團結은 勿論 相續, 養子, 婚姻 等의 可能與否를 判別하는 데 크게 도움이 된다.

우리 高氏門中은 朝鮮朝 以來 累代에 걸쳐 各 分派別로 族譜를 編纂해 왔으며 더욱이 一九七三年에는 高氏中央宗門會에서『高氏世祿』과『宗事要覽』을 刊行함으로써 高氏 宗親들의 團結된 모습을 對外的으로 宣揚한 바 있다. 또 一九七三年에는『濟州高氏大同譜上世編』을 냄으로써 各 派譜와 有機的으로 連結되어 名實 共히 濟州高氏大同譜가 完成되기에 이르렀다. 더욱이 上世編은 모든 資料들이 한글로 번역되어 있으므로 누구든지 읽을 수 있게 되어 있다.

이번에 發刊되는『濟州高氏孝烈公派譜』는 一九八0年에 펴낸『高氏長興伯派大同譜』와 連結되는 또 하나의 分派譜이다. 이제 우리『長興高氏孝烈公派』族親들은 孝烈公派譜의 編纂을 契機로 하여 濟州高氏의 上世로부터 長興伯派의 派祖이신 良獻公 仲[illegible] (福林)을 거쳐 孝烈公까지의 先祖들의 발자취를 거울에 비추듯이 分明히 알게 되었으며 孝烈公 以後부터 오늘에 이르기까지의 先祖들의 行績과 族親들의 世系를 한눈으로 굽어볼 수 있게 되었다.

널리 알려진 바와 같이 隼峯 先祖는 忠烈公 敬命의 맏아드님으로 壬辰倭亂때 錦山에서 아버지를 도와 義兵을 일으켜 倭賊과 抗戰하셨고 晋州城 싸움에서는 金千鎰, 崔慶會와 함께 南江에 몸을 던져 殉國하심으로써 三壯士로 불리게 된 분이시다. 殉國한 뒤 旌閭를 세우고 光州에 있는 忠烈公의 褒忠祠와 晋州의 彰烈祠에 配享되셨으며 肅宗 때 吏曹判書 大提學을 贈하고 諡號를 孝烈이라 하셨다. 우리 門中을 孝烈公派라 함은 隼峯先祖의 이 諡號에서 비롯되는 것이다.

殉國後 招魂葬의 允許가 있어 慶南 晋陽君 二班城面 鉢里峙 酉坐之原에 招魂墳墓를 모셨다.

孝烈公派 派譜의 刊行을 契機로 하여 宗親들은 孝烈公을 비롯하여 뚜렷한 발자취를 남긴 先祖들의 精神을 繼承해야 함은 勿論 그들의 業績을 널리 알려 後孫된 道理에 어긋남이 없도록 倍前의 努力을 기울여 주시기 바라는 바이다.

西紀一九八五年 乙丑 十月 日

서울大學校 敎授 文學博士 永 根 謹識

(『長興高氏孝烈公派譜』 1985에서)

『梧南文集』序

우리 先人들은 예로부터 家門을 빛낸 先祖들의 詩文을 모아 文集을 편찬해 왔다. 이들 資料들을 통하여 우리는 한 家庭이나 한 家門의 來歷은 물론이려니와 우리 先人들의 思考體系와 生活感情을 자세히 엿볼 수 있다. 또 경우에 따라서는 우리나라 歷史硏究에 필요한 情報도 허다히 얻을 수 있다. 이런 事情을 고려할 때 우리 後孫들은 각 家庭에 전해 내려오는 文集들을 소중히 看守해야 함은 두 말할 것도 없고 先人들의 글을 고이 모아 두는 精誠을 아끼지 말아야 한다. 經濟的 형편이 許諾한다면 漢文으로 된 文集들을 한글로 飜譯하여 後孫들이 쉽게 읽을 수 있도록 하는 마음가짐도 必要하리라 생각된다.

이곳에 선보이는 『梧南文集』은 梧南 先生이 남기신 詩文을 한데 모아 한글로 번역하고 原文을 붙였다는 점에서 새로운 文集 編纂의 모범을 보였다고 할 만하다.

梧南 崔 鳴來 先生은 一八七二年 (高宗 九年) 七月十二日 慶尙南道 晋州 梧谷에서 태어나시어 一九二二年 六月 二二日 五一歲를 一期로 하여 세상을 떠나셨다. 멀리 慶尙北道 安東의 西山 金 溪 先生을 찾아가 그 門下에서 修學하셨고 一九О八年 (隆熙 二年)에는 學部大臣으로부터 公立普通學校 專科 副訓導 判任官으로 任用된 바 있으며 慶南日報社 株主로서 地方新聞의 創刊에 크게 이바지하셨다. 그리고 國權喪失 이후에는 鄕里로 돌아와 私塾 道南齋를 再建하시어 青少年들을 모아 救國精神을 鼓

吹시키기도 하였다. 先生은『梧南遺稿』五卷을 남기셨다. 그 內容은 다음과 같다.

詩 (卷一), 規 (卷二), 書 (卷三), 文 (卷四), 疑問 (卷五)

『詩』는 自然景物이나 文房四友를 비롯하여 遊學하는 길에 보고 느낀 紀行譚, 歲時風俗을 素材로 한 것이 대부분이나 洋夷와 倭賊의 跋扈를 慨嘆하는 내용을 담은 것도 있어 梧南의 憂國精神의 一端을 엿볼 수 있다.『規』는 道南齋의 學規인데 이곳에서 우리는 옛 教育機關인 書堂과 새 教育機關이 折衷된 過渡期的 教育形態를 觀察할 수 있다.『書』에는 親戚이나 知人들과 주고받은 글이 실려 있어 梧南의 交友의 범위를 아는 데 중요한 資料가 된다.『文』에는 慶南日報社 祝文과 가까운 분들의 祭文이 실려 있다. 한 가지 눈길을 끄는 것은 慶尙南道 物產共進會를 祝賀하는 글인데 이곳에서 우리는 梧南의 物產 奬勵의 정신이 얼마나 투철한가 하는 사실을 확인할 수 있다. 卷五의『疑問』은「論語」,「孟子」,「大學」의 어려운 구절을 둘러싼 해석상의 疑問點을 적은 것인데 당시의 시대적 관점에서 깊이 생각한 곳이 많이 보이므로 이 방면 연구의 자료로 活用될 수 있다.

以上의 내용을 검토할 때「梧南文集」은 보통의 文集과는 성격을 달리한다고 생각된다. 그의 詩는 朝鮮後期 漢詩史의 자료로 쓰일 수 있고 경남일보 관계의 글과 문서는 韓國 近代言論史 研究의 重要資料가 될 수 있다. 道南齋의 學規는 일제 강점기의 私塾教育機關研究의 좋은 자료가 될 수 있다. 그리고 物產共進會 관계의 글은 韓國經濟史 연구의 자료로 活用될 수 있다.

梧南 선생의 鄕里는 筆者가 生長한 班城과는 서로 이웃해 있다. 이런

인연이 다리가 되어 「梧南文集」의 머리말을 草하게 되었지만 梧南의 精神을 어느 정도 이해하였는지 심히 두려울 따름이다. 大方家의 叱正을 기다리는 바이다.

一九八三年 九月 日
서울大學校 人文大學 敎授
文學博士 長興人 高永根 삼가 적음

(『梧南文集』, 1983)

『고루 소식지』를 내면서

〈사단법인 이극로박사 기념사업회〉가 발족한 지 이미 반년이 지났습니다. 2010년에는 『이극로의 우리말글 연구와 민족운동』을 펴내어 역사의 뒤안길에 묻혀 있던 이극로 박사의 업적을 전면적으로 조명하였습니다. 우리 기념사업회는 작년 한글날을 맞아 의령군에서 군내의 초중학교 학생을 상대로 백일장을 개최하는 등 기념 사업을 순조롭게 진행하여 왔습니다. 더욱이 작년에는 고루 이극로 박사의 육성 녹음 자료가 발견되어 우리의 학계를 놀라게 하였습니다. 이 박사는 1927년 베를린에서 경제학으로 학위를 받고 1928년 파리로 가서 4개월 동안 우리말에 대한 실험 음성학적 연구를 처음으로 수행하였습니다. 이번의 자료 발굴로 말미암아 이극로 박사는 이 땅 최초의 실험 음성학자라는 것이 실증되었습니다.*

이극로 박사는 경제학을 주전공으로 하면서도 우리말의 음성에 대한 연구를 게을리하지 않았고 우리 민족 어문의 부활과 발전에도 남다른 열정을 보였습니다. 베를린대학 재학 시절에는 우리말을 가르치면서 "한글"을 비롯한 우리 민족의 문화적 자랑거리를 홍보하는 데 온 힘을 기울였고 한글의 분할체 활자를 가지고 이광수의 『허생전』을 찍어 냄으로써 한글 24자로도 모든 글자를 조합할 수 있는 가능성을 시험하여 보이기도 하였습니다.

이 박사는 우리의 말과 글을 보존하여 놓지 않으면 우리 민족은 머지않아 멸망한다는 신념을 가지고 있었습니다. 이 박사의 우리말과 글에 대한 신념은 1928년 8월 샌프란시스코에서 동포를 상대로 한 연설문을

---

* 구글 (http://google.com)에서 '이극로'를 치면 아래쪽에서 "국어학자 이극로 선생의 1928년 육성녹음"이라는 자료를 볼 수 있다.

보면 잘 알 수 있습니다. 이 박사는 국어는 민족의 생명이라는 내용의 연설을 하여 동포들을 감동케 하였습니다. 이 박사는 귀국하자마자 〈조선어사전 편찬위위원회〉를 창립하여 간사장에 취임하였으며 조선어학회 동지들과 함께 맞춤법을 만들고 표준말을 사정査定하는 등 사전 편찬의 기초 작업을 성공적으로 마무리하였습니다. 그러나 1942년에는 일제가 날조捏造한 이른바 〈조선어학회사건〉에 연루되어 최현배, 이희승, 정인승 등의 어학자들과 함께 투옥되었으며 징역 6년의 최고형을 언도받기도 하였습니다. 해방 후에는 조선어학회 (오늘의 한글학회)를 재건하여 간사장에 다시 취임함으로써 잃었던 우리 말과 글을 회복하여 우리의 국어생활과 국민 교육에 보급하는 일에 앞장서기도 하였습니다.

이극로 박사는 1948년 남북 협상차 북행한 김구 선생을 따라가 돌아오지 않고 그곳에 머물렀습니다. 이 박사는 북한의 언어 정책을 수립하고 민족어 연구를 올바르게 이끄는 견인차 노릇을 하였습니다. 특히 1960년 후반부터 전개된 〈문화어운동〉은 이극로 박사의 입김이 크게 작용하였습니다. 문화어운동은 남한의 〈국어순화운동〉과 차이가 없습니다. 일본어나 한자어로 된 어려운 말을 고유의 우리말에 뿌리를 둔 방향으로 쉽게 다듬고 문장도 누구든지 알기 쉽게 써서 의사 소통을 원활하게 하자는 데 목표를 두고 있습니다.

이극로 박사가 가신 지 올해로 서른네 해째로 접어듭니다. 만시지탄晩時之歎이 없지 않으나 우리는 기념사업회를 창립하여 추모 행사를 가졌고 앞으로도 이 박사를 추념할 수 있는 뜻있는 사업을 벌이려고 합니다. 오늘부터 태어나는『고루 소식지』는 회원들에게 고루의 학문과 사상을 계승 · 발전시키는 중요한 계기가 되리라 믿습니다. 우리말과 글의 연구와 보급에 관심이 있는 사람들은 누구든지 기념사업회에 참여하여 주시기 바랍니다. (2012. 1.1)

(『고루 소식지』 창간호 2012년 봄)

격 려 사

『목숨으로 지킨 한글, 역사가 놓친 의령』
- 2019년 경남작가회의 사화집 -

'(사)한국작가회의 경남 지회'에서 삼일운동 100주년을 맞아 고루 이극로 박사를 추모하는 사화집詞華集을 낸다고 하면서 나에게 격려사를 부탁하여 왔다. 내가 이극로박사기념사업회를 주관하게 된 것은 『한국인물사연구』라는 논문집을 간행하고 있었던 고려대학교 유승주柳承宙 교수가 이극로 박사에 대한 평가를 부탁해 와서 『한국인물사 연구』 5 (2006.3)에 「이극로의 사회 사상과 어문운동」이라는 70쪽을 넘는 장편의 글을 발표한 것과 관련이 있다.

이극로 박사는 1948년 5월 김구 선생의 남북 협상때 건민회 대표로 평양으로 갔다가 그곳에 머물러 〈조선어문연구회〉를 창립하여 그 회장에 취임함으로써 북한의 언어 정책의 수행과 우리말연구를 선도하였으며 1960년대 후반부터 일기 시작한 문화어운동을 이념적으로 뒷받침하기도 하였다. 마침 〈이극로연구소〉 소장을 맡고 있는 박용규 박사가 『북으로 간 한글운동가: 이극로평전』을 간행하여 작업을 수월하게 하였다. 나는 자료를 수집하면서 독일 괴팅엔 (Göttingen) 대학의 이희우 박사와 베를린의 한국학 연구진 (Herrmann 박사, Hãußler 박사, 주경철 박사)과 접촉함으로써 지금까지 제목만 알려져 왔던 이극로 박사의 박사 논문과 학적부 등의 자료를 많이 발굴하였다.

이극로 박사의 독립 운동사 자료는 일본의 한국 침탈을 전 유럽이 알릴 목적으로 작성되었기 때문에 일반인의 관심을 충분히 끌 수 있었다. 나는 그 뒤 또 한 건의 일본의 경제 · 문화적 침략 행위를 고발한 책자를 발견하기도 하였다. 나의 글이 나오자 〈조선일보〉는 2006년 7월 17일자 문화면에서 "이극로 박사 독일 유학시 일제 고발했다"라는 제목으로 나의 글을 보도함에 따라 이극로 박사에 대한 관심이 날이 갈수록 뜨거워졌다. 뒤에 〈이극로박사 기념사업회〉가 창립되어 이극로 박사에 대한 추모 · 추념 행사를 갖게 된 것이 모두 이런 사실과 관련이 있다.

독립 운동가이자 한글 운동가인 이극로 박사는 의령이 낳은 세 인물 중의 한 분이시다. 나는 의령과 이웃하고 있는 진주 (옛 진양군 이반성면) 출신이다. 본인이 초등학교를 다닐 때 의령의 세 인물로 대한민국 2대 국방장관이었던 신성모申性模 (1891~1960), 서울대학교 철학과 초대 주임교수를 지내고 초대 문교부 장관을 지냈던 안호상安浩相 (1902~1999)과 오늘 한국작가회의 경남 지회의 추모를 받는 이극로李克魯를 귀에 익도록 들었다. 특히 이극로 박사는 짚신을 신고 축지법縮地法을 써서 시베리아를 걸어서 독일 유학을 하였다는 신화를 만들어 낸 분이시기도 하다. 이런 신화가 탄생된 것은 결코 우연이 아니다. 이극로 박사의 자서전『苦鬪四十年』(을유문화사, 1947)을 보면 갖은 고생을 이겨 내면서 시베리아와 몽골, 중국 등지를 유랑하고 마침내 독일 유학을 하여 경제학 박사 학위를 취득하였다. 귀국시에는 지구를 일주하면서 사경死境을 여러 번 겪는가 하면 일제 강점기에는 일제가 날조한 이른바 〈조선어학회사건〉에 연루되어 3년간 감옥에서 온갖 고초를 겪었던 사실을 상기하면 그런 신화가 탄생한 것이 결코 우연이 아님을 알 수 있다.

이극로 박사의 주 전공은 경제학이었다. 그는 부전공으로 인류학에도 관심을 기울였다. 그러면서도 이 박사는 우리말의 소리를 처음으로 실험음성학적으로 분석하여 국제적으로 알리기도 하였다. 북한에서 만년에 이룩한 우리말의 '조'調에 대한 연구는 이 방면 연구의 선편先鞭을 쥐었다는 점에서 학설사적 가치가 충분히 인정된다. 이 박사는 유년 시절부터 한시를 읊어 주위 사람들을 놀라게 하였으며 그 뒤에도 한시, 가사, 수필, 대종교의 한얼 노래 등을 많이 남겼다. 특히 그의 세계 일주 기행문은 우리 문학사의 한 페이지를 차지할 정도로 한국 문학의 발전에 기여하였다. 1946년부터 1949년까지 불려지던, "세종 임금 한글 펴니 … "로 시작하는 〈한글노래〉 (채동선 작곡)는 고루 시의 대표작이다. 그리고 사회사상에 관련된 수상류도 많아 지금 읽어도 공감할 수 있는 가작들이 적지 않다.

기념사업회가 발족함에 따라 의령군에서는 매년 한글날을 맞아 초 · 중등학교 학생을 상대로 하여 백일장을 열고 있다. 기념사업회에서는 또 해마다 한번씩 『고루소식지』를 내어 고루가 남긴 우리 어문에 관한 논설이나 수상을 싣고 있으며 특히 한 해 동안 있었던 고루에 대한 여러 가지 소식을 전하고 있다. 그 사이 기념사업회에서는 유관 인사나 단체들로부터 성금을 모아 『이극로 전집』 (임시이름)을 편찬하고 있다. 박사논문 『중국의 생사공업』으로부터 우리말과 글, 사회개조에 관한 자료를 5권으로 나누어 편찬하고 있으며 올 연말까지는 얼굴을 내 밀 것이다. 이번 사화집의 발간을 계기로 하여 고루 이극로 박사의 독립 운동과 민족어 수호 운동이 우리 민족의 정체성 확립과 민족어 발전 운동을 위한 버팀목이 될 수 있도록 다 같이 노력하여 주기를 바라는 바이다.

2019. 7. 1
서울대학교 명예교수동에서
고 영 근 적음

((사) 한국작가회의 경남지회,
『목숨으로 지킨 한글, 역사가 놓친 의령』, 2019)

『야은 유고』 (역주) 하서賀書

-『야은 유고』의 국문판 간행에 즈음하여 -

"호랑이는 죽어서 가죽을 남기고 사람은 죽어서 이름을 남긴다" (虎死留皮 人死留名)란 고사故事가 있다. 사람은 살아 생전에 훌륭한 일을 하여 후세에 빛나는 이름을 남겨야 한다는 경구警句이다. 지금은 인쇄술이 발달하여 생전에도 자신의 저술을 출간하지마는 인쇄를 주로 목판에 의존하던 전통 시대에는 대개 사후에 그 자손들이나 후계 제자들이 "문집"文集을 간행하여 문중이나 지인知人들에게 돌려 보이는 미풍美風이 있었다. 우리는 이 문집을 통하여 문중 간의 대소 사정은 물론, 지역 문우文友들 간의 교제 범위를 알 수 있고 그 내용이 지역 사회나 나라 전체의 안위安危에 관련될 때에는 지방사나 그 나라 역사를 연구하는 데도 중요한 사료의 기능을 수행하여 왔다.

오늘 상재上梓하는 「野隱 遺稿」 (2019. 1)는 원래 야은野隱 정구석鄭九錫(1907~1986) 공이 작고한 뒤, 경남 지역의 거유巨儒인 완산完山 이우섭李雨燮 공의 서문을 붙여 출판하였던 것을 국문으로 번역한 것이다. 야은 선생은 을사보호 조약이 체결되고 나서 2년 뒤인 1907년에 탄생하시어 일제 강점기와 한국 전쟁을 피부로 접하면서 수리 조합장을 맡는 등 향리의 발전을 위하여 헌신하셨다. 야은 선생이 생장한 진양군 (지금은 진주시) 이반성면은 진주시의 동부에 자리 잡고 있다. 특히 야은 선생의 누대 터전인 용암龍巖은 해주 정씨의 집성촌으로 평촌 (정수)의 한씨 가문과 함께 이반성면의 양대 거족으로 이름이 나 있었다. 용암사지龍巖寺址에는 고려 시대의 「용암사지부도」 (보물 제372호)와 「용암사지 석불」 (경상남도 유형문화재 제236호)이 남아 있어 (「한국민족문화 백과사전」 21, 진양군 편, 1991), 진주시의 어떤 면보다도 중요 전통 문화재가 고스란히 보존되어 있다.

야은 선생은 팔순까지 향수享壽하는 동안, 수많은 시 (권1), 서한, 서문, 발문, 제문, 행장 (권2), 만장, 가장, 묘갈명, 발문(권3)을 남겼다. 권1의 시편을 보면 서정과 서경을 겸한 작품이 많다. 임진왜란 유적지, 특히 남해 대교에서 충무공의 전공을 기리는 구절에 이르러서는 읽는 이로 하여금 눈시울을 적시게 한다. 그밖에 의령의 정암루, 함안의 요요정과 율간정, 고마암, 모현정, 진주의 촉석루를 읊은 시구는 야은 선생이 어느 정도 다정다감한 인품의 소유자였는가를 알 수 있다. 특히 촉석루를 탐방하였을 때에는 임진왜란 때 장열하게 목숨을 던진 논개와 삼장사를 칭송하였다. 야은 선생은 의암을 안고 도는 물결을 논개의 혼에 비유하였고 군센 대나무와 소나무는 삼장사의 기개가 서린 것으로 읊었다.

야은 선생은 1971년 8월 선친이 작고하였을 때 (1971), 만사輓詞를 보내오셨다. 이 만사는 물론「야은유고」권1에 살려 있다. 야은 선생과 선친 약산若山 고인석高仁錫 (1899~1971) 공은 8세나 차이나는 사이였음에도 평소에 왕래가 잦았으며 같은 유학儒學을 신봉信奉하는 처지였기 때문에 학문적 교류가 잦았던 것으로 기억한다. 야은 선생의 둘째 아드님 정태환 형은 나의 초등학교와 중학교의 1년 선배이고 셋째 아드님 정태류 박사는 나의 초등학교 2년 후배이다. 작년에 작고한 가형 고영호高永鎬 교장은 정태류 박사가 초등학교를 다닐 때 그 학교에 교사로 근무하기도 하여 양가의 인연이 겹겹이 쌓여 있다. 정태류 박사가 본인에게 하서賀書를 부탁한 것도 양가의 사이에 맺어진 세의世誼를 감안한 것으로 보인다. 아무쪼록 이 책이 널리 읽히어 야은 선생의 유학 사상과 선비 정신이 대대손손 이어지기를 바라는 바이다.

2017년 7월 16일

분당 열락재 (悅樂齋)에서

金山 高永根 삼가 적음

고영근 (高永根)

1936년 경남 진양군 (현재 진주시)에서 태어나 서울대학교 국어국문학과와 대학원을 거쳐 같은 대학교 국어국문학과 교수를 역임하였다. (문학박사). 훔볼트 초빙교수로 독일 라이프치히 소재 막스플랑크 연구소, 보훔, 콘스탄츠, 함부르크, 뷔르츠부르크 대학에서 이론 문법과 텍스트 과학을 연구하였다. 현재 서울대학교 명예교수로 있으며 어학전문 국제학술지 『형태론』의 편집고문과 〈이극로박사 기념사업회〉 회장을 맡고 있다.

전자우편 (e-mail): komorph@hanmail.net, komorph@snu.ac.kr
홈페이지 (homepage): http://www.komorph.com

짓고 엮은 책

우리말 문법, 그 총체적 모습 (2018), 한국어와 언어 유형론 (2018), 한국어의 시제 서법 동작상 (2004/2007 보정판), 중세국어의 시상과 서법 (1981/1986 재판/1998 보정판/2011 제4판), 우리말의 총체서술과 문법체계 (1993), 국어형태론연구 (1989/1999 증보판), 텍스트이론 (1999), 텍스트과학 (2011), 단어 · 문장 · 텍스트 (1995/2004 보정판), 표준 중세 국어문법론 (1997/2009 개정판/2010 제3판/2020 제4판), 역대한국문법의 통합적 연구 (2001), 한국의 언어연구 (2001), 국어문법의 연구 (1983), 민족어의 수호와 발전 (2008), 민족어학의 건설과 발전 (2011), 한국어문운동과 근대화 (1998), 북한의 언어문화 (1999), 북한의 문법연구와 문법지식의 응용화 (2008), 최현배의 학문과 사상 (1995), 통일시대의 語文問題 (1994), 표준국어문법론 (공저) (1985/1993 개정판/2011 제3판/2014 제4판), 새로 쓴 표준 국어문법론 (2019 전면개정판), 북한의 문법연구와 문법교육 (공저) (2004), 한국텍스트과학의 제과제 (공저) (2001), 문법과 텍스트 (공저) (2002), 월인천강지곡의 텍스트분석 (공저) (2003), 우리말 문법론 (공저) (2008/2018 개정판), 중세어자료강해 (공편) (1997), 문법 (국정단일통일 고등학교) (1985, 1992), 주시경의『국어문법』(공동교감) (1986), 역대한국문법대계 153책 (공편) (1977~2015), 우리 언어 문화의 뿌리를 찾아서 (어문 수상집) (1996), 우리 언어 문화의 바른 길을 찾아서 (어문 수상집) (2020) 등 50여 종

수상

세종문화상 (1996), 일석국어학상 (2004), 삼일문화상 (2008)